台海

从 峰回路转 到 僵局危机

2008—2020

观潮

王鸿志 § 著

九州出版社 JIUZHOUPRESS | 全国百佳图书出版单位

图书在版编目（CIP）数据

台海观潮：从峰回路转到僵局危机：2008—2020 /
王鸿志著. -- 北京：九州出版社，2022.2
ISBN 978-7-5225-0814-6

Ⅰ. ①台… Ⅱ. ①王… Ⅲ. ①台湾问题－研究 Ⅳ.
①D618

中国版本图书馆CIP数据核字（2022）第026498号

台海观潮：从峰回路转到僵局危机：2008—2020

作　　者	王鸿志 著
出版发行	九州出版社
责任编辑	肖润楷
地　　址	北京市西城区阜外大街甲 35 号（100037）
发行电话	(010)68992190/3/5/6
网　　址	www.jiuzhoupress.com
印　　刷	三河市国新印装有限公司
开　　本	720 毫米×1020 毫米　16 开
印　　张	22.25
字　　数	300 千字
版　　次	2022 年 2 月第 1 版
印　　次	2022 年 2 月第 1 次印刷
书　　号	ISBN 978-7-5225-0814-6
定　　价	62.00 元

前言

　　台湾是几代中国人心中柔软而敏感的区域，"台湾人民是骨肉同胞""中国人不打中国人"，以致于在"台独"分裂势力挑衅时，祖国大陆从维护广大台湾同胞利益出发，始终保持了最大限度的克制。但树欲静而风不止，近年来美国加大对华遏制力度，打"台湾牌"力道加强，民进党当局"倚美谋独"，恶化两岸关系，台海局势又进入风高浪急的高风险期。

　　完成国家统一是我们党在 21 世纪的三大任务之一，台海局势动荡牵动着千千万万国人的心。作为从事涉台研究工作的学者，深感有责任以日常所累积素材，用生动客观的语言和事例，向关心台湾问题的读者传递岛内社会真实而复杂的画面，以及两岸关系出现的种种变化。因此本书定位，既有别于学术著作的理论建构，也不同于文学作品的天马行空，而是力求以轻松笔调，描述 2008—2020 台湾政局和两岸关系发展过程中的代表性事件，关键性人物，以期为素有"天下兴亡匹夫有责"的国人提供一条了解台湾问题演变脉络的轻松路径。

　　本书付梓之时，台海局势波诡云谲，作者更深感智识有限，论述观点仅代表一家之言，不足之处恳请大家批评指正。

纸短情长，由衷感谢求学过程中所遇各位恩师，你们的智慧与胸怀是我成长的指南。也感谢工作单位浓厚的学术氛围及各位领导、同仁关心帮助。当然最要感谢我亲爱的家人，谨以此书表达对你们宽容、支持与付出的感恩。最后，还要感谢九州出版社各位朋友的辛勤工作，你们严谨专业的态度，是该书顺利完成的保障。

王鸿志

2020 年秋日

目 录

2008

转折之年

101大楼下的眷村（摄影者：王鸿志）

2008 年对于中国来说，是非常不平凡的一年，这一年在很多人心中，都留下了诸多记忆，甚至是大喜大悲。2008 年北京奥运会成功举办，让国人初尝成为全球焦点的惊喜，也让海内外华人感受了中国崛起的荣耀。然而奥运前的汶川大地震，也让这片古老土地经历了举国同悲与万众一心抗震救灾。这一年中国遭遇的喜悦与悲伤，犹如中华民族苦难辉煌的奋斗历程。

回望 2008，这一年的中国正在加速进入世界舞台的中央。台湾作为中国领土神圣不可分割的一部分，却因为曲折的历史境遇而长期与大陆隔绝，两岸甚至面临兵戎相见的危机。然而也在这一年，台湾社会发生了重大变化，两岸交流大门徐徐开启，2008 年成为两岸关系出现重大转折的元年。

一、台湾"变天"了

2008 年是台湾选举的"大年"，这一年将举行民意代表与地区领导人两场选举，以决定未来四年权力归属。此时已经执政八年的民进党，正处于山雨欲来风满楼的变革前夜。从 2006 年陈水扁家族贪污弊案开始曝光以来，民进党的执政形象就开始崩塌，随着弊案越挖越深、牵涉的民进党高层人物逐渐增加，台湾民众对民进党愈加失望，社会上充满了希望"变天""换人做做看"的气氛。

（一）"立委"选举惨败

在 1 月举行的第七届"立委"选举中，国民党在 113 个席位中拿下了 81 席，民进党严重缩水至 27 席，国民党"立委"席次单独超过三分之二，一跃成为"立法院"掌握绝对多数的第一大党，具备了决定重要法案、预算、弹劾或罢免"总统"、"修宪"的能力。而民进党因席次不足四分之一，已无法单独提出法案。

这场"立委"选举以国民党大获全胜、民进党全面溃败告终，民心思变是主要原因。但台湾"立委"选制首次改为"赢者通吃"的"单一选区两票制"，进一步放大了国民党的优势，让正陷入贪腐风暴的民进党"屋漏又逢连夜雨"。2008 年之前，台湾"立委"选制被称为"复数选区单计不可让渡制"，第六届"立法院"共有 225 个席次，其中区域"立委" 168 席，不分区"立委" 49 席（其中侨选 8 席），台湾少数民族 8 席，全台被划为 29 个选区，多数选区至少产生 2 名以上当选者，任期三年。2005 年台"国民大会"通过"立法院"提出的包括"单一选区两票制"在内的"修宪案"，将"立委"总席次大幅压缩至 113 席，其中区域 73 席，不分区 34 席（其中侨选 4 席），台湾少数民族 6 席，全台划为 73 个选区，每个选区只能产生 1 名当选者，任期四年。原选制有利于小党的生存，但也存在明显弊端，如大选区内一些操守不佳的候选人凭借极端主张迎合少数选民就有当选可能，政党内部配票现象严重等。因此台湾社会一直在讨论是否修改"立委"选制。

随着民进党在2001年"立委"选举中成为"立法院"第一大党，民进党转与国民党共同支持"单一选区两票制"改革，并于2008年的"立委"选举执行。新选制单选区划分产生"赢者通吃"效果，对选民投票行为具有一定影响，为不浪费选票，选民可能选择将选票集中于优势候选人及政党。这也造成民进党的政党票得票率维持在36.9%，但当选席次仅占总席次的23.89%。

民进党精算后的选制改革，在首次施行时却搬起石头砸了自己的脚，难怪民进党前"立委"林浊水选后表示，"如果不改选举制度，民进党恐怕翻身困难"。林浊水的担忧有其道理，但该选制特点是"扶强抑弱"，一旦大环境或政党气势发生重大转变，对现状的改变也会以更快的加速度进行。当然，在2008年，似乎一切都在向有利于国民党的方向发展。

（二）国民党重新执政

"立委"选举的惨败，并没有成为民进党的止损点。在3月22日举行的台湾地区领导人选举中，国民党候选人马英九以765万多票、58.45%的得票率，战胜民进党候选人谢长廷（谢长廷得票数为544万多票，得票率41.55%）。

此举终结了民进党八年执政，加上国民党已经在"立法院"占据绝对优势，并已经赢得了全台25个地方县市中的18个，从而确立了国民党在行政、"立法"领域的主导性地位。马英九成为国民党的"大英雄"，但 2008 年政党轮替的"幕后英雄"还有民进党自身，其执政暴露的家族贪腐弊案、经济活力不足困局、以反贪腐"倒扁"运动为标志的社会运动浪潮，造就了民心思变的态势。

陈水扁虽在党内外谴责声中下台，但其执政八年对台湾社会的"独化与绿化"影响深远，民进党虽在当年"大选"中处于劣势，但其候选人得票率仍达到 41.55%，也反映出民进党"基本盘"已得到较大成长。正当国民党沉浸在重回执政舞台的喜悦中时，全球性金融危机的阴云正在以超过预期的速度与严重程度向台湾袭来。新上任的马英九当局，似乎对这一切还缺乏应有的心理准备。

民进党面对惨淡选情不愿坐以待毙，还上演了台湾首场"公投绑大选"闹剧。民进党执政前就宣扬要"以台湾名义加入联合国"，上台后开始加紧实施。为挽救 2008 年选情、激发泛绿民众投票意愿，民进党极力操作"入联公投"与"大选"捆绑进行，通过其掌握的行政资源，最终向台湾"中选会"提交了 272 万份联署书，"入联公投"案正式成案。

面对民进党压力，国民党被迫跟进，提出"重返联合国公投"。尽管在选举冲刺阶段民进党不断炒作该议题，但由于大陆和国际社会的强烈反对，岛内民众也对蓝绿阵营将"公投"作为选举工具的做法心生厌倦，加上国民党最后关头采取了拒领公投票策略，导致"入联"与"返联"两项"公投"的投票率仅为 35.82% 和 35.74%，未能达到门槛而宣告无效。

"入联公投"闹剧虽然破灭，但其造成的后遗症也不容忽视。联合国是主权国家才能加入的政府间国际组织，台湾作为中国的一部分，根本无权加入该组织。"台独"势力不断炒作该议题，将台湾民意引向对抗大陆、谋求"台独"的错误路径。"公民投票"也受到热捧，民进党乘机鼓吹目前的"公投法"门槛过高，犹如"鸟笼公投"，为岛内激进势力日后谋求修改"公投法"埋下了祸根。

（三）陈水扁身陷囹圄

下半年开始，陈水扁家族所涉弊案陆续深度曝光并遭司法追究，陈水扁开台湾地区卸任领导人被收押的先例。政党轮替后，失去行政保护伞的陈水扁的弊案遭到司法侦办，8月6日"总统府"发函"最高检察署"及台北地方法院，注销了陈水扁核定的"国务机要费绝对机密"。

陈水扁随后承认，其妻吴淑珍汇出选举剩余款约2千万美元，做了法律不许可的事，愿意就从台北市长到"总统选举"四次选举中竞选经费申报不实，向全台人民道歉，并宣布退出民进党。

8月16日，台"最高检特侦组"搜索陈水扁住所及办公室。

11月11日，"特侦组"检察官以陈水扁触犯侵占公物、职务欺诈、违背职务收贿、违反洗钱防治法及伪造文书等罪，向法院申请羁押禁见并获准。

12月12日，检方起诉陈水扁，要求法院对其量处"最严厉之刑"。

（四）全球金融危机波及台湾

陈水扁曾是台湾最耀眼的政治明星，如今深陷囹圄并致民进党形象遭受重创，选民对民进党执政八年操弄统"独"对立而至错失经济发展良机也较为不满，因此将振兴台湾经济的希望寄托在了"小马哥"马英九身上。

马英九把"拼经济"当作竞选主轴，邀请萧万长为竞选搭档，提出经济增长率回到6%、四年内失业率降至3%、2011年人均所得增至2万美元、2016年达到3万美元的"六三三"经济政策小册子。

萧万长曾在李登辉时期担任"行政院长"，具有带领台湾闯过1997亚洲金融风暴的经验，被誉为"经济总规划师"。国民党打出"马萧配"，在竞选时是强力组合，也拉高了民众对经济"马上好"的期待。但马英九的"好运气"似乎在上台后戛然而止。

从2008年上半年开始，三大发达经济体美国、日本和欧元区似乎进入20世纪30年代以来最为严峻的衰退期。上半年从美国开始，受国际油价上升、国内金融市场动荡影响，美国经济出现衰退迹象，接下来爆发的"两房"危机、雷曼兄弟申请破产等，对美国经济造成重大打击，最终全年经济成长率1.3%，为2001年以来最低。日本经济降速更快，第4季出现高达12.7%的负增长，创35年来最大季度降幅。欧元区爆发严重金融危机，希腊等国面临政府破产境地。台湾高度外向型的海岛经济对国际景气具有强烈依赖，因此三大经济体集体衰退从外部环境对台湾经济造成强劲冲击。

民进党执政八年，坚持"锁岛"政策，对台湾经济内在的转型升级缺乏正确引导，导致台湾的主导产业服务业增长缓慢，制造业过度依赖代工模式、创新能力不足，抗风险能力较弱。当全球经济低迷导致台湾代工类电子产品出口锐减，内生动力不足，经济衰退就难以避免。而马英九当局雄心勃勃提出的经济刺激方案，除了借助两岸经贸逐步开放与"三通"实现来拉动台湾经济外，其核心仍立足于扩大内需，希望借助庞大的公共投资、效仿当年蒋经国推动"十大建设"来拉动台湾经济发展。

但时过境迁，马英九接手的是陈水扁交过来的一个烂摊子。据统计，2001—2007年民进党执政期间，对外实行"金元外交"，推动对美军购，增加防务预算，对内大开选举支票，层层加码增加福利开支，导致当局债务额度从1999年的2.3兆新台币（下同）跃升至2007年的4.3兆，如果将隐藏性债务加总，负债额高达13兆，每年需偿还的利息就高达1300亿元。根据马英九选前及就任后提出的经济刺激措施，其中"爱台十二建设"需要投入2.65兆，"振兴经济新方案"拟投入4829亿，"因应景气提振经济方案"需要当局补贴1226亿，"加强地方建设扩大内需方案"需583亿。可以说国民党上台时的理想很丰满，但面对的现实却异常骨感，马英九面临无米下锅的窘境。

2008年台湾经济内外皆冷，岛内失业率居高不下、民间投资意愿不足，员工实际薪资负增长3.14%，民间消费出现少有的负增长，台股从马英九就职前一天的庆祝行情9295点，腰斩至11月底的4000点上下，股民人均损失达143万元新台币，民众选前期待的"马上好"并未出现。9月份马英九在接受墨西哥太阳报集团董事长专访时已预见到很难兑现"六三三"政见了，他表示以目前世界经济形势，不管是未来半年、一年，大概都很难有足够的条件让台湾实现6%的经济增长率。

台湾统计部门数据显示，2008年全年台湾经济增长率为0.12%，全年失业率 4.1%，国民收入（GNP）1.71 万美元。马英九好不容易带领国民党击败民进党重新赢回政权，就遭遇国际经济形势恶化的严峻局面，这让正在谷底徘徊的民进党看到了反击的机会。2008 年 5 月接任民进党主席的蔡英文，利用民众不满情绪不断发起街头抗争，也让台湾的政治和社会对立更加难以弥合。

二、两岸关系峰回路转进入快车道

2008 年两岸关系整体上呈现拨云见日、峰回路转的良好发展态势。但万事开头难，两岸之间历史与血脉的联结中，甲午战争的割地赔款及随之而来的殖民遭遇，让台湾社会被深度改造。1949 年之后两岸对峙，又加深了政治隔阂。当 2008 年两岸关系的航船在"融冰"的同时，也面临各种激流险滩的考验。

（一）开启两岸交流新时代

2008 两岸最亮眼的当属期盼已久的"三通"迈出历史性步伐，"天堑变通途"。党和政府一贯支持两岸尽早实现通邮、通商、通航，但陈水扁当局执政期间拒不承认一个中国原则，以"有效管理"等政策阻挠两岸直接"三通"，导致两岸"三通"长期处于间接、单向、不平衡状态。

2008 年台湾局势发生重大积极变化之后，两岸双方迅速恢复协商谈判，于 12 月正式实施两岸空运、海运直航和全面直接通邮，标志着努力 30 年之久的两岸"三通"基本实现。这一年大陆游客也终于可以不再受从"第三地"中转等诸多限制，以比较"正常"的方式前往台湾旅游。大陆同胞都有很深的台湾情结，希望能去小学时就会背诵的阿里山、日月潭走走看看，台湾旅游业者也希望迎接大陆游客这一庞大消费群体。

2000年民进党上台之后，对大陆游客赴台仍采取有限开放政策，2002年只开放了旅居港澳及国外四年以上并取得工作许可的大陆人士赴台旅游，2007年之前仍不允许大陆工作生活人士赴台旅游。再加上台当局不开放两岸直航，赴台旅游需经香港澳门中转，大幅增加了旅行的时间和经济成本，导致游客出行意愿下降。国民党将开放大陆游客赴台旅游作为重要政见并在当选后迅速落实，5月13日海协会与海基会负责人签署了《海峡两岸包机会谈纪要》和《海峡两岸关于大陆居民赴台旅游协议》，7月4日两岸直航包机与赴台旅游首发团同步启程。

万事开头难，赴台旅游在2008年取得重大突破理应是水到渠成的顺应民心之举，但在开始阶段因每日人数限额等因素，并未出现台当局初期预想的井喷效应。据台湾方面统计，全年大陆游客赴台旅游观光人数为8.9万人次，较上年增长9%。但未来几年，赴台旅游呈现的热潮，已超过当初设计者的预期。

台湾问题是中国内政，两岸以协商方式和平解决彼此分歧符合两岸同胞利益。两岸"三通"、民间交流取得重大突破既是民心所向、水到渠成，也是两岸关系紧张对立的局面得以扭转，国共领导人实现历史性会面，官方授权机构恢复制度化协商谈判积极推动的结果。

2008年台湾政党轮替，结束了长达数年的台海局势高危期，民进党以"政权力量"推动"台独"的活动被暂时遏制。马英九上台后，在不断强调"不统、不独、不武""维持台海现状"的同时，主张在"九二共识"基础上恢复两岸全面协商，明确"两岸是非国与国关系"，并对陈水扁时期的一些"去中国化政策"开始拨乱反正。

4月，刚当选马英九副手的萧万长以"两岸共同市场基金会董事长"身份，赴大陆参加海南博鳌论坛，大陆方面对其给予了高规格接待，并与中共中央总书记胡锦涛举行会谈。萧万长在返台前的记者会上表示，此行是"融冰之旅"，有助于为两岸关系开启新世代。

5月28日，胡锦涛在北京会见了国民党主席吴伯雄，双方达成了共同反对"台独"分裂活动，落实"两岸和平发展共同愿景"的共识，一致认为应当在"九二共识"基础上尽快恢复两岸协商，首先积极促进两岸周末包机和大陆居民赴台旅游及早实现，也希望两岸制度化协商能够顺利进行。这是1949年以来两岸执政党领导人的首次会晤，将2005年胡锦涛总书记与连战主席达成的"两岸和平发展共同愿景"转为两岸的"政策共识"，有利于马英九迅速兑现政见，也标志着国共交流平台进入了新阶段。

在两岸双方积极推动下，两岸制度化协商谈判加速启动取得重大成果。海协会与台湾海基会是双方官方授权的处理两岸事务的机构，两会的成立与协商谈判对打破两岸互动僵局、推动两岸关系发展做出了重要贡献。但从1999年李登辉抛出"两国论"分裂主张开始，两会协商谈判的政治基础不复存在、谈判被迫中止。2000年民进党执政后，其拒不接受"九二共识"，不断推进"台独"分裂活动，以致两岸协商谈判迟迟难以恢复。

2008 年 5 月国民党重新上台后，在国共领导人大力推动下，6 月份台湾海基会董事长江丙坤率团来访，标志着中断长达 10 年的两会制度化协商正式恢复。双方签署了两岸周末包机和赴台湾旅游两项协议，江丙坤董事长邀请陈云林会长于年内访问台湾。

（二）指导两岸关系发展的六点意见

从中国共产党革命与建设经验来看，历史进程的关键节点，往往需要举旗定向的政策出台。1978 年 12 月召开的十一届三中全会，做出把党和国家工作重心转移到经济建设上来、实行改革开放的历史性决策。在此大背景下，对台政策也做出重大调整，1979 年元旦，全国人大常委会发表了《告台湾同胞书》，标志着对台政策从"解放台湾"向推动"和平统一"的重大历史性转变。

2008 年 12 月 31 日，是《告台湾同胞书》发表 30 周年，中共中央以纪念这一重要文件发表为契机，对 30 年来对台工作的宝贵经验进行了总结，针对两岸关系发展的新形势，提出了推动两岸关系和平发展的基本主张与构想。和平发展主张的提出，与大陆对国家统一理论的认识深化有密切关系。在对一个中国的内涵、两岸现状的认知方面，讲话提出"两岸复归统一，不是主权和领土再造，而是结束政治对立"。该论断明确了两岸在主权和领土上是统一的，因此在两岸关系发展的新阶段，大陆将始终面临两项基本任务，一是捍卫国家主权和领土完整即"反独"，另一是"结束政治对立"即促统。在"反独优先"和两岸"共议统一"阶段间，就会有一个"和平发展"阶段，该阶段也是和平统一的初级阶段。

讲话从六个方面对推动两岸关系和平发展提出建议，一是恪守一个中国，增进政治互信；二是推进经济合作，促进共同发展；三是弘扬中华文化，加强精神纽带；四是加强人员往来，扩大各界交流；五是维护国家主权，协商涉外事务；六是结束敌对状态，达成和平协议。这六点建议是党中央对台战略的发展深化，细化了解决台湾问题的路径选择，是新形势下指导对台工作的纲领性文件。

（三）马英九为汶川当"接线生"

2008年有太多记忆无法抹去，5月12日14时28分，四川发生里氏8.0级地震，震中位于四川省汶川县。地震造成严重伤亡，共有约7万人死亡，1.8万人失踪，37万人受伤，建筑物损毁更难以估量。地震发生后，台湾社会高度关注并向大陆表达慰问，充分体现了中华民族扶危济困的传统美德和血浓于水的骨肉亲情。尚未就职的马英九在第一时间发布新闻稿，呼吁民进党当局与台湾社会发扬人道精神，提供物资及专业救援，并以个人身份捐赠20万元新台币。5月18日台湾媒体举办"把爱传出去"赈灾晚会，即将参加就职典礼的马英九携夫人周美青，前往晚会现场担任义工接听捐款电话。马英九在现场工作近一个半小时，接听20多通电话。主持人询问马英九有公务在身，要不要先走？马英九幽默答道"老婆大人没走，我怎么敢走"。而周美青全程4小时接听赈灾电话，几乎没有喝水，也没有上洗手间，让现场工作人员非常感动，整场晚会募得善款2.2亿元新台币。

马英九与党主席吴伯雄表示，5月20日上任后，将以官方或民间的方式，定点协助四川灾区的震后重建。即将下台的民进党当局也释出善意，通过海基会对灾民表示慰问，并愿派遣救灾人员前往协助。台湾红十字组织、佛光山、法鼓山等民间社团及宗教组织，纷纷在岛内发起募捐，由前台北市副市长欧晋德带领的台湾红十字组织搜救队也赴大陆参与救援。台湾还在5月14日设立"四川震灾捐款专户"，9月份将账户募得新台币12亿元汇至海协会指定账户。

地震发生时，共有100多个台湾旅行团共2897人在四川省境内，其中1人不幸遇难，2人轻伤，950人滞留九寨沟，11人被困在都江堰凌云岩索道，28人被困在都江堰至汶川的友谊隧道，14人暂时失去联系。国台办与海协会立即启动涉台突发事件应急机制，全力救援受灾的台湾同胞。其中台湾祥鹤旅行社14名游客被困汶川县七盘沟镇，四川省方面克服雾大影响飞行的困难，派直升机将遇险游客运抵成都，后又转乘台湾华信航空公司包机返台。从5月15日至21日，台湾4家航空公司共飞行9架次救灾包机，接运台胞近千人次。

（四）奥运会的荣耀与遗憾

在大灾面前，两岸同胞守望相助，在2008年8月举行的北京奥运会上，两岸同胞共襄盛举，进一步营造了两岸关系的和解气氛，增强了两岸党政高层互动，凝聚了两岸同胞的中华民族认同感与自豪感。2001年北京申奥成功那一刻，来自台湾的国际奥委会委员吴经国先生就与来自大陆的委员何振梁喜极而泣。吴经国激动地说："中国人百年来的梦想实现了，咱们的愿望实现了。"

在8月8日奥运会开幕式上，中华台北奥运代表团进场时就享受到了主场待遇，现场观众为他们献上了热烈的掌声和欢呼。在整个比赛过程中，凡是有台湾选手参加的比赛，大陆观众都会热情加油助威。8月13日棒球赛开赛首日由中华台北对战荷兰队，政协主席贾庆林、国台办主任王毅，以及国民党主席吴伯雄、亲民党主席宋楚瑜等都到场为中华台北队加油。现场除了来自台湾的球迷，大陆观众也卖力帮中华台北队加油，以至于让荷兰队总教练认为是在台湾比赛一样。

台湾同胞也以各种方式宣传支持北京奥运会，岛内主要媒体均推出北京奥运会专题报道，保证台湾观众能够同步收看北京奥运会比赛。在奥运会开幕文艺演出中，由台湾少数民族"立委"高金素梅率领的100多名演员为全场观众献上了别具风情的民族歌舞，周杰伦、蔡依林等台湾知名艺人也多次参加奥运公益歌曲的录制。当大陆选手以51枚金牌登上金牌榜首位时，台湾同胞也分享了其中的兴奋和喜悦。

如果说奥运盛会再一次拉近了两岸同胞的距离，那么奥运圣火最终没有能够在台传递，台湾成为奥运史上第一个拒绝圣火入境的会员，则也留下了些许的遗憾。

两岸早在2006年已开始洽谈奥运圣火入台事宜，当时台湾"中华奥委会"向大陆提出的"第三方进或第三方出"的方案也获得了台湾"国安会"及陆委会负责人认可。因此中华奥委会负责人蔡辰威受权于2007年2月赴京签署"四项共识会议纪要"，确认"圣火在明年4月30日从越南胡志明市到台北，5月1日从台北市到香港"。但3月份民进党当局突然变卦，以"台湾主权被矮化"的理由，宣布拒绝奥运圣火入台。

大陆方面依据国际奥委会规则，在事件处理中表现出了极大的耐心和弹性，但台当局又节外生枝提出"国旗问题"，最终关闭了协商的大门。两相对比，高下立判，但冰冻三尺非一日之寒，台湾社会面对两岸议题，如何回归理性与现实，摆脱政党利益和选举政治的影响值得深思。

（五）民进党重上街头

民进党在丢失政权与陈水扁"洗钱案"曝光的双重打击下士气低迷，亟须机会提振士气、凝聚基本盘。2008年下半年愈演愈烈的国际金融危机，导致国民党施政蓝图起步遇挫，老百姓对马当局失望情绪开始蔓延，再加上2008年政党轮替后两岸关系快速发展，岛内"台独"势力危机感强烈，借机制造事端表达"反中"意愿。

8月30日，由"台独"激进团体"台湾社"牵头、民进党积极配合，利用马英九上台百日举行的"呛马大游行"登场。本次游行以"顾肚腹、护主权、要阳光"为诉求，官方估计有5万人参加，表面是抗议马当局政绩不佳，实际是"台独"势力吹响集结号向马英九施压，为蔡英文带领民进党走出低谷提振士气提供了机会。

9月，大陆发生"三鹿毒奶粉"重大食品安全事故，一批三聚氰胺严重超标的奶制品输入台湾。大陆方面在查出有污染奶粉销到台湾的第一时间就迅速向海基会通报了情况。但食品安全问题本来就容易造成民众非理性恐慌，此事件马当局处理速度不够快，低估了事件的严重性，最后导致"卫生署署长"下台。在社会骂声下，"毒奶粉"事件被升高为两岸政治议题，民进党见猎心喜，狂批大陆恶意隐瞒，造成部分民众非理性敌视大陆，并以此为由进行抗议。

10月21日，应台南艺术大学邀请，海协会副会长张铭清以厦门大学新闻传播学院院长身份赴台参加两岸传播影像艺术研讨会，在参访台南孔庙行程中，被民进党籍市议员王定宇率人围攻并推倒在地，张铭清进入车子准备离开时，另一抗议者还跳上车顶踩踏。张铭清曾在"5·12"地震时，冒着危险亲自乘直升机前往汶川七盘沟镇营救被困的14名台湾游客，台湾旅行公会负责人甚为感动，并表示如果张铭清能够来台一定热情款待。然而时隔仅5个月，当张铭清来到台湾，却遭如此待遇，让人不胜心寒。王定宇高呼"台独"口号推倒张铭清，但其主要动机仍是借机炒作，为争取"立委"及台南市长提名累积政治资本。

"8·30游行"后，民进党食髓知味继续谋划街头运动打击国民党，而11月初海协会会长首次访台为民进党制造事端提供了机会。10月25日，民进党纠集"台联党""北社"等"台独"社团举行"反黑心、顾台湾"大游行，以"反一中市场""反掏空主权""反无能政府"为诉求，煽动"反中"意识，凝聚绿营支持者，参加人数较8月游行又增加了约15万人。民进党街头抗争与"以战养战"策略初显成效，党主席蔡英文地位得到巩固。蔡英文公开称，海协会会长陈云林赴台会让台湾付出"政治和主权代价"，将在陈云林访台时进行抗议。

面对"台独"势力挑衅与阻挠，中央毅然决定克服困难，由陈云林会长11月3日至7日率团如期前往。陈云林访台开启了两会制度化协商的新里程，在两岸关系发展史上留下了浓墨重彩的一笔。在此过程中，民进党纠结"台独"势力如跳梁小丑，上演了一出出有悖礼数、破坏法治的疯狂闹剧。大陆访问团抵台后，在前往驻地途中或各项参访行程中，不断遭到"台独"分子滋扰，11月5日国民党主席吴伯雄在台北晶华饭店宴请陈云林一行，民进党、"台联党"等组织民众前往抗议，制造了台湾十几年来最严重的暴力冲突。现场采访的中央电视台主播柴璐、凤凰卫视记者陈琳等多名媒体记者遭到民进党"立委"林淑芬等的推挤袭击，项链都被扯断，在警方保护下得以脱困。民进党主席蔡英文到场后不但没有劝阻暴力冲突，反而带队向晶华酒店前进，导致警民冲突的乱象一直持续到第二天凌晨才告一段落。当陈云林准备离开酒店返回驻地时，一名男子又冲上座车大喊"台湾独立"。

民进党的所作所为达到其巩固基本盘、重振士气的效果，但也撕裂了台湾社会，激化了蓝绿矛盾，反映出两岸民众间的沟通了解与民心相融仍任重而道远。

三、人物链接：马英九

2008 年台湾最耀眼的政治人物非马英九莫属，马英九以 765 万票、58.5% 的得票率赢得"总统"选举。当马英九声望如日中天之时，人们不禁要问，为什么会是马英九？马英九 2008 年的成功，是其努力的结果，还是时势造英雄呢？带着这些疑问，我们从马英九的经历中去寻找答案。

（一）"台湾制造，香港交货"

马英九祖籍湖南省衡山县，父亲马鹤凌与母亲秦厚修均毕业于国民党"中央政法学校"，该校是蒋介石兼任校长培养党工人员的重镇。1949 年马英九父母辗转来到台湾，其父在 1949 年后还重返大陆试图开展游击战，怀着马英九的秦厚修则受托护送朋友的小孩前往香港，还没来得及返回台湾，1950年7月13日马英九就在香港出生了。后来马英九父亲从重庆赶往香港与母子相会，一年后才回到台湾。

马英九谈及自己的出生过程是"台湾制造，香港交货"。

马英九是家中独子，有三个姐姐一个妹妹，自幼家教甚严，学业优秀。1968年台北建国中学毕业后考取台大法律系，1972年台大法律系毕业，1975年考取国民党中山奖学金赴美留学，1976年获纽约大学法学硕士并进入哈佛大学博士班，1981年获哈佛大学法学博士学位。读博期间与纽约大学同班同学周美青结婚。1981年9月，马英九学成返台，随即担任"总统府第一局副局长"兼蒋经国英文秘书，正式开启从政生涯。

纵观马英九学成返台到2008年当选"总统"的历程，基本上可分为三个部分，一是"如坐直升机"一般快速上升的党政官员阶段，二是竞选台北市长及"大选"历练，三是"塞翁失马焉知非福"的几个低潮期。马英九在这三个阶段的表现，某种程度上奠定了其2008年迈向"大位"的基石。

（二）蒋经国眼里的可造之才

马英九在哈佛大学法学院攻读国际经济法与海洋法，当时国民党当局正面临被逐出联合国等一系列的压力，马英九回忆称当时抱有"孤臣孽子"的悲壮心态，身在美国仍积极参加政治活动，以维护国民党并与海外左派及"台独"分子口诛笔伐，马英九的"爱国"表现，引起了国民党高层注意。后经国民党文工会主委周应龙引荐及"总统府秘书长"马纪壮征询,马英九进入"总统府"担任"第一局副局长",后又兼任蒋经国的英文秘书,成为继钱复、宋楚瑜之后的第三位英文秘书。马英九在蒋经国身边工作的日子,谨守分际,扮演技术官僚角色,没有染上派系色彩,甚至到蒋经国去世都没有留下一张与蒋的合照。

1984年6月,蒋经国出人意料地任命未满34岁的马英九出任国民党副秘书长,负责国际联络与政党"外交",同时仍兼任"总统府"秘书工作。1986年,马英九奉蒋经国指示,研究解除戒严、开放大陆老兵返乡探亲及"国会"改革等问题。马英九年纪轻轻就担任国民党副秘书长,有人认为是蒋经国有意栽培,马英九则解读是蒋经国希望国民党能够年轻起来,还有人认为马英九是权贵子弟而受益。那么,究竟是何原因成就了马英九直升机般的第一步跨越呢?

如果将马英九定义为权贵子弟,确实有些牵强。马英九父亲马鹤凌虽长期追随蒋家父子,但行政职务最高做到"青辅会"二职等处长,党职最高是在70岁退休时担任国民党中央党部考纪会副主委,家庭条件在马英九青年时期也属普通工薪阶层。但马鹤凌对国民党忠心耿耿,从小对马英九进行了严格的传统文化与"忠党爱国"教育,因此这样的出生背景能让马英九获得国民党高层政治上的信任,同时还不必背负权贵子弟的包袱,属于可靠的可造之才。学业优秀的马英九服完兵役后,考取国民党的中山奖学金赴美留学,留美七年又让马英九对西方民主制度有了更深入的了解。

在20世纪七八十年代台湾经济腾飞阶段,主政台湾的蒋经国亟须推动政治转型与民主化来增强国民党统治的合法性。马英九的留学经历及其在国外"爱国青年"的表现,最终成为国民党高层寻觅的合适人才,出任蒋经国英文秘书,有机会在蒋经国身边接受历练。

(三)"马青天"扫黑遇挫

1988年蒋经国去世后,马英九转任"行政院研究发展考核委员会"主任委员,当时马英九38岁,与49岁的"内政部长"吴伯雄同属最年轻的"阁员"。马英九担任"研考会主委"将近三年,分别经历了俞国华、李焕和郝柏村三任"行政院长"。

马英九与两岸政策结缘甚早,从蒋经国委派其研拟老兵返乡政策,到"研考会"任内兼任"陆委会"前身"大陆工作会报"执行秘书,后在"国统会""海峡交流基金会"都有兼职,1991年转任"陆委会"特任副主委。

1993年连战出任"行政院长"后,马英九被任命为"法务部长"。担任"法务部长"是马英九"政务官"生涯中最可圈可点的一段经历,马英九上任后大力肃贪、查贿、反毒、扫黑,以霹雳手段赢得民间声望,甚至被称为"马青天",一举成为最受瞩目的"内阁成员"。1994年的县市议员选举中,马英九指挥检调单位起诉341名县市议员,占到全部县市议员总数的39%。在桃园县的60位议员中,有54位遭到起诉。当时台湾正处于"黑金"染指政治,国民党依靠地方派系巩固统治的政治转型期,马英九大力肃贪查贿也遭到党内强烈反弹,部分国民党大佬公开批评马英九不食人间烟火,不懂地方政治生态,已到了"动摇党本"地步。甚至有"立委"公开讲,只要是"法务部"送审的提案,就别想通过,马英九面临"下台"压力。1996年6月,马英九调任不管"部会"的"政务委员",次年5月宣布辞去"政务委员",获聘政治大学法律系教授。

马英九高调接掌"法务部"到黯然调任,再到"政务委员"挂冠求去,表面看是马英九首次败走麦城,遭遇了人生低潮。但这个低潮期正孕育出了马英九更强健的政治新生命——参与地方首长选举进而获得民意背书。其实马英九辞官前,他就是国民党内呼声较高的台北市长潜在人选。但马英九从未进入李登辉的主流派行列,李登辉此时也逐渐暴露出"台独"野心,热衷于推动"冻省""修宪",是否愿意为国民党夺回台北市出力还要打个问号。于是党中央在压力下牺牲马英九,将其挤出"法务部"转任位高权虚的"政务委员"。

1997年5月"白晓燕案"发生后,马英九发表辞官声明,承诺以后专心教育,不再涉足政事,不参与台北市长选举。此时的台湾社会笼罩着一层低气压,民生领域爆发口蹄疫情,刘邦友血案、彭婉如命案、白晓燕案引发对治安的担忧,岛内爆发了要求行政部门下台负责的抗议示威。这种情况下,马英九虽然宣布退出政坛,但其民望不降反升,社会上出现"该辞的不辞,不该辞的反倒辞了"的声音,也对国民党形成倒逼态势。1998年5月,经国民党高层劝进,马英九终于同意代表国民党参加台北市长选举,挑战现任的民进党候选人陈水扁。

(四)台北市长一战成名

尽管陈水扁在台北市长任内有着"超人气"的支持度,但在年底的市长选举中,仍以688072票败给马英九的766377票。马英九首场选举秀一举成功，党内地位与民意支持度也攀上新高峰，完成了由"偶像派"向"实力派"的转型，这场来之不易的胜利对其个人政治生涯而言具有至关重要的意义。

马英九战胜陈水扁主要得益于以下因素，一是国民党的团结。由于陈水扁展现出借市长选举问鼎2000年"大选"的强烈意愿，因此这场选战被国民党视为"大选"前哨战，党内危机意识得到激发，对马英九"不冷不热"的李登辉也出面挺马。二是"台独"主张不得人心。陈水扁施政满意度虽曾高达八成，但很多选民对其"台独"主张与制造族群矛盾的做法并不认同，马英九温和理性的形象更能获得台北选民的认同。三是马英九个人优势突出。马英九在"法务部"的历练为其积累了较高人气，而辞官又以退为进获得了党内支持与民间同情。与陈水扁强势作风不同，马英九给人以理性温和印象，在台北这样的都会区也更有市场。

陈水扁以高施政满意度落选时，党内出现情绪化反弹，要求其代表民进党参选下届"总统"的呼声不降反升。后来事态的发展更出乎意料，随着国民党内讧、宋楚瑜出走，2000年"大选"分裂的国民党对阵民进党，陈水扁最终渔翁得利而获胜。2004年"大选"国亲两党实现整合，但选前民调一路领先的"连宋配"最终因"两颗子弹"疑云以微小差距落败，陈水扁再次侥幸当选。国民党两次"大选"失利，内部要求进行改革与世代交替的呼声高涨。

2004年底"立委"选举后，党主席连战表示将在2005年8月交棒，让国民党未来朝清新化、透明化与年轻化发展。新一届党主席之争在两位副主席马英九与王金平之间展开，这是国民党首次举行非同额的党员直接选举党主席。而早在 2002 年马英九高票连任台北市长后,其声望扶摇直上,泛蓝阵营内部就出现一股"拱马"参选"总统"的声浪。2004 年"连宋配"失利,国民党世代交替步伐加快,2005 国民党主席选举虽出现"马王相争"且王金平获党内大佬、"立委"系统及地方派系支持,但马英九得到基层党员的拥戴。在最后选举中,马英九获得 37.5 万票,得票率 72%,王金平获得 4.3 万票,得票率 27%。马英九以绝对优势胜出,国民党进入"马英九时代。"

本次选举中富有戏剧性的一幕是,连战起身投票时,应记者要求表演投票动作,没想到圈选盖章太用力,从选票背后可以看出他投给了王金平。当记者问连战是否投给王金平时,连战的反应是:"有吗","你不要唬我吗!"投票后连战表示,媒体借强烈灯光透视他的选票,很不应该,投票隐私权应该得到尊重。当外界一股脑解读连战从个人感情上更倾向于支持王金平,但其实从形势上判断,马英九获胜已是大概率事件,像连战这样久经沙场的政治人物,很难相信他会做出王金平能赢的判断。因此连战亮票,无论有意或者无意,都能从情感上给王金平一个交代。台湾政治人物间的爱恨情仇,对于被称为"不粘锅"的马英九而言,也许永远是那么深奥。

马英九当选台北市长,除依靠其个人魅力外,来自党的支持也至关重要,马英九虽然是国民党中生代最耀眼的政治明星,但马与党还更多体现为依附关系,马英九从党汲取的支持某种程度上大于其对党承担的责任。而当选党主席则既意味着广大党员和泛蓝选民看好马英九,也预示着马英九必须承担领头羊角色,带领国民党重整旗鼓夺回政权,马英九需要交出一份难度更高的答卷的紧迫性增强了。

马英九最终能否代表国民党参加 2008 年"大选"，对内需要处理好与连战等大佬的关系，化解与王金平的心结，安抚整合亲民党和宋楚瑜，对外则需要谋划战胜民进党的办法，用实力说话。马英九当选党主席后遇到的第一场考验就是年底的县市长选举，结果初战告捷席次远高于预期，而民进党的弊案风波则不断发酵，到 2006 年演变成声势浩大的"红衫军倒扁运动"，民进党士气遭到重挫，似乎一切都向有利于马英九代表国民党冲刺 2008"大选"的方向发展。

（五）"不粘锅"遭遇信任危机

台湾政坛的权力游戏充满了残酷，民进党更不愿坐以待毙，2006 年 8 月，民进党"立委"谢欣霓、黄伟哲告发马英九将部分"市长特别费"直接汇入私人账户当作生活费等。11 月 14 日，马英九因"特别费"被台湾"高检署"约谈，民进党乘机发难要求马英九辞职下台，退出 2008 年"大选"竞逐，妄图一举清除掉民进党的最大威胁。一向自视清廉的马英九也展开反击，第二天就召开记者会公开道歉，承认其办公室秘书余文贪图省事而用大额发票代替小额发票报销"特别费"，但未涉及贪渎和中饱私囊。马英九还宣布捐出市长任内不需要单据核销的约 1547 万新台币的特别费。但案情继续向不利于马英九方向发展，2007 年 2 月，检察官侯宽仁认定马英九贪污所得总计新台币 1117.62 万元，并依"贪污治罪条例"起诉马英九。该案明显带有民进党利用权力操纵司法，打击马英九的色彩，妄图以"围魏救赵"的手段替陈水扁和民进党解困，马英九陷入从政以来最大危机。

面对贪污起诉，马英九深感屈辱和愤怒，决定破釜沉舟展开较量，在召开记者会宣布辞去国民党主席的同时，宣布竞选 2008 年"总统"。

　　虽然马英九在"特别费案"爆发初期声势受挫，但由于特别费是台湾当局从 1973 年开始就为各级行政长官编列的支出，制度规定其中一半无须单据核销并可转入个人账户，因此无论蓝绿政治人物，都面临这一历史共业。经过审理，法院一审二审均认定特别费是给首长的实质补贴，马英九无罪。至此，马英九参选的司法障碍终得以清除，清廉形象得到维护，也大大增强了泛蓝阵营的信心和凝聚力。马英九从国民党内的"小白鸽"，到经历台北市长选战洗礼、党主席之争、"特别费案"考验，逐步从"天时地利人和"各个方面，具备了 2008 年代表国民党与民进党一较高下的条件。

台湾野柳风景区（摄影者：王鸿志）

2009

一言难尽

中国国民党中央党部（摄影者：王鸿志）

2009 年新年伊始，马英九发表元旦讲话，承认过去一年台湾遭遇了几十年来最严重的经济挑战，他也承诺新的一年将推出多项措施来提振经济。1 月 26 日大年初一，大陆赠送台湾的大熊猫"团团""圆圆"也首次和游客见面，一个月内参观人数接近 50 万，在岛内掀起了一股"熊猫热"。台湾 2009 年能否尽快走出金融危机阴影，两岸关系在这一年会有哪些进展，这一切都在新年伊始静待答案。

一、明枪易躲暗箭难防，内忧甚于外患

2009 年全球金融危机与外需市场萎缩对台湾造成的负面影响依然严峻，并在第一季度达到顶峰。

（一）全球金融危机波及台湾

长期以来台湾经济高度依赖外需，对外出口又主要集中在电子产品和基本金属及其制成品领域，产业结构较为单一，产业升级缓慢，民间投资较 2008 年又衰退 19 个百分点以上，内需为负增长 4.13%，民间消费仅增长 0.286%。在这些不利因素共同作用下，台湾经济面临

困境，全年经济增长率跌为 –2.53%，刷新了 2001 年 –1.65% 的最差纪录。

国民党的"博士内阁"虽然行政经验丰富，但形势比人强，各种应对措施似乎仍显得力有不逮。马当局实施了一系列扩大内需为主的扩张性财政货币政策，最直接的手段包括发放了 857 亿元新台币的消费券，扩大公共建设投资了 1507 亿元、提供 65 亿元的促进就业资金、调降多种税费，采取了降息、调降存款准备金率等。产业方面，在继续重视电子信息产业的同时，着力推动生物科技、绿色能源、观光旅游、精致农业、文化创意等新兴产业，大力培育新增长点。这些措施具有较强的针对性，短期内起到了保持岛内物价与金融环境稳定，避免经济出现严重震荡的作用，为对外贸易的尽快复苏提供了保障。

但由于当局在经济活动中干预力度较大，而台湾当局开启政党竞争大门之后，执政党争相进行政策性买票，当局举债现象严重，公共财政状况不佳。同时台湾因内需市场有限，在出口突然出现大幅下滑的情况下，民间消费的信心和投资意愿都受到抑制，导致相关政策对经济增长的实际拉动效果难以达到立竿见影的效果。全年失业率居高不下，8 月份达到 6.13% 的历史峰值，民众实质薪资下降趋势未见扭转，贫富差距持续拉大，社会民意中的不满情绪有增无减。

（二）小林村之殇

进入下半年，台湾经济随着外部市场复苏而出现较为明显的回升势头，但这种反弹未能扭转马英九当局的颓势，反而因接踵而至的重大自然灾害陷入政治危机之中。

8月初，莫拉克台风侵袭台湾中南部地区，该热带风暴8月4日凌晨在太平洋西北洋面上生成时，人们只是将它当作每年吹袭太平洋西北沿岸的20余个热带风暴之一，与以往一样，按照以风速决定台风强度的惯例，"莫拉克"被定为中度台风，一切活动均按此基调展开。但据气象专家事后的分析，台风"莫拉克"台风具有移速缓慢、影响范围广、维持时间长、移动路径复杂多变等特点。8月7日，莫拉克开始在台湾登陆，500毫米、1000毫米、2000毫米，降雨持续不断，台湾气象部门不停地调高雨量预测。

高雄县甲仙乡小林村也下起了倾盆大雨，对于靠天吃饭的农民来说，这是一场及时雨，几天前他们还在抗旱，暴雨意味着终于有机会让自家的果园解解渴了。然而，这场雨和平日山区午后常有的那种阵雨不同，它丝毫没有减弱的架势，村民有些惴惴不安。

与此同时，"行政院农业委员会水土保持局土石流防灾中心"7日下午就开始向当局、县府及乡公所进行通报，"建议黄色警戒区域，如台南县南化乡、楠西乡，高雄县六龟乡、甲仙乡，屏东县雾台乡、玛家乡，地方当局于入夜前提早疏散"。7日晚，当黄色警戒变红色警戒，"水保局防灾中心"再度传真、电话高雄、屏东、台南应变中心，发布红色警戒。

8日晚上7点，洪水开始急剧涌入小林村，灌入了房子。起初只是到脚踝，随后没过了小腿，当水到齐腰深的时候，村民们只能逃往一楼，拨打119求助。9日凌晨3点左右，只有40多名村民冒雨向高处撤离，其他村民仍在家中等待。由于8月8日正是台湾的父亲节，许多年轻人还特意赶回村里给父亲过节。就在这些村民撤离的过程中，意想不到的事情发生了，小林村后的献肚山突然崩塌，泥石流随即喷涌而下，冲向了小林村。一瞬间，天地一片漆黑，上面是乌云，下面是泥石流，房子好像是纸糊的一样被撕得粉碎。小林村，这个台湾人都难得有人到过的无名村落，以最悲剧的方式为世人所知。

逃出来的村民围着手机基站，用仅有的几部手机疯狂地拨打求救电话。8月10日，救援直升机终于抵达小林村，41位幸存者被救出。直升机驾驶员在小林村上空，几乎认不出那里的地形地貌，飞行员向后方报告："灾情超乎想象的严重，只能用天崩地裂形容，半座山壁崩落，只剩下泥石，看不出这里有村落！"在与外界隔绝两天后，大队救援人员终于进入现场。前往小林村的道路桥梁都断绝，90度的泥泞陡坡落差达数百米。莫拉克台风以其史无前例的降雨量重创了台湾南部六县市，两天竟下完了平常一年的雨量，南部各地都纷纷传出了惨重的灾情。

（三）民进党借题发挥

台湾是一个自然灾害多发的地区，几乎每年都要被台风摧残五六次之多，这也让从官方到民间都积累了丰富的应对经验。但台风来袭的涨水断桥、水淹家园、菜价大涨、学校停课都会让老百姓蒙受损失，如果灾情严重甚至因撤离不及时而造成人员伤亡，老百姓的怨气就会转移到执政当局身上。特别是在选举成为台湾政治的核心议题后，"在野"阵营的目标就是要为执政当局制造难题，抹黑对手在选民中的形象，手段则是到了无所不用其极的程度。

民进党2008年败选后，仍然将打击国民党作为其走出低谷的不二之选，2008 年以反对国民党当局两岸政策为核心，发动大规模街头抗争，起到了止跌聚气的效果。国民党在应对这场风灾中暴露出的问题，民进党绝不会轻易放过。

美国人拍的电视剧中，经常喜欢把俄罗斯塑造成挑起别国内乱的"高手"，手段则是借用社会事件进行火上浇油的炒作甚至是扭曲报道。当然在现实中，美国在这些方面也丝毫不会弱于俄罗斯。与此类似，民进党虽然在治理能力上乏善可陈，但在搞乱搞臭国民党上也堪称大师级。这里不无感慨的是，国民党一个百年老党，在面对民进党这个只有短短 30 多年历史的政党，竟然被不断逼退甚至一度失去政权。从国民党在台湾的表现来看，这个政党确实还缺乏抵御风险和驾驭复杂局势的能力。

下面再来观察民进党是如何利用这场风灾，让国民党陷入全面政治风暴之中。8 月 19 日，民进党召开记者会爆出猛料称，在 72 小时黄金救援期，"行政院长"刘兆玄回新竹去过父亲节，另有特勤人员透露，马英九除了 8 月 8 日在办公地点外，7—10 日三天都按照惯例前去晨泳。

民进党发言人火上浇油般提问，马英九在灾情如火如荼时，是否还每天去晨泳？民进党希望爆料内容不是真的，但也希望当局能公开马英九这几天究竟在做什么？民进党要求对"八八风灾"追究政治责任，"内阁"立即总辞，全面改组，"总统"认错。民进党招数的狠毒之处在于，无论马英九是否有晨泳，都被刻画出不能苦民所苦的形象，在人格抹黑之后进而质疑国民党执政的正当性。

民进党上述做法在台湾社会可以说是屡试不爽，其重要原因除了

民进党自党外运动开始，累积了丰富的斗争经验外，也与台湾的媒体
环境密切相关。台湾是全球媒体密集程度最高的地区，由于媒体环境
复杂、管治宽松、竞争激烈，媒体自身的生存压力较大。很多电视频
道台为了增加收视率，降低成本，围绕热点议题开办了诸多的政论节
目，从而形成了媒体寻找议题、制造议题、炒作议题的全民政治娱乐
化的局面。

当民进党抛出马英九当局在风灾中还"吃喝玩乐去染发"的爆料
时，媒体犹如嗜血的野兽遇到了肥羊，立即全面跟进报道。而台湾的
各种电视名嘴评论员，政治立场和专业操守都差异极大，势必会对社
会舆论形成一定程度的误导。执政党在平日里就是重点被修理对象，
遭遇这种民怨四起的重大事件，媒体的火力也自然朝向民进党希望的
方向射击，国民党无论怎么努力救灾，在开始阶段就被"K"得满头
包。

然而民进党的明枪暗箭并未停止，以陈菊为代表的民进党南部地
区县市首长，又在 8 月 26 日对外宣布，将邀请达赖喇嘛月底访台为
灾民祈福，让本已内外煎熬的马当局再度接下一个烫手山芋。台湾各
种民间信仰较为繁盛虔诚，但藏传佛教并非台湾社会影响力最大的宗
教，民进党舍其他而选达赖，让马英九面临民意、两岸上的双重压力，
可谓是用心险恶。

风灾过后，台湾甲型 H1N1 流感疫情又开始蔓延，曾受到陈水扁
当局重用的前"卫生署长"、"中研院"院士陈建仁多次对外表示，台
湾流感疫情严重，可能造成 7000 人死亡，马英九应该启动"国安机
制"来应对。有了专家背景的陈建仁背书，民进党中央也立即发声，

要求刘兆玄"内阁"立即改组，马当局启动"国安机制"。其实台湾每年一般流感的平均死亡人数也有四五千人，而民进党刻意渲染某些专家的不完整言论，在社会上制造恐慌气氛，进而对国民党当局形成新的压力。"卫生署长"杨志良痛心疾首地表示，新流感防疫是长期战争，少数媒体的造谣让他不齿，根据专业判断不需要启动"国安机制"。根据世界卫生组织年底通报，H1N1新型流感在东亚地区包括台湾都持续下降，台湾通报的死亡人数为35人，与民进党此前预估的疫情程度落差较大。

但这一切对国民党而言来的都太迟了，从"八八风灾"到达赖来台，再到新流感疫情，民进党若干记组合拳，已经将社会舆论的矛头指向国民党当局执政无能。民众知情权看似得到了保障，但第一印象得到的，往往是民进党刻意操作与行销的内容。

（四）国民党疲于招架

马当局在处理突发事件过程中，应急处置不力，政治手段软弱，在民进党煽动与媒体渲染下，招致民意不满，逐渐被贴上了"无能"的标签，施政满意度最低跌至16%。为扭转局面，马英九没有更多从如何对付政治对手思谋良策，而是关起门打自家孩子，对执政团队及国民党施以大幅调整。

9月7日，马英九突然重组行政团队，刘兆玄"内阁"总辞职，马英九任命国民党秘书长吴敦义和桃园县长朱立伦接任"行政院"正副"院长"，40名"阁员"中有14位被调整，其中"八八风灾"中被媒体炮轰的"行政院秘书长"薛香川、"国防部长"陈肇敏、"外交部长"欧鸿炼、"经建会主委"陈添枝等全数离职。加上此前已经酝酿的马英九兼任党主席，马英九从当选后提倡的"党政分离"理念，转向"以党辅政"，在形式上将党政大权基于一身，寄望以巩固党内地位强化领导能力来化解政治危机。

（五）非典型国民党人马英九

虽然马英九实现了形式上的权力高度集中，但是国民党从其建党之初，内部就存在深刻的资历、血统与门户之见，蒋介石前几次下野，也与无法获得党内大佬的支持关系密切。即使东北易帜蒋介石形式上成为国家领袖后，其对党内的胡汉民、汪精卫、孙科等元老也忌惮三分，这种派系文化随着国民党败退台湾，又以新的面貌继续影响着国民党。

马英九出身于忠贞的党工家庭，并获蒋经国青睐，也受到过连战、吴伯雄等党内大佬或知遇之恩，在国民党官场文化中浸淫多年。但马英九最终能够力压王金平等竞争者，成为新的蓝营共主，很大程度上是时势造英雄的结果，马英九某些先天不足，反而成了造就其政治明星的优势。但当马英九承载国民党希望重新夺回政权后，马英九的理念和做法就开始和国民党内的传统文化及势力产生了矛盾。

马英九当选前保持着政治上"不粘锅型"，工作上"铁面无私"，家庭中"新好男人"的形象，虽然首次担任党主席特别是经历"特别费"案遭起诉等遭遇后，政治上更加成熟，但其当选后仍希望走出一条不同于传统国民党文化的执政之路，进而改造国民党的"不良"文化。

马英九的理想很丰满，但改革就要触动现实利益，马英九上任伊始"超越蓝绿"的政治任命，给蓝营内部希望分享胜利果实的人士当头浇了盆冷水，进而以"立法院"同意权让马英九在"考试院""监察院"人事任命上栽了个大跟头。这导致马英九与国民党内几股传统势力及"立委"系统矛盾升级，也促使马英九决心兼任党主席。

虽然马英九兼任党主席从规则和实力上讲，并不存在太大障碍，但是从情与理来看，却面临重要抉择。

现任党主席吴伯雄曾在马英九因"市长特别费案"遭起诉时发挥了力挽狂澜作用，接下国民党主席并辅佐马英九最终赢得"大选"，可以说是国民党2008年重夺政权的有功之臣。而且吴伯雄从政以来政绩不凡，民望较高，几次面临个人进退时都选择了顾全大局。马英九此番如果突然换下吴伯雄，不但会让马吴关系蒙上阴影，也会给外界留下"无情"的印象。因此，马英九如果想兼任党主席，首先需要为吴伯雄的去留寻找出路。

当年5月，海基会董事长江丙坤突然向马英九递交辞呈，被外界解读为是马团队放话，希望逼退江丙坤进而为吴伯雄让出党主席后找到出路。但马英九立即退回辞呈，吴伯雄也大动肝火，指责媒体不要把他也牵扯其中。虽然事件最终在江丙坤接受马英九慰留中落幕，事件内情也成为各说各话的罗生门，但事件从另一侧面反映出国民党内盘根错节的利益关系，以及马英九要完全掌控国民党的难度之大。

6月初，马英九与吴伯雄达成"马上吴下"的共识，正式宣布参选国民党主席，马英九兼任党主席已成定局。尽管马英九集党政大权于一身，雄心勃勃希望推动国民党党务改革，进一步改善国民党的政党文化和社会形象，但理想和现实间的差距仍然让马英九的"马氏改革"步履维艰。

（六）国民党中央权威弱化

2009 年底围绕花莲县长选举的"夫妻店"争议，反映出马英九不仅上层的改革面临压力，地方改革也存在牵一发而动全身的难度。年底花莲县长选举中，国民党指实力最强的"立委"傅崐萁有司法案在身无法取得党内提名，希望由曾担任过马英九台北市副手、现任"卫生署长"的叶金川空降参选，马英九提名叶金川不但跳过布局县长选举已久的傅崐萁，也无视现任县长谢深山属意接班的副县长张志明，从而导致地方派系对当局的改革意图充满不满和对立，最终导致叶金川在党内初选中就告落败。

马英九虽在最后阶段竭力为国民党提名的杜丽华辅选，但仍无法扭转选民投票意愿，傅崐萁拿下 56% 的选票而获胜。后傅崐萁因担心其所牵扯的官司会导致辞去县长的风险，因此在当选县长后的就职典礼尾声突然宣布由其妻徐榛蔚担任副县长。傅也知任命妻子担任副县长违反公职人员利益回避等规定，因此强调与妻子已办理离婚手续。

对此"内政部长"江宜桦态度强硬，指"这是假离婚、刻意钻法律漏洞"，"内政部"发表声明称，"傅崐萁和徐榛蔚 18 日办理离婚手续，21 日宣布担任副手，22 日再将徐的户籍迁到傅的母亲家，实际上两人共同养育子女，此举是在制造两人离婚的假象"。傅崐萁最终迫于压力取消了这项任命，但整个事件也反映出马英九推动国民党党务改革面临的困难之大，操作不慎甚至可能让国民党陷入"里外不是人"的窘境。

在天灾人祸内忧外患多种压力下，年底的县市长选举让国民党的选情提前蒙上了阴影。在此前进行的三场"立委"补选中，国民党仅在"铁票区"台北大安区以微弱优势当选，而失去了苗栗和云林的两个"立委"席次。在年底县市长选举中，国民党获得17席中的12席，无党籍1席，民进党获得4席，较上届增加1席，但得票率增加6个百分点。经过年底的县市长选举检验，民进党基本上稳住了基本盘，提振了党内士气，国民党则面临更大的挑战。

二、两岸关系：一甲子的反思

2009年是两岸关系在新的历史起点上进一步改进和发展的一年。一年来两岸制度性协商蹄疾步稳，经济合作深入推进，文教交流方兴未艾，赴台旅游出现井喷状态，两岸大交流局面正在形成。

（一）历史伤痕

2009年对海峡两岸全体中国人来说，也是具有非凡意义的一年。有人统计，在中华民族五千年的历史上，发生过的大小战争超过6000场。尤其近百年来，中国饱受列强欺凌和内战消耗。1840年的鸦片战争，列强用坚船利炮叩开了古老土地的大门，也打碎了清王朝天朝上国的迷梦。落后就要挨打，1895年中日甲午战争的失败，让清王朝再次割地赔款，祖国宝岛台湾从此被殖民统治达50年，而日本殖民统治后遗症的危害，甚至至今仍难以清除。

二战胜利台湾光复后，中国再次因国共内战而导致国民党偏安一隅，依靠美国的保护与大陆隔海对峙。但是从1949年开始到2009年的60年间，两岸没有发生大规模的战争，基本保持了一个较为和平的环境。中国人讲究60年为一甲子，这一甲子的风雨沧桑，对两岸中国人而言，又有数不尽的悲欢离合。大陆在经历社会主义建设的摸索之后，从1978年开启了改革开放的伟大实践，走出了一条有中国特色的社会主义道路，彻底扭转了旧中国积贫积弱的状态。而台湾也抓住了全球产业革命的浪潮，60年来在经济社会发展上取得了重要成就，创造了跻身"亚洲四小龙"的经济奇迹。

这60年两岸走过了不同的发展道路，都取得了重要的成就，这些成就本来值得所有中华儿女为之骄傲。但记忆也会被改写，认同能够被引导，民意更会被塑造。

1945年台湾光复后，因为众所周知的原因，台湾民众对前来接收的大陆同胞的态度由盼望变为失望，进而爆发了"二二八事件"，让台湾民众与大陆祖国之间的关系，增添了新的伤痕。

随着岛内解严及竞争选举的开展，以民进党为首的反对党成立，统"独"争议逐渐上升为台湾政党竞争的主要议题。统"独"议题不断被政治炒作的结果，导致台湾民众的国家认同、民族认同出现混乱，"台独"分裂势力不断壮大，以及认同错乱，从根本上对两岸关系的稳定构成了严重威胁。

（二）两岸60年

迎接2009年，回望过去走过的60年路程，可以将两岸关系的

60 年分为三个阶段：

一是从 1949 到 20 世纪 70 年代末、80 年代初，两岸处于军事政治对峙时期，国民党当局伺机反攻大陆终告失败，大陆对台方针政策实现了从"武力解放台湾"到"和平解放台湾"，再到"和平统一、一国两制"的重大转变。

二是从 1987 年台湾方面开放大陆老兵返乡探亲，到 2005 年，在两岸同胞共同努力下，两岸近 40 年的隔绝状态被打破，各项交流全面开展。但李登辉、陈水扁前后掌权 20 年，逐渐背弃一个中国原则，不断推行"台独"分裂路线，大陆方面与其进行了一系列重大政治斗争。

三是从 2005 年到 2009 年，大陆方面根据两岸关系发展变化，及时调整对台政策，出台了《反分裂国家法》，形成了以"六点意见"为标志的和平发展思想，有效遏制了"台独"分裂势力。随着 2008 年国民党上台执政，两岸关系发生重要转折，迈入了和平发展的快车道。

（三）对话

面对两岸关系所展现的新局，在 60 年的岁月节点，2009 年 11 月，由台湾民间团体太平洋文化基金会主办的"两岸一甲子"学术研讨会在台北举行，这是首次由两岸学者共同参加、在台湾举办、讨论内容涵盖两岸政治、军事互信、涉外国际空间等敏感议题的研讨会。

大陆方面派出由前中央党校副校长郑必坚率团的 28 位与会人员，其中包括多名退役将领、退休外交官，以及以学者身份与会的国台办局级官员。会上关于经济、文化的讨论达成广泛共识，但围绕台湾"国际空间"、一个中国原则、签署"两岸和平协议"等内容产生了较多争论。

上海国际问题研究院院长杨洁勉发表《两岸安全与台湾对外交往》的论文时表示，国民党当局因承认"九二共识"，近来在对外关系上取得系列进展，包括以"中华台北"身份参与世界卫生大会。对此，台湾方面参会人员、前海基会副董事长邱进益提出，既然如此，两岸何不"主权共享"，让台湾申请成为联合国观察员。大陆学者、中国国防战略研究所原所长潘振强回应，在两岸未统一之前，处理台湾的"国际空间"问题属于特殊安排，"主权共享"应在两岸之间讨论，不能拿到国际社会上谈，两岸就此议题协商时，还需确信是朝一个中国的方向走，而非求分裂现况的固定化。

中国问题研究所所长马振岗认为，外交体现一国主权，上述问题不能用整套方案解决，只能一个问题用一个具体方式解决，最终仍要回到一个中国原则上谈。中国驻联合国日内瓦办事处前特命全权大使吴建民分享了任内，台湾三次申请加入世界卫生组织失败的经历，他认为台湾三次叩关失败说明几点经验，一是挑战一个中国原则没有出路，二是两岸经事务性协商才能找到合理解决方案，三是要尊重现实，现实就是国际社会普遍接受一个中国原则，中国正在从国际舞台边缘走向中心。

尽管大陆学者的发言都是基于现实、以两岸同胞福祉为出发点的肺腑之言，但在两岸隔阂已久、更加全面交往的大门才刚开启之时，大陆学者的意见在岛内获得积极回应与认可尚需一个过程。民进党、

"台联党"还召开记者会，就郑必坚在发言中谈及的台湾社会面对历史大变局的整体转型尚未完成，近20年来"台独"与反"台独"的较量还没有结束，但"台独的没落与衰败也是必然的"提出了抗议。万事开头难，两岸一甲子虽然感慨很多、愿望很多，但未来两岸关系发展的道路依然漫长，还需不断积极有为、奋力前行。

（四）暖意——团团圆圆入台记

尽管在政治等敏感领域两岸之间消除分歧、建立共识仍需要一个过程，但在其他领域，两岸关系的发展在这一年取得了丰硕成果。2009年大年初一，大陆赠送台湾的两只大熊猫团团和圆圆终于在台北市立动物园正式与台湾民众见面，这两只深得台湾百姓特别是小朋友喜爱的国宝大熊猫，来台的过程也是一波三折。

1987年，台胞刘彩品在全国台联第二届三次会议上提出向台湾同胞赠送一对大熊猫的动议并获通过，同年4月该动议作为六届全国人大五次会议台湾省代表团的集体建议呈交有关部门，北京动物园随即表示愿意向台湾赠送一对大熊猫。

1990年，中国野生动物保护协会选定了一对人工繁殖的幼年大熊猫"陵陵"和"乐乐"作为赠台大熊猫。然而台当局先后以多种理由拒绝接受。

2005年5月3日，在中国国民党主席连战率领代表团顺利完成访问大陆行程，亲民党主席宋楚瑜又即将来访之际，国台办主任陈云林代表大陆方面宣布，向台湾同胞赠送两只大熊猫。

2006年1月6日，经海峡两岸专家挑选，国家林业局、国台办宣布赠送给台湾的大熊猫已被确定，并由中国野生动物保护协会委托大陆各大媒体为两只大熊猫征集乳名，并在当年的中央电视台春节联欢晚会上公布。"团团""圆圆"在网民投票中高票当选，成为赠台大熊猫的名称。然而，大陆捐赠熊猫被当时执政的民进党当局定性为"政治议题"，可怕的"统战"工具而拒绝接受。与民进党当局的态度相反，多数台湾同胞对大熊猫相当欢迎，各界掀起了"大熊猫热"。

2008年国民党上台后，马英九当局顺应民意，对熊猫入岛执行开放政策，并指示台"农委会"考察提出申请的台北市立动物园和新竹县六福村动物园的收养条件，并最终确定熊猫落脚台北市立动物园。2008年12月23日，大陆赠台大熊猫搭乘台湾长荣航空公司班机抵台。又经过一个月的检疫隔离期，台北市动物园决定在2009年春节头一天让这对大熊猫与游客见面。尽管民进党将熊猫视为洪水猛兽，台湾民众却难掩对熊猫的热爱，开放当天第一小时就涌入5000人参观，园方采取了抽取号码牌的方式以确保参观质量，一个月内参观人数突破50万，全年为台北市动物园增加游客近50万。

熊猫入岛几经波折得以成行，反映出两岸交流乃大势所趋，少数政客刻意操作终无法阻碍两岸关系和平发展的大趋势。熊猫入岛在带给台湾同胞欢乐的同时，也增进了两岸人民之间的感情，为两岸关系发展增添了几分靓色。

（五）两岸交流升温

一年来两岸双方继续保持良性互动，国共高层密切沟通，5月胡锦涛总书记与国民党主席吴伯雄举行了第二次会谈，双方就维护"九二共识"和反对"台独"的共同政治基础、继续推动落实"两岸和平发展共同愿景"、尽快商谈两岸经济合作协议等达成系列共识。在两岸高层良性互动推动下，两岸两会先后在南京和台中市举办两次会谈，签署了六项协议。

7月，大陆赴台投资迈出了历史性的第一步，打破了两岸投资以往只有台资进入大陆的单向局面。8月，两岸空运直航开通新航路和客运、货运定期航班，增加航点，客运定期班级和包机班次由每周108个往返班次增加到270个。

以大陆企业赴台投资和两岸正式开通空运定期航班为标志，两岸全面直接双向"三通"终得以实现。随着冬去春来，刚开启时低迷了近半年的大陆游客赴台旅游，在2009年出现井喷式爆发，全年大陆游客赴台观光人数接近60万人次，较上年增长571%以上。

在两岸关系出现重大积极变化形势下，年内《国务院关于支持福建省加快建设海峡西岸经济区的若干意见》正式发布，这是党中央继西部大开发、东北振兴、中部崛起等区域发展决策后，完善沿海地区经济布局、推动海峡西岸和其他台商投资相对集中地区发展的又一重大举措，也是进一步推动海峡两岸交流合作的一件大事。

（六）民进党闹场

在两岸大交流局面徐徐开启下，民进党抓住岛内民众对原本单向、低密度、范围有限的交流模式，突然向双向、全方位、大规模交流模式转变的不适应感，制造"主权、人权受损"的舆论氛围，激发民粹情绪。

在2月民进党中常会上，蔡英文提出"面对马政府的倾中路线"，民进党将推动"全民保台运动"，还将2009年定为"社会运动年"，计划在5月份马英九执政周年之际发动大规模街头运动。随着马英九就职一周年日益临近，民进党全党动员，并集结"台联党""基督教长老教会"等"独派"团体，于5月17日在台北、高雄两市同步发起"五一七呛马"游行。

民进党宣称台北游行人数超过60万，高雄有20万，游行结束后又在马英九办公地点前展开了24小时静坐抗议。在民进党打击国民党的工具中，反对两岸商签"经济合作框架协议"（ECFA）是其重要抓手。民进党臆造和渲染ECFA对台湾经济和社会的负面影响，极力反对两岸签署ECFA，发起两岸签署"ECFA"需经公民投票通过的"公投联署"活动。后该"公投案"虽被"行政院公投审议委员会"驳回，但民进党"醉翁之意不在酒"，通过不断煽动反"ECFA"的民意，将其抗争举动与"爱台护台"相挂钩，建构其论述和行动的合法性基础。

年底，海协会与海基会的第四次领导人会谈在台中市举行，会上签署了三项协议，并就两岸商签经济合作框架协议"ECFA"交换了意见，同意将其作为2010年第五次会谈的重点推动议题。民进党则在第四次"陈江会"前一天，在台中市举行了"破黑箱，顾饭碗"大游行。

民进党中央对外虽宣称要求参加游行的人员要"理性平和，不能有任何冲突"，但这场游行起到了为第二天更激烈抗议活动预热的效果。很多参加游行民众没有散去就参加了第二天对"陈江会"的抗议，其中几名抗议者驾车对举行会谈的酒店发射爆竹冲天炮，在警方进行取缔时，将台中市警察局一名刑警从车顶突然推落，导致跌落地面头部受到重创。事件发生后，海协会会长陈云林立即派人前往医院进行看望慰问，临行前还对警方的付出深深一鞠躬表示敬意。

而肇事嫌疑人虽去医院看望受伤警察，却称"只关心，不道歉"，对家属内心再次造成伤害。民进党秘书长苏嘉全还提出警方是否执法过当，称民进党已请律师协助嫌疑人，虽然他不是民进党员，但民进党还是会站出来帮忙。

这一年来，两岸为改善台海局势、推动两岸关系发展做出的诸多积极举措，但这些都成为民进党攻击国民党的武器。那么，民进党是如何做到混淆视听的呢？从宣传层面讲，民进党将两岸交流与"伤害主权""被大陆吞并"相挂钩，将签署 ECFA 渲染成"大陆经济入侵，抢台湾人工作"，将国民党贴上"卖台"标签。民进党用简单直白又耸人听闻的语言，不断向民众灌输其主张，而民众本就对复杂的经济合作协议等缺乏全面了解，在民进党这种不断重复又抓人眼球的宣传攻势下，就容易产生先入为主的刻板印象。民进党以最廉价的方式，取得了攻击国民党的最佳效果，而更受伤的则是两岸关系发展与两岸民众福祉。

三、国民党党产：财富还是包袱

2009 年 10 月马英九接任国民党主席后，高调推动"党务改革"，包括要理顺党政关系、端正选风、强化基层组织、培育人才、尽速处理党产。其中处理党产，是马英九从首次担任党主席到再次回锅，都念兹在兹的问题。

马英九在"就职演讲"中承诺，年底前会提出党产处理的最终方案，处分中央投资公司后，除保留党工退职金与党务运作和发展经费外，剩余将捐作公益，未来竞选经费将以募款为主，不再经营任何营利事业。12月底，国民党中常会又通过"党营事业最终处理方案"，宣示2010年6月前完成"中央投资公司"的公开标售，正式告别党营事业历史包袱。

马英九以"今天踏出很重要的一步，启动党的转型再造"来形容这项艰难的改革。但处理党产方案刚刚出台，党内又掀起很多质疑。那么，国民党的党产，到底是包袱还是财富，为什么党内有人视其为梦魇，认为党产几乎成了反国民党势力的"政治提款机"，但有人又认为是国民党不可或缺的资源。

（一）国民党家产的来历

要对国民党党产有一个全面了解，需要从党产的历史入手。国民党这家"百年老店"的党产来源可上溯到辛亥革命前海内外华人华侨的捐献。国民党前身兴中会和同盟会的财产主要来源于孙中山等人筹集的海外捐献。海外捐赠是国民党党产第一桶金，这些党产首先投入到新兴的报纸传媒行业。国民党与改组前的兴中会、同盟会一样为了宣传自身理念、与对手辩论并争取舆论支持，开办经营了很多报馆，武昌起义后半年内全国党团创办报刊达700余家，其中相当部分属于国民党（同盟会）。这些都是党产的最初形态。

国民党成为全国执政党后，在宣传工作上由陈立夫、陈果夫负责筹划设置如"中央日报""中央电影企业公司""中央广播电台"等，这些可以称为党产中党营事业的雏形。

国民党真正大规模地置办党产和党营事业始于抗战结束后。1946年3月的国民党六届二中全会上，陈立夫、陈果夫提出的"党营事业的建立和管理计划方案"获通过，国民党决定在接收"敌伪"的工商企业资本时，拨出5000亿元作为"党营事业基金"，并由二陈负责该基金的管理。在陈果夫的积极经营下，至1948年夏天，国民党在大陆已拥有青岛齐鲁公司、天津恒大公司、济南兴济公司、沈阳益华公司、台湾兴业公司、安徽农产公司、上海树华公司、永业公司、亚东银行及济南面粉厂等10家党营事业，此外还有中国盐业公司等投资事业，各公司均颇具规模。

（二）退台初期稳住经济的钱袋子

随着国民党政权在大陆的崩溃，国民党退踞台湾，随同一起撤退到台的党营事业大公司只有山东齐鲁公司一家。国民党撤退时将其在大陆的党产几乎丢个精光，其中党营事业总资产约750万美元赔掉了670万美元，也就是说国民党党营事业是带着80万美元的资产到台湾的，加上国民党撤离大陆时曾携带的大量黄金、外汇共同构成国民党在台湾的党产来源。

据台湾"中央研究院"院士张玉法教授所著《中华民国史稿》一书所述，1949年国民党将中央银行227万两黄金和外汇（合计约10亿美元）先行运抵台湾，由当局专责保管，后来成为国民党稳定台湾经济金融之重大支柱。国民党退台后，在长期一党专政和"党国"不分的情势下，"国家"财政与党财政混同即所谓的"国库通党库"，这些财富中的相当部分转化为国民党党产也在意料之中。

国民党在台湾的党产来源有两种：一是来自台湾光复后对日产的接收，国民政府行政院在1945年11月23日颁布《收复区敌伪产业处理办法》，其第4条第3项规定，"产业原为日侨所有者，其产权均归中央政府所有。"据统计，自1945年10月至1947年2月国民政府接收了原台湾总督府所属产业和日本私人财产、企业共110亿元台币。自1947年3月至1950年12月，又接收了日本资本和台湾本地资本合资企业860个。

另一种是两蒋时代参与经营活动所取得。两蒋时代，国民党通过成立一些投资或实业公司，由当局赋予它们垄断性经营地位，并因此获得高额利润。这些数量庞大的党产曾分别以现金、债券、股票和各种不动产的形式存在，在结构形态上表现为党营产业、海外财产和土地、建筑物等资产。国民党党员所缴纳的党费和台湾当局对政党活动的补助金也是国民党党产的来源，但其所占份额较少。

20世纪50年代党营事业主要投资于建材、纺织、金融产业，只发展了4家企业。60年代规模进一步扩大，投资9家企业，涉足证券、保险、贸易、制药等行业。70年代新增重化工等投资领域，创办企业达15家。80年代延续迅猛发展的势头，再向电子、资讯、金融、石化、建筑等行业投资并创办14家企业。此外，利用党产资金转投资的企业则更多。

（三）利用特权快速膨胀

在李登辉任内，经国民党财委会主委徐立德的大力经营，尤其是1993年李登辉任命亲信刘泰英出任"党营事业管理委员会主委"专责党营产业的经营、投资后，党产进入飞速膨胀期。

一方面，党营产业利用特权及其他便利条件迅速扩大。党营产业在创立与运营时资金来源较为便利，许多公营企业如"中油""台电"以及当局相关部门如"财政部""经济部"等都是党营产业的合作伙伴，官方注资充裕，而且许多民间大公司也愿意向党营产业投资入股，以转进当局不允许民间涉入的产业。

另一方面，利用股票上市等手段成功进行资本运作，使党产规模实现了跳跃式增长。曾任台湾"财政部长""经济部长"的徐立德在国民党财委会主委任内，抓住20世纪80年代后期台湾资本市场快速发展的契机，将一些赚钱的党营企业整理上市，并在高价时出售股票，获利后再进行转投资。以1988年"中投"出售台湾苯乙烯公司560万股、东联化学1100万股计算，国民党获利25亿元新台币以上。在徐立德任内，国民党党产扩大近三分之一，净增150多亿元新台币。

1993年刘泰英入主"党营事业管理委员会"后，放手在股市大进大出，套取暴利，使国民党党产规模继续膨胀，并逐步实现向海外扩张。至1998年，国民党下属的七大控股公司，即"中央投资公司"、悦升昌投资公司、光华投资公司、启圣实业投资公司、建华投资公司、华夏投资公司及景德投资公司总共控制了66家企业，转投资超过200

多家企业，投资涉及金融、石化、燃气、科技、营建开发、保险、海外事业、文化产业等共 10 大领域，总资产达到 1470 亿元新台币，扣除总负债后账面净额仍高达 683 亿元新台币。

（四）国民党的原罪

随着国民党党产投资领域扩大，其弊端也逐渐显现，国民党党产开始受到经济和政治双重打击。1997 年亚洲金融危机爆发后，党营事业遭受冲击。国民党高层利用党产资源为相关利害企业纾困，亏损约 427 亿元新台币。同期，国民党党营事业招致党外的越来越高涨的质疑声音。

党产来源、党营产业所享受的特殊待遇及其特殊的用途和目的，使党产及其收益的正当性屡受质疑，使国民党贴上"黑金政党"的标签并被"一路追打"，直至丢失政权。2000 年以前民进党打着"反黑金"的招牌攻击国民党，大打"党产牌"对其夺取政权功不可没。

2000 年民进党上台后，党产议题仍是选举时"民进党的提款机"。2004 年陈水扁竞选连任也锁定党产议题猛打，"行政院"还成立了"政党不当党产归还政府项目小组"，借行政力量对国民党施压。国民党为摆脱困境谋求出脱党产，但遭到民进党恶意杯葛。

原"中投"董事长张哲琛称，民进党其实不愿让国民党摆脱党产"痛脚"，因此"整个党产交付信托的过程就是一页惨痛的被迫害史"。2005 年国民党与中信金控总经理辜仲莹协商购买"中投"，辜已支付12 亿元新台币订金，结果被陈水扁当局逼退，导致岛内外企业无人敢在民进党执政期间接手"中投"。可见，民进党根本不希望国民党彻底处理党产，只是想让党产成为攻击国民党的口实而已。

2006年起，民进党因贪腐无能陷入执政困境，企图借炒作国民党党产议题转移民众不满情绪的动作也更加频繁。针对国民党将党营传媒企业"中广""中视"和"中影"出售给中时集团，时任民进党主席的游锡堃代表民进党指责国民党"掏空党产"，并控告马英九涉嫌"诈欺、侵占、背信罪"。游锡堃还号召多个民间社团共同成立"全民讨党产大联盟"，随后又操弄"讨党产公投"，企图为民进党拉抬选情，使国民党疲于应付。

（五）断臂求生

为摆脱困扰、重塑形象，2000年"大选"中国民党候选人连战承诺三条：现金信托，不动产归还，党营事业信托。2000年"大选"失利后，连战主持下国民党开始加速清理党产。

主要做法包括：一是清查党产并对外公布。从2000年6月至9月，完成清查国民党所有的土地、建筑物，并将清查结果编列成"社团法人中国国民党土地及房屋不动产财产目录"，将其交由律师公会及会计师公会进行全面检视。二是捐赠党产。对于国民党所有不动产中当年因捐赠或转账拨用取得的土地及建筑物，回赠原有方。三是完成党产信托。先于2001年3月完成第一阶段20亿元新台币现金信托，2003年8月完成规模最大的"中投"信托案，国民党处理党产取得阶段性进展。

2005年马英九担任国民党主席后，将处理党产作为重塑国民党形象的重要突破口，一是在党产问题上以更加开放的态度面对社会及媒体检视，宣布"2008 年以前，把党产清理完毕"，重要举措之一是将"总统府"旁的国民党中央党部大楼出售给长荣集团总裁张荣发的基金会用作公益，国民党中央则迁至相对简陋的八德大楼办公。二是为因应"政党不得投资经营媒体事业"的规定，将原属国民党所有的"中广""中视"和"中影"股权出售给中时集团旗下的荣丽投资公司，但出售"三中"遭到民进党一路追打。2007 年初，因马英九涉入"特别费"案遭起诉辞去党主席，党产处理被迫暂告中止。2008 年 5 月马上台后，处理党产再上议程。马英九在 2009 年展示决心强调，"对于党营事业的彻底处理，我们把它视为进行本党百年变革、彻底转型大战略中的一环，这是关乎本党体制的再造、党机器蜕变的再生、党魂再凝聚的重大工程。"

马英九再次接任党主席，多次表达了党产归零的坚定态度，马英九的决心有助于国民党摆脱党产包袱，树立改革清廉的新形象。但民进党是否会就此罢手，这样的做法会不会让国民党自废武功、自缚手脚？至少在未来几年，国民党的党产继续成为岛内政坛热门话题。

台湾野柳风景区风光（摄影者：王鸿志）

2010

喜忧参半

台湾安平古堡（摄影者：王鸿志）

2010 年的台湾经济可用否极泰来形容，前一年的负增长刷新 2001 年以来的最差纪录。而翻过一年，在全球经济尚未彻底复苏的背景下，台湾全年经济增长率达到 10.82%，创 24 年来最大增幅。与此相关的外贸出口、投资消费、失就业率、薪资水平等，均表现亮眼。这份成绩单，虽让执政的国民党稍稍松了口气，但来自民进党以及社会的压力却并未减少，年底的"五都"选举结果，再次给国民党敲响了警钟。国民党也始终在思考，如何将两岸关系发展的成果，尽快转化为实实在在的选票。

一、国民党苦尽甘来？

　　经历了前一年的经济寒冬、"八八风灾"和行政改组，2010 年的台湾经济强劲复苏，交出了一张表现亮眼的成绩单。全年经济增长率达 10.82%，在"亚洲四小龙"中位居第二，对外贸易突破 5000 亿美元，贸易顺差超过 310 亿美元，工业及服务业的平均薪资也较去年增加 5.49%，失业率由前一年的 6.13% 降至 4.67%，行政部门负责人吴敦义承诺的年底失业率降到 5% 以下也得以兑现。

（一）成绩背后的压力

国民党当局这一年做得很辛苦，本希望苦尽甘来换得民众认可。但是从社会民意的反映，到连续 7 场"立委"补选，以及年底"五都"选举的结果，都显示出民众似乎对执政者的表现并不满意。

原因简言之，就是民众的获得感不强，社会分配不均和贫富差距扩大的问题没有得到很好的解决。台"行政院主计处"统计，近年来基层民众所得衰退 7%，家庭所得差距拉大到 6.34 倍，创历史新高。月收入不足 2 万新台币的受雇者超过 138 万，近 10 年来的消费者物价指数涨幅则高过了薪资涨幅。

另一方面，在 2010 年经济强劲复苏中，出口的贡献率超过 70%，民间消费则不足 10%。由此出现了如联发科等科技出口龙头企业，员工年终红利高达人均 170 万新台币。贫富差距如此之大，也难怪即使成绩单亮眼，民众还是很难领情。

贫富差距的产生，除受到收入分配政策影响外，与经济结构也存在密切关系。虽然台湾已进入服务业为主导的后工业化阶段，但台湾服务业对经济增长贡献度不足，经济增长依然要靠制造业拉动。

台湾的制造业格局，是以电子资讯业为龙头，带动技术密集型产业发展。但其劣势在于高科技产品结构单一，生产方式集中在加工装配模式，创新研发能力不足，缺乏核心技术，未能培育出较为完整的产业体系。这种经济结构，造成台湾浅碟形加工经济的特征仍未改变，经济存在脆弱性，也易受到外部需求变化的影响。

2008 年国际金融危机来袭，全球经济景气低迷，导致台湾电子产品出口订单大幅萎缩，进而波及整体制造业，引发经济严重衰退。

而随着 2010 年全球经济回暖，以及两岸贸易强劲增长，台湾电子产品外需增加，带动制造业以及整体经济的强劲复苏。而不均衡的经济结构，也影响了复苏中受益行业的范围，从而出现了经济数据的增长与普通民众获得感下降的诡异现象。

（二）民进党变得更强更"狡猾"

2010 年是蔡英文 2008 年临危受命接任党主席后，民进党首次举行党主席选举。蔡英文以压倒性优势顺利连任，成为民进党内各派势力的新共主。在年底"五都"选举中，民进党也表现不俗，虽然席次没有增加，但总得票率和得票数却反超国民党，显示出岛内长期"蓝大绿小"的政治版图出现结构性变化。

蔡英文从不被看好到地位渐趋稳固，反映出民进党内世代交替已不可阻挡，过去以陈水扁、苏贞昌、谢长廷、吕秀莲为代表的老"四大天王"风光远去，以蔡英文为首的"英派"和"新天王"们呼之欲出。

蔡英文的地位是打出来的。2010 年 1 月举行的桃园、台中及台东三县"立委"补选中，民进党从国民党手中抢下 3 席。在次月举行的另外 4 席"立委"补选中，民进党再次拿下 3 席，民进党"立委"席次由 27 上升至 33，突破了"立法院"113 席四分之一的提案门槛，理论上具备了提出"修宪"和罢免"总统"等重大议案的能力，从体制内对抗国民党的能力进一步增强。

在增强实力的同时，民进党这一年来在斗争策略上也进行了新的调整。2008、2009 年民进党不断发起街头抗争并冲锋在前，在较短时间内凝聚了基本盘，增强了影响力。但从长远来看，民进党的这种手段可能会吓跑中间选民，因此如果要谋求重返执政，民进党还需要进行策略调整和新的形象包装。

蔡英文对民进党的包装取得成效。2010 年新年伊始，蔡英文发表了一篇含情脉脉的信件"写给 2010 年的民进党"。信中提到，2009年民进党要做一个令人惊奇的政党，2010 年要做一个令人信任的政党，要用"理性、务实、稳健、有效率的路线来重新取得人民的信任"，"不要当为反对而反对的刺猬，而要当坚定、灵敏、有力量、有方向感的老鹰"。为此，民进党要在 2010 年提出"十年政纲"。

当过大学教授的蔡英文此时突然抛出这个"十年政纲"，其目的是什么呢？首先，正如信中所言，蔡英文也意识到民进党过去两年有点像一只"为反对而反对的刺猬"，要借新政纲来摆脱以往强调统"独"、族群对立给政党发展造成的困境。在台湾蓝绿二元政治结构之下，中间选民的比例不断扩大，已经成为决定选举胜败的关键力量。民进党靠喊打喊杀重新巩固起来的泛绿基本盘仍不足以胜选，争取和拉拢中间选民尤显重要。而中间选民相对务实，看重政党的形象与治理能力，蔡英文推动所谓的"十年政纲"可投其所好，打消中间选民对民进党重新执政的顾虑。

其次，蔡英文也要为自己盘算。蔡虽临危受命接任党主席且表现也算不负党内众望，但终究党内资历尚浅。民进党内老"天王"们仍把持各自派系，虽做出"尊蔡"姿态但仍伺机而动，对蔡英文的领导地位始终构成威胁。若蔡主导推动"十年政纲"，可占据领导民进党转型调整的战略制高点，其领导地位势将得到进一步巩固。

回顾民进党历任主席中，也只有陈水扁及谢长廷曾提出过"决议文"等理论性政纲。蔡英文如果能在任内为民进党制定一份"十年政纲"，不仅能让自身在民进党发展史上留下痕迹，也会建立起蔡英文的理论体系，对寻求党主席连任及竞逐2012"大选"都会产生推动作用。蔡英文表示，这个政纲将包括对外关系、民主、人权、经济、环境、两岸等10多个篇章。虽然在最受关注的两岸政策部分，蔡英文仍以华丽语言为其"台独"立场涂脂抹粉，称"民进党不排除在不预设政治前提的情况下，对中国进行直接并实质的对话"。但民进党以多次召开研讨会、数易其稿的方式，对其包括两岸政策在内的政策议题讨论向社会公布，其对于改善政党形象，树立蔡英文理性务实的特质，仍可发挥重要作用。

民进党还将"两岸经济合作框架协议"（ECFA）议题当作政治提款机。民进党从党外抗争起家，当前不断注重形象包装，寄望以姿态百变来掩饰其"台独"主张。而且民进党也深知其只要守住"本土""爱台"代言人旗号，给国民党贴上"外省党""权贵党""统一党"等标签，就可以靠不断强化的"本土意识"来捞取选票。因此从两岸重启事务性谈判开始，民进党就紧盯海协会领导人赴台等事件，发起街头抗争。

从2010年起，随着两岸签署ECFA进程加快，民进党在针对两岸交流议题上的策略也出现新的调整。一方面，民进党继续攻击国民党当局的大陆政策将"加大台湾对大陆的依赖，造成主权流失"，不断渲染"ECFA独厚财团，造成台湾失业率上升，传统产业受损、贫富差距拉大"。另一方面，民进党释出更加阴险的战术，意图"放长线钓大鱼"，让两岸签署 ECFA 成为民进党的政治提款机。蔡英文在 7 月份的民进党 ECFA 会议上定调称，不要大火快炒 ECFA，应细火慢炖，对 ECFA 及其后续协议进行逐项审查。从 9 月份开始，民进党又以"民主客厅——ECFA 开讲"等小型集会，在台湾社会基层开展反 ECFA 宣传活动，让 ECFA 后续进程蒙上了阴影。

（三）"五都"改制与未来台湾政治版图

2010 年台湾政坛一件大事应属 11 月底举行的"五都"选举。何谓"五都"，这要从台湾地区的制度演变说起。在两岸尚未统一前，台湾地区仍以"中华民国宪法"及"中华民国宪法增修条文"等为制度来源。所谓"五都"，就是直接隶属于台当局"行政院"管辖的市，也就是"直辖市"或"院辖市"，其地位与"中华民国宪法"里的省相当。

在 1967 年和 1979 年，原作为台湾省管辖的台北市和高雄市分别升格为"直辖市"。在 1998 年李登辉推动"废省"，将台湾省虚级化，1999 年公布"地方制度法"，原来的"省县自治法"和"直辖市自治法"废止，"直辖市"成为台湾地区最高的省级行政单位。

根据台湾地区"地方制度法"规定，"人口聚居达 125 万人以上，且在政治、经济、文化及都会区域发展上，有特殊需要之地区得设直辖市"，以及"县人口达 200 万以上"，也可申请设立"直辖市"。"直辖市"下辖区公所，设区长，由"直辖市长"任命。

"直辖市"较一般县市而言，在财政资源分配、地方公务人员配备比例等方面，都有很多优先条件。再加上台湾在发展中形成的以台北市为中心的重北轻南现象，其他地区也都希望搭上"地方制度法"改制的顺风车。因此从陈水扁执政时期开始，台湾人口最多的台北县就寻求升格为"直辖市"，中部的台中市和台中县也希望合并升级。到国民党重新执政后，台湾县市合并升级的步伐加快，2009年6月马英九当局批准了"五个直辖市"的方案，其中台北县改制为新北市，与原来的台北市形成双核心都会区；台中县与台中市合并称为台中市，作为带动未来"中（台中）彰（彰化）投（南投）"地区发展的关键；高雄市与高雄县合并为高雄市，带动高（高雄）屏（屏东）地区的发展；台南县与台南市合并为台南市，以作为历史文化重镇与带动"云（云林）嘉（嘉义）南（南投）"地区整体发展。这五个"直辖市"正式升格运作，要在2010年这五个地区的选举完成后进行。因此2010年底的所谓"五都"选举，成为台湾区域规划调整之后的首场选举。

这场选举备受关注，主要表现在几个方面。一是规模大。在全台湾总计2316万人口中，台北市约261万人，新北市人口接近390万，合并后的台中市人口接近265万，台南县市合并后人口也达到187万，高雄县市合并后达277万。"五都"人口1380万，接近全台总人口的60%，且属于台湾的政治、经济、文化核心地带。

二是影响深远。以往台湾地区政治版图呈现北蓝南绿格局，而在县市议员、乡镇市长、乡镇市民代表、村里长层级，则呈现蓝大于绿、国民党基层优势明显的特点。即使在民进党实力较强的南部县市，从县市议长到基层乡镇市长，多数仍由国民党控制。但"五都"改制之后，原县辖的乡镇市将改设为区，区长将由民选改为市长直接任命。

虽然国民党版的改革方案规定了第一届官派区长可由上届民选官

员、且任期未满两届的沿用，但从第二届也就是 2018 年开始，将全部改由"直辖市长"自行任命。这对于台南、高雄等民进党胜选地区而言，其基层的"绿化"速度就会进一步加快，国民党的基层优势将被进一步打破，民进党向下扎根的深度也会继续扩大。此外，这些升格之后的"直辖市"体量更大、影响力更强，因此"直辖市长"在各党内部乃至台湾政坛的地位将更加吃重，未来是否有过"直辖市长"历练或将成为能否更上一层楼的"标配"。

11 月 27 日，台湾所谓的"五都"选举结果揭晓，结果"即在情理之中，又在意料之外"。从结果看，双方打成 3∶2，国民党稳定发挥、力保传统优势选区台北市、新北市和台中市，民进党也毫无悬念地拿下南部的台南市和高雄市。

但从得票情况看，民进党在总得票数和总得票率上皆超过国民党，岛内政治版图"蓝消绿长"态势进一步加强。民进党总共拿下 377 万票，得票率达到 49.87%，比国民党的 337 万票、44.54% 的得票率多出 40 万票和 5 个百分点。这个选举结果与 2008 年"大选"马英九在上述地区得票情况相比，国民党在选票上流失超过 150 万票。

具体到各个县市，因候选人关系也呈现出不同特点。在台北市，国民党的现任市长郝龙斌在前期遭遇"花博会风波"等多方质疑下，最后稳住阵脚，超过民进党老"天王"苏贞昌 17 万票，逼得苏贞昌发出"退出政坛"的宣言。在全台大票仓新北市，国、民两党都派出最被看好的"明日之星"参选，国民党候选人朱立伦以 111 万票、52% 的得票率，击败了民进党主席蔡英文的 100 万票、47% 的得票率。

在台南市和高雄市，民进党候选人赖清德和陈菊都毫无悬念地击败了各自竞争对手，陈菊更在党内对手、前高雄县长杨秋兴脱党参选情况下，仍大赢杨秋兴40万票、赢国民党的黄昭顺50万票，与上届仅险胜国民党的黄俊英仅千余票形成鲜明对比，显示了陈菊及民进党四年时间实力大幅增强。

在台中市，国民党差一点大意失荆州，选前民调一直大幅领先的胡志强，结果却仅小赢民进党的苏嘉全3万票，甚至在原台中县选区还输给了苏嘉全。

本次选举尘埃落定之后，岛内政局新的变化才刚刚开始。首先，这预示着台湾政治版图"蓝大绿小"的基本格局没有变，但从趋势看绿是成长的，蓝是减少的。民进党以较大优势拿下台南和高雄，市议员席次也大幅增加，加上区长官派，未来国民党在南部的基层力量恐怕会被连根拔起，国民党想要再收复南部恐怕将越来越困难。其次，"新四大天王"时代来临。本次选举民进党主席蔡英文虽未能拿下新北市，但她带领民进党取得了得票数超过国民党、县市议员数追平国民党的重大进展，党主席地位得到加强。苏嘉全在大台中虽败犹荣，极大鼓舞了民进党的士气。陈菊和赖清德则赢得漂亮，成为民进党内最具实力的地方首长。而民进党内原来的"四大天王"陈水扁、苏贞昌等，或依然身陷囹圄，或政治前景看跌，民进党内权力生态面临重新洗牌。

（四）又一颗子弹

台湾从举行竞争性选举开始，各种乱象层出不穷，李登辉时代"黑金"横行，曾发生桃园县长刘邦友官邸血案、黑道首领郑太吉当选县议长并公开持枪杀人等恶性案件，陈水扁 2004 年竞选连任过程中，又发生极其蹊跷的"两颗子弹"事件，让民进党再次险胜国民党。

可以说，台湾政坛每逢选举，各种暴力阴暗手段和奇葩事件都会集中爆发。这次"五都"选举，也再次上演了惊险一幕。11 月 26 日晚是"五都"选举前夜，国民党荣誉主席连战之子连胜文在新北市的永和小学，为参选新北市议员的候选人陈鸿源站台助选。根据监视器所拍画面，竞选活动中突然有一男子从舞台后方接近连胜文，跳起来揪住连的脖子，并用枪口抵住连的头部，连胜文反射式地挥手拨开其手枪。该男子随即重新将枪口指向连胜文头部，朝连左脸开了一枪，连痛苦抱住脸，踉踉跄跄走向舞台后方。该男子正准备追上前朝连胜文后脑再补上一枪时，被同在舞台的"竹联帮"前堂主刘振南扑倒，接着在场的警员也上前制服了凶手。整个过程不到 10 秒，连胜文被紧急送往台大医院抢救，所幸子弹未伤及脑部，经过清创处理，取出 200 余枚子弹碎片及碎骨后，连胜文脱离了生命危险。但射向连胜文的子弹还波及台下一名民众，导致该人士意外殒命。

凶嫌当场被擒，并确认是地方帮派分子、绰号"马面"的林正伟。负责侦办这起案件的新北市板桥地检署在起诉书称，凶手林正伟因 2002 年出狱后生活拮据，乘陈鸿源竞选而向陈父索要钱财，遭陈父拒绝后决定行凶报复。但因凶手并不认识陈鸿源，仅从竞选广告上看过陈的长相，且开枪前没有绕到舞台正面确认对象，以为当时刚好站在舞台中央的连胜文就是陈鸿源，从而造成误击。

台湾检警单位虽然在 57 天内宣布侦结该案，认定凶手误击连胜文，但该案发生在"五都"选举投票前夜，因此受到各方高度关注，蓝绿政党也做出不同解读和反应。国民党谴责暴力但保持克制，民进党则立即从阴谋论解读，渲染事件是国民党自导自演的。负责救治连胜文的台大医院医生、被认为是"墨绿"的柯文哲公开表示，外界不必质疑连胜文的枪伤，子弹若稍稍再有点偏差，后果将不堪设想，连胜文绝无可能拿自己的生命冒险。

连胜文本人对于检方"误击"的认定也表示难以信服，并提出很多疑点，社会上也传出是地下赌盘大庄家所为等猜测。调查结果出炉后，反而引来更多的怀疑声音，让导致连胜文受伤的这一颗子弹，无论真相是否找到，都因其发生在选举投票的关键节点，再次成为台湾政坛的一场"罗生门"，也反映出台湾每逢选举暗流涌动，有太多的不可预测性。

二、两岸关系亮点不断

（一）ECFA 红利

2010 年两岸关系亮点纷呈，形成了两岸高层交往频繁、两会制度化协商成果斐然、经济合作深化、开放幅度不断扩大的良好局面。

2010 年两岸关系发展的重磅成果，首推《海峡两岸经济合作框架协议》，英文全称 Economic Cooperation Framework Agreement，简称 ECFA。6 月 29 日，经过两岸三次正式磋商和多次业务沟通，海协会与海基会在重庆签署了 ECFA。9 月 12 日，ECFA 正式生效，标志着两岸经济关系站上新起点，跨入互利双赢、加速发展的"ECFA 时代"。台湾行政部门负责人吴敦义在上半年施政报告中表示，ECFA 生效后，在早收清单中，台湾货品列入了 539 项，是大陆的 2 倍，出口额 138.3 亿美元，是大陆的 4.8 倍，早收清单将使出口到大陆的台湾商品减免关税达 9 亿美元，是大陆的 9 倍。但在台湾蓝绿二元对立结构之下，两岸关系来之不易的这些成果，也遭到来自民进党以及"台独"团体的反对。针对民进党质疑，吴敦义表示，任何协议不可能只有好处没有冲击，ECFA 是"带刺的玫瑰"，对于台湾产业或劳工可能受到的影响，当局也拟定了配套措施。那么，ECFA 究竟是什么哪？

简单讲，ECFA 即《海峡两岸经济合作框架协议》是一份旨在推动两岸经济关系正常化、制度化的框架性协议，其基本涵盖了两岸间主要的经济活动。协议包括序言和 5 章 16 条及 5 个附件，措施包括减少并消除双方之间的诸如关税及非关税壁垒、服务贸易限制性措施，提供投资保护，促进双向投资以及贸易投资便利化和产业交流合作。

由于协议是框架性协议，其中的货物贸易、服务贸易、知识产权保护与合作、金融合作、海关合作等都需要进行后续进一步协商并签署相关协议。因此为了实现协议目标，双方同意在货物贸易和服务贸易领域实施早期收获计划。

实施早期收获计划期间，大陆将对原产于台湾地区的 539 项产品逐步降低或取消关税，在 11 个服务贸易领域对台湾地区的服务提供者扩大开放。以农产品为例，大陆列出的早期收获清单包括：

序号	产品名称（简称）	2009 年进口税率（%）
1	其他活鱼	10.5
2	其他鲜、冷鱼	12
3	其他未列名冻鱼	10

序号	产品名称（简称）	2009 年进口税率（%）
4	其他冻鱼片	10
5	其他编号未列名的食用动物产品	20
6	鲜兰花	10
7	鲜或冷的金针菇	13
8	鲜或干的香蕉，包括芭蕉	10
9	鲜或干橙	11
10	鲜或干的柠檬及酸橙	11
11	鲜哈密瓜	12
12	火龙果	20

根据协议安排，双方将在早期收获计划实施后不超过两年的时间内对早期收获产品实现零关税。这就意味着上述台湾农产品目前至少 10% 的关税将逐渐全部取消，这对于增加台湾农产品竞争力，提高相关产业收益都有明显效果。

（二）两岸交流再上新台阶

这一年两岸高层保持良性互动。胡锦涛总书记与国民党荣誉主席连战、吴伯雄在上海世博会、两岸经贸文化论坛、APEC 领导人非正式会谈期间见面，双方均表示要反对"台独"、坚持"九二共识"的政治基础，巩固和增强互信，推动两岸关系向前发展。年内，马英九多次表示，两岸人民同属中华民族，两岸"不是国与国关系"，台湾实行的是"一个中国的宪法"，接受"九二共识"是维持两岸关系的重要基础。

台湾热持续升温。2010 年大陆继续增加赴台游开放区域，实现了 31 个省、区、市全面开放。大陆居民赴台旅游人数同比增长102%，达到 122.8 万人次。赴台旅游交流团组达到 110 批次，同比增长 139%。与此同时，台湾民众赴大陆旅游稳步增长，人数达到 514 万人次，增长率 14.6%。与此配套的台湾海峡两岸观光旅游协会北京办事处、海峡两岸旅游交流协会台北办事处先后成立，两岸 61 年来首次互设了旅游办事机构。

"陆生赴台"迈出历史性一步。高等教育开放化、产业化是世界潮流，台湾高等教育发展近年来面临少子化造成的生源不足、入学门槛降低、学生质量下降、教育资源浪费等连锁问题。开放大陆学生赴台求学，是促进台湾高等教育脱困与发展的良机。

在两岸高等教育交流上，大陆先台湾一步，欢迎台湾学生前来求学就业。即使在改革开放初期较为有限的条件下，大陆方面仍尽力为台湾学生提供舒心的学习环境。1981 年，大陆宣布欢迎台湾青年回大陆参加高考，"实现单独命题、考试、录取的办法"。毕业后来去自由，愿意留在大陆的由国家统一分配工作。1996 年，大陆又宣布台生在大陆高校学习应"视为国民教育"。2005 年，对台湾学生实施与大陆学生同等的收费政策，并设立"台湾学生奖（助）学金"。经过不懈努力，大陆招收的台生已经由初期的不足百位，增加到接近万人，覆盖高等教育各个层次。

反观台湾，却长期在开放大陆学生赴台求学问题上意识形态作祟，浪费了两岸教育合作良机。2007 年马英九将"开放陆生来台就读大学"作为竞选政见，上任后积极兑现承诺。在国民党当局政策推动、岛内教育界强烈要求下，8 月 19 日台"立法院"三读通过了"陆生三法"修正案。所谓"陆生三法",就是指对台湾地区的"两岸关系条件""大学法""专科学校法"进行修正,赋予了开放大陆学生赴台就读、承认大陆学历的依据。据此,大陆41所大学的学历在台湾获得承认,2011年将有大陆学生赴台接受学历教育。这标志着大陆学生赴台就读并获取学位的大门正式开启,两岸教育交流迈出了历史性一步。

拨云见日会有时。2010年以来,两岸关系取得一系列积极进展,从ECFA签署到陆生赴台,都显示出两岸交流的深度和广度得到加强。但不容忽视的是,以民进党为首的政治势力阻挠两岸关系发展的力度也在持续,岛内民众对突然出现的两岸大交流形势还存在很多疑虑,拨云见日尚需时日。

在"陆生三法"修订过程中,民进党始终强力反对,甚至采取锁闭议场大门、暴力对抗等方式阻挠"修法"。法案最终虽获通过,但仍加入了民进党要求的"一限二不"等内容,即"限制承认医事学历、陆生不得报考国安机密相关系所、没有'中华民国'国籍者不得参加'国家考试'",同时以附件形式规定陆生在台就读期间不得打工等。

对于ECFA民进党更是采取"坚决反对"的态度,当国民党拿出第一批早收清单来证明没有冲击台湾就业,相反让台湾中小企业直接获利时,民进党却攻击国民党"比李鸿章还不如"。民进党反对的理由有两条,首先强调签署ECFA将让人民产生不安全感,对台湾的"主权与未来充满焦虑感"。民进党的确也说出了真心话,民进党就是要利用民众的不安全感,来达到打击国民党的目的。

台湾民众的这种不安全感产生根源在哪里?事实上,这种不安全的直接来源是两岸尚未结束敌对状态,根源在于两岸尚未统一。而消除这种不安全感的钥匙，就是坚持"九二共识"，反对"台独"，长远而言要结束两岸分裂，实现国家统一和民族复兴。民进党现在则是假借关心民众焦虑反其道而行，结果必然缘木求鱼，实现了政治利益却陷台湾民众于更不安全之中。

民进党反对 ECFA 的第二条理由，是渲染"台湾与大陆签署ECFA，将引发台湾有史以来最庞大的社会财富重分配"，如果开放的利益只集中在少数权贵及既得利益者身上，就失去了正当性。民进党主打的第二项议题，是当今全球普遍存在的社会分配与贫富差距问题。该议题的存在是客观现实，在全球化背景下，该问题在大多数国家和地区表现都较为突出。在 ECFA 还处于协商谈判阶段，民进党用假设性的办法渲染尚未出现的问题，让民众将分配所得上的不满，归结于国民党党局的两岸政策。这种提前预支"恐惧"的做法，打击了政治对手，也破坏两岸关系。

三、台湾人物链接：认识蔡英文

蔡英文虽然早在 2000 年就担任民进党首任"陆委会主委"，早早跻身高级"政务官"序列，但是直到 2008 年民进党下台，蔡英文留给外界的印象，仍然是一位与民进党瓜葛较少的"学者型官员"。那么，蔡英文是如何在派系林立、讲究战功的民进党内脱颖而出，成为党内呼之欲出的新"共主"呢？

（一）蔡英文其人

蔡英文，1956年出生于台北市，家族为台湾屏东县的客家望族。父亲蔡洁生，年轻时赴日本学习机械修理，后在东北沦陷区替日军修理飞机。台湾光复后举家迁往台北市，发挥专长开办了汽车修理厂，从为驻台美军修理汽车中发现了翻新出售二手车的商机，很快就积累了第一桶金。然后利用这些资本，投资房地产行业，快速跻身台北市富豪行列。蔡英文的父亲是位精明的成功商人，但也按照当时的惯例，娶妻纳妾，共有一位原配四位侧室，蔡英文就是最小的第五房所生，同时也是家中的幺女。

蔡英文在一个大家庭中长大，自幼就读台北市的公立小学、初中，1974年高中毕业后考入台湾最好的台大，并遵从父命学习法律。四年后，前往美国康奈尔大学攻读经济法硕士，硕士毕业又前往英国伦敦政经学院继续攻读博士，研究关贸总协定及反倾销等议题。

1983年博士毕业返台，短暂从事律师行业后，进入台湾政治大学任法律系副教授。1991年转任东吴大学法律系教授，1993年又重回政治大学担任教授。在任大学教授期间，蔡英文因研究关贸总协定（GATT）及反倾销等专业，被邀请成为台湾"经济部国贸局"顾问，并以顾问身份几乎全程参与了台湾加入GATT及后来的加入世界贸易组织（WTO）的谈判，一步步开启了"体制内"生涯。1994年，蔡英文又获聘担任"陆委会"咨询委员。1998年以随团发言人身份，陪同辜振甫先生参与了汪辜会晤。1999年，又兼任"国安会"咨询委员，"国统会"研究委员。

2000年政党轮替后，成为陈水扁当局的首任"陆委会主委"，

2004 年在陈水扁第二任期选择加入民进党，并被提名担任民进党籍的不分区"立委"。2006 年担任苏贞昌副手，出任"行政院副院长"，2007 年又随苏贞昌"内阁"总辞而下台，随即担任家族投资的宇昌生化科技公司董事长。2008 年，蔡英文在民进党败选后风雨飘摇之际，当选党主席并于 2010 年高票连任。

（二）蔡英文为何顺风顺水

民进党是在国民党开放党禁之前"非法"成立的，其早期的党主席江鹏坚、姚嘉文、黄信介、许信良、施明德、林义雄等，大多坐过国民党的政治监牢，有的还被判处无期徒刑，甚至遭遇灭门惨案。后来到"律师世代"陈水扁、谢长廷、苏贞昌，以及吕秀莲、陈菊等，也都经历了"美丽岛军法大审"等事件，普遍遭受过牢狱之灾考验。包括后来官至"行政院副院长"的叶菊兰，也是"台独烈士"郑南榕的遗孀。因此民进党原来的高层与大佬，普遍都有一种悲情心态与英雄主义情结，大多经历了白手起家的奋斗历程。而蔡英文，恰恰从外表看充满了权贵气息，与传统的民进党人在阶级身份上更是格格不入，却在民进党内扶摇直上，顺风顺水。其原因到底是什么哪？

一是时代不同了。2000 年民进党上台执政后，诉求"快乐希望加解放"，让选民看到了告别传统政治模式，放下悲情斗争心态的希望。但对于传统政治人物而言，特别是那些坐过国民党大牢，等待偿还欠债的民进党领导人，要做到放下历史恩怨、解开心结是有一定难度的。而蔡英文虽出生在本省家庭，但却没有和国民党的历史恩怨。相反，其父蔡洁生发家也是国民党威权体制的受益者。因此当民进党上台后，蔡英文以有别于传统民进党人形象出现时，让社会大众感受到了这个党的新变化，也顺应了民意的新诉求。

二是个人条件好。蔡英文的博士论文研究方向是"反倾销"议题，而台湾从 20 世纪 80 年代末，其出口主导型产业结构下，对美国存在巨大的贸易顺差。后美国也要求台湾进一步开放市场，以平衡贸易逆差，否则将对台湾进行贸易制裁。与此同时，台湾也需要开启加入关贸总协定（GATT）的谈判。因此当时台湾的"国贸局"亟须了解反倾销法来龙去脉的专家，而蔡英文的研究领域恰好与此相符，因此蔡以教授身份成为台湾经济部门的法律顾问，从而开启了长达 15 年以上的参与国际贸易谈判的生涯。也正是凭借所学专长，蔡英文利用担任谈判顾问的机会，又逐步成为李登辉幕僚团队的成员，从而为自己赢得了更多的机会。

三是对的人出现在了对的时间点。当 2010 年台湾社会开始关注"蔡英文现象"时，很多人也都在寻找蔡英文崛起的答案。民进党内部很多大佬也在作壁上观，等待蔡英文知难而退。但结果却与很多人的设想背道而驰，蔡英文的好运气似乎才刚刚开始，"立委"补选赢得轻松，县市长选举得票亮眼，蔡英文的人气快速攀升。这一切确实也要归结于蔡英文的运气好，因为她在合适的时间出现在了合适的地点，当台湾需要精通法律的国际贸易人才时，蔡英文出现了。当民进党需要一个理念坚定，但是能给整个党和支持者带来新气象的党主席时，蔡英文也满足了这种需求。尽管蔡英文没有民进党"老天王们"的战功、经验和能力，但蔡英文所具有，又恰恰是"老天王们"苦苦等待但又总是等不到的机会和运气。那么，蔡英文除了"生逢其时"

外，其个人性格方面有哪些特点，帮助她走过艰险的政治之路呢？

（三）蔡英文的优点

一是意志坚定。意志坚定是领导者普遍具备的人格特质。蔡英文作为女性虽然有外表上天生柔弱的一面，但是内心深处却有着强烈的意志与近乎自负的坚持，这种强势风格对保证蔡英文在党内资历尚欠、人和不足的情况下，能够从党内"元老派"的压力下突出重围，迈向权力高峰具有重要意义。蔡英文在2010年连任党主席之后，党内围绕2012年"大选"候选人提名争夺战就正式浮上台面。在候选人提名机制上，蔡英文面对吕秀莲、辜宽敏、蔡同荣等"元老"要求"党员投票"的压力，仍坚持以"全民调"方式决定候选人。当蔡英文与苏贞昌展开候选人提名之争时，尽管苏贞昌从辈分、资历、群众声望、个人行政能力都有强于蔡英文的方面，但蔡英文利用党主席资源，对基层传达"唯一支持"的指示，其党内强势的领导作风展露无遗。

二是善于观察，谋定后动。从蔡英文成长环境来看，她虽然有个"富爸爸"，从小生活锦衣玉食，但却是没有名分的第五房侧室所生，同时她和母亲又深得父亲的欢心而颇受宠爱。这种环境下长大的蔡英文，其精神上难免有种寄人篱下的感觉，有比较强的自我保护意识，面对生活环境变化习惯于先观察再决定，同时也会有意识地讨得能够决定自己命运人的"欢心"。这种性格与那些从小被宠坏的大小姐截然不同，也造就了蔡英文先低调观察，谋定而后动的风格。

三是非典型民进党人物气质。蔡英文从不哭穷，据称她喜欢日式贵族的生活方式，台北的高级日本料理店她能如数家珍，穿着大多数是英国品牌，也穿意大利名牌，但这些品牌都低调而奢华。她是标准的"靠爸族"，名下财产轻松过亿，这也让外界从不怀疑她会贪污钱。蔡英文也不像民进党内很多女性政客给人以权力欲望爆棚的印象，她的脸上总洋溢着轻松而潇洒的满足感。蔡英文这种似有若无的非传统民进党人气质，代表了民进党后悲情时代来临，也赢得了很多年轻人的喜爱。

（四）蔡英文的弱点

俗话说人无完人，尽管民进党内"蔡英文时代"来临已是不争事实，但蔡英文迅速登上权力高峰，还是"对的人出现在了对的时间"，很多党内元老对蔡也并不买账，但也只能长叹自己"生不逢时"，运气总没蔡英文那么好。就个人而言，蔡英文也存在很多弱点和瑕疵。

一是富家子弟学者出身，与老百姓存在距离感。蔡英文父亲是一位精明能干的商人，早在20世纪70年代就跻身台湾富豪行列，当时已是台北市前十名的纳税大户。蔡英文虽是侧室所生，但排行最末，从小受到父母兄姐的照顾宠爱，过着养尊处优的生活，在社会整体尚不十分富裕的年代，蔡英文已过上住豪宅、坐私车的日子。从台湾最好的台大毕业后，蔡英文又前往美国和英国的一流高校取得硕博士学位，返台后很快开始从事教职。客观讲，蔡英文虽然是父母眼中的乖乖女，老师眼中的好学生，但是她一路顺遂的经历，始终缺乏吃苦受累的经验，没有体会过真正的民间疾苦。因此当蔡英文接任民进党主席后，很多反对者就质疑她"不食人间烟火"。此外，蔡英文庞大复杂的家庭关系，如今已很少见的三妻四妾，以及自己始终单身的状态，都让蔡英文不愿意向公众透露过多的私人生活与内心世界。与很多政治人物善于通过向公众展示自己的私生活，来建立自身重视家庭责任、热爱生活的形象不同，蔡英文很谨慎地处理自己的公私边际。这种做法虽然很好地保护了她的隐私，但也留给民众高高在上、不接地气、缺乏亲和力的印象。

二是缺乏基层经验，不认真、不诚恳、不吃苦。蔡英文学者出身，幕僚起步，"中央"做官，没有基层从政经验。仅参加过一次2010年新北市长选举，也没像多数候选人那样深耕基层，与选民"搏感情"，她更多的是高来高去，通过举办各种座谈会宣扬理念。这种做法当然可以解读为蔡英文特色，有利于转变民进党形象。但从另一方面也反映出蔡英文不愿意俯下身子去跑基层吃苦受累。在2010年与马英九的ECFA辩论中，外界一度认为蔡英文靠谈判起家，辩论经验丰富，马英九斯文理性恐怕会吃亏不少。但马英九肯下苦功夫，将ECFA有关法条和数字烂熟于心，凭借对形势和专业数据的精准掌握，反而在整场辩论中占据主动。反观蔡英文，做事没有马英九认真，口才思辨又没有宣传的那么强，犯了"骄兵必败"的大忌，最终在辩论中反而处于下风。

三是"宇昌案"留下污点。蔡英文从不缺钱，但这并不代表她不爱财，"宇昌生技投资案"就暴露了蔡英文手中的公权力与其家族产业间瓜田李下的联系。2007年2月15日，时任台"经建会主委"、也是蔡英文好友的何美玥，按照"行政院长"苏贞昌及"行政院副院长"蔡英文核可，以"极机密"形式签发文件，批准台当局"国发基金"投资2000万美金与美国Genentech合作成立新公司，用以研发生产抗艾滋病的试剂。当年 5 月，蔡英文辞去"行政院副院长"并转任家族企业台懋公司董事长，后因台懋参与这家新公司的投资，蔡英文就转任这家被称为宇昌生技的公司董事长。在董事长任内，蔡英文要求"国发基金"再注资 4000 万新台币，何美玥立即下拨款项。2008 年蔡英文出任民进党主席后，辞去宇昌生技董事长，并将家族企业所持股权全部卖出，获利达新台币千万以上。蔡英文出任家族企业董事长，投资宇昌生技公司，表面上看都是蔡英文辞去公职后的行为，从制度上很难抓住其把柄。但明眼人都能看到，无论是台懋还是裕昌，这些企业能够抓住风口顺利取得投资回报，与背靠蔡英文这棵大树也不无关系。包括蔡英文卸任一个月后，"行政院"就出台了"生技产业发展条例"，对蔡英文转进的领域都是利好消息。而蔡英文在为自己安排出路时，了解到这条消息也一定是大概率事件了。

（五）蔡英文的"大贵人"

人生能遇到几位对自己帮助很大的贵人是幸事，蔡英文的从政之路，就遇到了几个位高权重、又愿意"扶上马，送一程"的"贵人"，他们是李登辉、陈水扁和马英九。

"教父"李登辉。蔡英文于 20 世纪 90 年代初因专业所长而获聘担任台经济部门谈判顾问后，逐渐引起李登辉关注，并成为李登辉相当倚重的对外及两岸事务幕僚。1994 年被聘为"陆委会"咨询委员，1998 年担任汪辜会晤发言人引起外界重视。1999 年，蔡英文又被李登辉委任为"国统会"研究委员，并在李授意下领导"强化中华民国主权国家地位专案小组"，并最终提出以"特殊两国论"定位两岸关系。蔡英文参与国际经贸谈判、两岸两会高层交往，接受李登辉直接指派研究两岸关系定位，都显示出李登辉对蔡英文的信赖和栽培。据称，蔡英文身上有李登辉欣赏的女性身影：学历高、本省籍、家境优渥、长相清秀、少说多听；面对长者，"充分散发日本式家庭教育背景的台湾女子"。

2000年政党轮替后，蔡英文以其"本土立场"、丰富的对外谈判历练和两岸经验，获李登辉推荐而被陈水扁任命为"陆委会主委"，同时蔡英文的无党籍身份，又成为民进党标榜"全民政府"的"形象招牌"。由于李登辉的关键力挺，蔡英文有机会参与两岸重大事件，并以其深受李登辉肯定的表现向民进党递上了"台独"立场坚定的"投名状"，为蔡英文未来在民进党内"弯道超车"打下了良好基础。

"恩公"陈水扁。尽管陈水扁下台后身陷囹圄，但没有陈水扁就很难有蔡英文日后的"飞黄腾达"。2000年上台之初，陈水扁启用蔡英文担任"陆委会主委"，这既有李登辉推荐的因素，也与当时民进党缺乏执政经验和行政人才，两岸关系又刚刚经历李登辉"两国论"的震荡而极具敏感性有关。陈水扁启用无党籍但"本土意识"强烈的蔡英文，可以说一张恰到好处的"安全牌"。蔡英文也由此正式从幕后走向台前，成为民进党当局的"政务官"。2000年6月，上任不久的陈水扁提出愿意接受海基会、海协会过去会谈的共识，即"一个中国、各自表述"。蔡英文立即在第二天召开紧急记者会予以否认，称"两岸从来没有就一个中国的原则有共识"。蔡英文的"首秀"，让她在民进党及绿营支持者中树立起柔中有刚、"本土意识"强烈的形象。尽管陈水扁第一届任内官员的折损率较高，但陈水扁不仅让蔡英文做满了四年，还让蔡英文在四年内做成了开放福建沿海与金门、马祖直接往来、"两岸关系条例修法"等成绩。2004年选举，陈水扁一度有意选择蔡英文为副手，放弃提名吕秀莲，这也显示出陈水扁对蔡英文"宠爱有加"。

陈水扁连任后，又安排蔡英文任党籍不分区"立委"，让蔡英文顺势加入了民进党，成为党内新一代政治明星。然后陈水扁对蔡英文的照顾并未停止，2006年陈水扁进行行政团队调整，蔡英文又被任命为"行政院副院长"。熟悉陈水扁的人士分析，陈水扁是苦出身，属于典型的"凤凰男"。蔡英文家境不输陈水扁夫人吴淑珍，同时又有高学历、知性色彩浓，但在处理与陈水扁等民进党高层的关系时，优雅又不张扬、有所坚持但无权力欲，因此能够赢得陈水扁的信任和好感，也愿意将权力交给蔡英文。

"好人"马英九。马英九与蔡英文是针尖对麦芒的竞争关系，为何马英九也是蔡英文的贵人呢？道理很简单，蔡英文在不被看好的情况下接任民进党主席后，在短短两年多时间里带领民进党止跌回升，个人声望扶摇直上，除了其自身努力外，对手国民党执政后的表现，给了蔡英文谷底翻身的机会，对手马英九反倒成为成就蔡英文的新贵人。从二人成长路径与性格特征来看，还有很多共性，外界也将蔡英文比作"女版马英九"。

蔡与马都是台大法律系毕业，都从英美留学归来并取得博士学位。学成返台后二人也都一路顺遂，1994年马英九任"法务部长"掀起扫黑风暴，同期蔡英文也得到李登辉赏识被聘为"陆委会"咨询委员并任"港澳关系条例"起草研究小组主持人。1996年马英九明升暗降转任"政务委员"，蔡英文又被委任为"国安会"咨询委员。1998年马英九当选台北市长，成为国民党内冉冉升起的"政治明星"，同期蔡英文则参与了汪辜会晤，表现再次受到李登辉青睐。2000年政党轮替后，二人各为其主，但身上都表现出非典型政治人物的特点，甚至与传统官场文化有些格格不入。2008年马英九带领国民党重返执政后，马英九"超越蓝绿"等理想化做法让他在处理内部关系时处处碰壁，加上遭遇国际金融危机，岛内发生"八八风灾"，被民进党抓住机会穷追猛打，两党领导人声望出现"马跌蔡升"的态势。

远眺台北故宫博物院（摄影者：张喆）

2011

好年景也有难日子

台湾乡间一隅（摄影者：王鸿志）

2011 年对于台湾政局而言，是充满了选举气息的一年。由于次年 1 月 14 日，是台湾地区领导人及"立委""二合一"选举投票日，无论是执政的国民党，还是"在野"的民进党，都将重心转移到应对选举上来，各路人马围绕选举展开激烈竞逐。两岸关系基本面保持稳中有进态势，也积累了很多"逢山开路、遇水架桥"的经验。

一、竞选成为 2011 年岛内政治生活主线

从 1996 年台湾地区领导人由直选产生以来，岛内政治生活就始终围绕着选举的指挥棒在转动。由于 2012 年 1 月就将举行首次"二合一"选举，决定台湾未来四年行政及"立法"权力的归属，因此各派政治势力均倾注全力投入这场争夺战中。

（一）国民党紧锣密鼓筹备"政权保卫战"

2010 年"五都"选举呈现的蓝营选民流失、板块松动为国民党执政敲响了警钟，国民党"一党独大"与马英九的超人气现象不复存在。2011 年，国民党以"政权保卫战"的心态来应对选举。

在候选人问题上，支持马英九连任是党内最大公约数，马英九选择"行政院长"吴敦义担任竞选搭档。在选战布局上，马英九却不得不向现实低头，想方设法加强与地方派系沟通。年初，马英九对国民党中央进行了大幅人事改组，金溥聪辞去党中央秘书长，由"总统府秘书长"、台中地方派系大佬廖了以接任。"金下廖上"表明马英九开始修补此前因推动党务改革而受到影响的地方关系，缓和党内矛盾。在选战策略上，国民党虽然面临来自民进党多方面的挑战，但马英九竞选团队始终明确主打"两岸牌"，将2008年以来取得的两岸关系和平发展成果，列为马英九争取连任的最重要资产。

在选举时程上，国民党推动的"立委""总统"合并投票上半年也尘埃落定。台湾地区公职人员选举共九类，由于选举种类繁多、就职日期及任期不一，曾一度出现"连年选举"现象，不仅浪费社会资源，更导致民粹动员与社会撕裂加剧，因此社会上一直要求简化和合并选举。2010年"地方制度法"修正后，七类地方选举得以合并举行，仅剩"总统"及"立委"选举时间间隔虽短但并不一致。在"五都"选举国民党总得票数输给民进党40万票的压力下，国民党开始积极推动将两大选举合并举行，这样既回应了民意诉求，另外也有利于国民党籍"立委"及"总统"候选人相互拉抬来营造有利气势。

国民党内部评估认为，合并选举对国民党原本占据优势的中北部选区选情较为有利，可以进一步催出蓝营基本盘选票。但在民进党占优的南部地区，并选后国民党"立委"候选人在气势上将更落下风，因此合并选举可能成为"牺牲南部、保马连任"的权宜之计。在这种情况下，原本对合并选举持反对意见的民进党也降低反弹力度。最终，台湾"中选会"决定将原定2012年3月举行的地区领导人投票提前至1月份，与"立委"选举合并进行。

（二）民进党先安内再攘外

"苏（苏贞昌）蔡（蔡英文）之争"是上半年民进党内权力斗争的焦点。2011年"五都"选举之后，蔡英文在民进党内的地位更趋稳固，但老"天王"们并不甘心就此退出政治舞台，民进党内围绕两场选举的提名竞争激烈。

首先上演的是吕秀莲等"元老派"叫板蔡英文。吕秀莲对蔡英文不满在民进党内早已是公开的秘密。当陈水扁第二次竞选连任时，陈水扁曾考虑让蔡英文代替吕秀莲担任副手，吕秀莲对此强烈反弹，放话称还未加入民进党的蔡英文没有资格被提名。2008年及2010年，吕秀莲均对蔡英文任民进党主席提出质疑。在2012"总统"及"立委"选举候选人初选提名上，吕秀莲结合蔡同荣、辜宽敏等"元老"，要求纳入党员投票，而蔡英文方面则坚持初选提名改革为"全民调方式"，从而在党内形成了所谓"党员派"和"全民调派"的对决。

在1月22日召开的民进党临时全代会上，蔡英文的"全民调方案"获得通过，即由民进党拟参选的候选人与国民党可能的对手进行支持率调查，由支持率高者胜出。吕秀莲等对此结果并不满意，2月份举行"民进党忠贞党员团结联欢会"，批评蔡英文"选输了还要选"，不深入基层只会"沾酱油"。随后又选在"二二八"纪念日当天，吕秀莲宣布参加民进党内"总统"初选，再次公开叫板蔡英文。但是从实力看，在民进党内堪称"孤鸟"的吕秀莲，无法真正对蔡英文构成威胁。

苏贞昌才是蔡英文提名路上的真正对手。2008 年"大选",民进党内"苏谢之争""杀得刀刀见骨",但谢长廷败给马英九让苏贞昌重新出山有了一定的合理性。而苏贞昌的个人魅力与声望,也在民进党内政治人物中较为突出。对于蔡英文极力推动的"全民调"方案,苏贞昌方面也自信在知名度与议题操作能力不输蔡英文。因此当苏贞昌宣布争取民进党内"总统"候选人提名时,自知实力不济的吕秀莲立即选择退出竞争,"苏蔡对决"态势正式形成。绿营内部虽然也希望实力最强的苏蔡能够联手,苏贞昌也尝试用"团结牌"逼资历尚欠的蔡英文退让。

但蔡英文利用社会上渴望见到新政治与"世代交替"的愿望,以及带领民进党走出低谷的战功,在初选"全民调"中以 1.35% 的优势惊险胜出。蔡英文的出线,一定程度上代表了"新生代"要取代"老天王"的趋势,但从党内"元老派"的反弹与苏贞昌的挑战来看,民进党内派系林立的局面不会改观,蔡英文还无法"定于一尊"。

蔡英文出线后,其征询副手的过程又一波三折。民进党内起初放出风声称,蔡英文属意的副手人选应该是"党外的财经界人士",当时被点名的包括"央行"总裁彭淮南、前"财政部长"林全等。随后蔡英文为弥合党内初选裂痕,也做出姿态征询苏贞昌意愿。

5 月中旬,岛内媒体曝出彭淮南夜访蔡英文的新闻,民进党乘机炒作"蔡彭配"。彭淮南很快发表了"央行总裁系个人最后一项公职"的声明,不愿为民进党"蹚浑水"。蔡英文党外求才愿望都未能实现,显示民进党虽凭借"五都"选举气势上扬,但要在 2012 年挑战马英九,岛内社会对民进党和蔡英文还缺乏足够信心。

（三）盘点国民党政党实力

2011 年是辛亥革命胜利 100 周年，国民党当局高度重视，举办了一系列庆祝活动。期望通过活动，来唤起台湾民众对国民党执政的光荣感和认同感。但不容否认的是，国民党在台湾的实力与影响力不断下滑。2008 年虽然重新夺回政权，但执政之路走得艰辛，民意支持度持续低迷。在辛亥革命 100 周年之际，来盘点一下国民党的家底与实力，以对国民党这家百年老店有更全面的认识。

政党实力由有形资产与无形资产两部分组成，有形资产主要包括党员规模、组织体系、党内民主化程度等。无形资产源于政党形象、意识形态、组织心理、政党政策等，其核心是党的吸引力。

国民党的有形资产。一是党员规模。2000 年之前，国民党号称有 250 万党员，2000 年败选令其元气大伤，党员流失严重。2005 年党主席直选时合格党员约 105 万。2011 年国民党举办"失联党员回娘家活动"，呼吁约 80 万失联党员能重新办理党员登记。

但实际情况却事与愿违，随着台湾社会多元化，人们对政党的忠诚度大幅下降，很多人甚至不齿于参与政党活动。与此同时，政党自身对党员的约束力也呈下降趋势，以往拥有国民党党籍能够带来的例如求职、晋级方面的好处也不复存在，因此民众入党或保留党籍的积极性均大幅下降，这就出现了新增党员数量有限，而因不按时缴纳党费、不参与党组织活动而形同退党的失联党员人数大增，国民党实际党员人数大幅降低已无法避免。

二是组织体系。组织体系是否合理，对一个组织的运转效率有很大影响。国民党在 1952 年改造后形成了民主集中制的准列宁式政党，并以"党国威权"统治台湾，这也使得国民党建立了与各级政府平行的党务系统。在中央党部，国民党一级单位曾达 18 个，但在 2000 年失去政权及开启改造进程后，国民党组织架构出现重大调整。在中央层面，除设置党主席、副主席、秘书长及副秘书长、执行长外，常设业务单位减为七个委员会，包括政策委员会、廉能委员会、考核纪律委员会、行政管理委员会、文化传播委员会、组织发展委员会、国家发展研究院。此外还有国民党青年团，以及任务编组形式的国际事务中心和台商联系服务中心。

在地方层面，国民党基层党部分为四级，即各县市党部（以直辖市、县市为活动范围）、区级党部（以乡镇市为活动范围）、区分部（以村里为活动范围）、党小组。此外还有以退除役军人、老荣民、现役军人中保留党籍者，以及这些人的家属构成的黄复兴党部。黄复兴党部是国民党最大的专业党部、辅选机器和铁票部队。但未来随着老兵凋零，现役军人去政党化，黄复兴党部似乎也难逃衰落的命运。

在政党组织显性结构背后，还有隐性的组织结构，即政党中的派系，俗称"小圈圈"。国民党党章党纪禁止派系运作，因此国民党内部派系只能私下运作，以人际关系为主要纽带。但这并不代表国民党内没有派系，目前国民党内形成了"以马团队和党中央为一方，以王金平和部分'立法委员'及地方派系为另一方"的派系结构。由于国民党内的派系属于弱组织型派系，内部没有强力的纪律约束，加之以王金平为首的"地方派"理念作风与以马英九为首的"精英派"存在较大差异，虽然表面曾维持和气，但私下龃龉不断。随着党内世代交替与权力转移，党内逐渐形成马（马英九）、王（王金平）、朱（朱立伦）、吴（吴敦义）等多股势力。

三是民主化程度。国民党曾长期高度集权，这种高度集权的作法在民主化进程中逐渐对党的活力造成损害。2000年后，国民党开启党内民主化改造。一是党主席实现党员直选，二是中常委结构更加多元，中常会不再是党主席一人主导的决策平台，三是党内逐渐形成一套公职初选提名制度，以党员投票结合民调，且多数情况下民调所占份额更大的方式进行提名，被认为从制度上降低了"每逢选举必分裂"的发生概率。

国民党的无形资产。一是政党形象。"政党的许多活动本质上都是塑造形象的活动"，政党领袖的个人形象在很大程度上和政党的形象重合在一起。这就意味着领袖的形象很大程度上代表着这个党的形象。特别是华人社会有很强的伟人情结，故政党领袖对政党形象的影响力更大。

2000年之后国民党开启改革大幕，力求改善政党形象。特别是2005年首次直选党主席，由形象清新、有"不粘锅"之称的马英九出任国民党主席，逐步摆脱了"黑金政治"的包袱，饱受诟病的党产得到加速处理，官僚习气有很大改善，整个党在民众中的形象为之一新。但政党形象与党主席关系密切也是把双刃剑，当马英九上台后深陷执政困境，加上绿营的煽动，导致国民党被贴上"权贵党""利益集团代言人"的标签，让国民党形象不断下滑、难以走出困境。

二是意识形态。党的意识形态通常以政党纲领表现出来，纲领就是旗帜，国民党政治纲领仍坚持三民主义理想，维护"中华民国"，认同两岸同属中华民族，追求国家统一。

另一方面，为因应岛内局势与选举需要，国民党在现阶段也强调"以台湾为主，对人民有利"的施政理念，但也因此被质疑丧失理念。《亚洲周刊》总编辑邱立本认为，"国民党的党产其实不在于它有多少资产，而在于它的思想资产"。"以孙中山先生的政治理念为本色的追求，曾经在台湾是官方的主流论述，但在台湾民主化的过程中，在告别威权主义的躁动中，孙中山'三民主义'的理想性，却像倒洗澡水时被丢掉的婴孩一样，被一股脑儿丢掉了"。

三是组织心理。国民党因不团结付出过许多惨痛代价，虽然2000年国民党败选后痛定思痛，在组织、人员等方面进行了大刀阔斧的改革，党员对党的信心逐渐回升，但国民党内因派系、族群、政治利益、价值取向差异而产生的内部权力斗争却从未停歇。

2008年国民党重新执政后，因政治权力分配而引发的党内矛盾开始从暗斗走向明争，国民党内部不服从、阳奉阴违的组织心理的弊端在"府（总统府）院（立法院）"关系的处理上显现得淋漓尽致。马英九为解决党政协调问题，当选"总统"不久兼任党主席，但国民党内的传统势力与马团队之间的关系始终紧张，马当局难以发挥执政及在"立法院"席次优势。

四是政党政策。随着岛内选民素质提高，选举文化逐渐回归理性，国民党与民进党在经济、民生等议题上的政策趋同性不断增强，双方很难在内政议题上直接分出高下。而鉴于岛内独特的民意结构、历史记忆与群体认同，双方较量的焦点，很大程度上集中于两岸政策领域。

国民党重新执政后，秉持较为积极的大陆政策。在统"独"问题上，坚持"一个中国"与"九二共识"，"两岸非国与国关系"，明确表示不会推动"两个中国""一中一台"和"台湾独立"。在经贸领域，增进双方贸易与投资，推动 ECFA 及后续协商。在社会民间及文化交流等领域，拓展人员交流，强调中华文化传承与血脉亲情，尝试教育领域"去独化"。从效果看，两岸政策是国民党政绩最突出的施政领域，岛内民众也普遍认可两岸关系八年来取得的积极进展。随着 2012 年"大选"临近，"两岸牌"成为国民党安定人心的王牌。

二、百年历史沧桑，两岸命运与共

2011 年，对两岸同胞来说都是具有特殊意义的一年，100 年前辛亥革命拉开了中华民族谋求独立和振兴的伟大序幕，100 年后的今天，民族复兴的光明前景期待两岸同胞共同前行。

（一）深化两岸合作

2011 年是我国"十二五"（第十二个五年规划）的开局之年，根据规划，经济结构转型、扩大内需以及包容性增长等内容成为这 5 年的主题。3 月，第 11 届全国人大 4 次会议批准"十二五"（第十二个五年规划）规划纲要，在第 58 章提出"推进两岸关系和平发展和祖国统一大业"，首次把两岸关系列为专章。在该专章中，一是提出建立健全两岸经济合作机制，积极落实两岸经济合作框架协议和两岸其他协议，推进货物贸易、服务贸易、投资和经济合作的后续协商，促进两岸货物和服务贸易进一步自由化等。

比如我国"十二五"规划中明确提出加快服务业发展的战略，就为台湾服务业转型升级提供了良机。台湾服务业虽然已经成为岛内经济发展的支柱，产值达到 GDP 的 70%，但吸纳就业人数不足总就业人数的 60%，且呈现低增长、低国际竞争力、低产业关联度等缺陷，面临转型升级的压力。但台湾服务业转型升级需要庞大市场为依托，具有地理、文化亲缘关系、同文同种的大陆就成为首选合作伙伴，合作空间巨大。

二是提出全面深化两岸经济合作，包括扩大两岸贸易，促进双向投资，加强新兴产业和金融等现代服务业合作，推动建立两岸货币清算机制，开展重大项目合作等。如"十二五"规划明确提出要发展新一代信息技术、节能环保、新能源、高端装备制造、新能源汽车等七大战略新兴产业，台湾当局此前也提出发展"六大新兴产业"及"四项智能型产业"。

目前两岸在高新产业各有优势，双方如果能够加强交流、共同合作，就有可能形成具有较强国际竞争力的新兴产业集群，有利于两岸产业发展。专章第三项是支持海峡西岸经济区建设，充分发挥海峡西岸经济区在推进两岸交流合作中的先行先试作用。

年内，《海峡西岸经济区发展规划》《平潭综合实验区总体发展规划》《厦门市深化两岸交流合作综合配套改革试验总体方案》等一系列规划获批准实施。这些都体现出大陆方面希望与台湾同胞共同发展，为两岸人民谋福祉的愿望始终不变。

另外，从 2011 年 1 月 1 日起，ECFA 早期收获计划开始全面实施，台湾出口大陆的 539 种产品和大陆出口台湾的 267 种产品享受降税待遇，全年台湾方面得到税收优惠约 7.8 亿元人民币，大陆方面获得的优惠约 1.4 亿人民币，很多台湾中小企业和农渔民从中受益。

（二）从《富春山居图》合璧看两岸交流任重道远

如果说辛亥革命以来的一百年是中华民族苦难辉煌的奋斗史，两岸同胞荣辱与共共同奋斗，在"十二五"国家发展战略展开之际，台湾同胞也必然是其中一分子，民族复兴路上台湾同胞一定不能缺席。再回溯 660 多年前，当时的一张《富春山居图》，在 2011 年以两岸合作的形式合璧展览，显示了中华文化是将两岸同胞紧紧联系在一起的精神纽带。

在 2010 年的全国两会上，国务院总理温家宝在答台湾记者提问时提及，黄公望 79 岁完成《富春山居图》后不久辞世，数百年来这幅画辗转流失，如今画作一半在杭州的浙江省博物馆，一半在台北故宫博物院，"我希望两幅画什么时候能合成一幅画。画是如此，人何以堪"。温总理的这段情真意切的牵挂，又重新勾起了两岸文物界艺术界希望让《富春山居图》合璧的旧愿。

在两岸关系和平发展的有利形势下，2011 年年初，浙江省博物馆与台北故宫博物院签署备忘录，决定先将浙江所藏《富春山居图》（剩山卷）送到台湾，与台北故宫博物院所藏《富春山居图》（无用师卷）联合展出，展期从 6 月 1 日至 9 月 25 日。那么，一幅画作为何如此让两岸人民牵肠挂肚呢？

先来了解一下这幅画的来龙去脉。该画作者黄公望，江苏常熟人，生于南宋 1269 年，卒于元末 1354 年，其人生坎坷，经历了蒙古铁骑横扫南宋，到后来元末农民起义风起云涌的多事之秋。黄公望非学画出身，却被评为元代四大画家，代表作《富春山居图》被奉为中国十大传世名画，有"画中之兰亭""山水画第一神品"的美誉，对后世中国画特别是浙派画家有深远的影响。黄公望出身低微，但奋发上进，博涉经史且多才多艺，年轻时在江浙行省担任文书小官，后到京城任职，但没多久就受人牵连而获罪入狱。出狱后黄公望已年近半百，他看破红尘放弃功名回到家乡，以道士为业并研习绘画。

由于长期浪迹山川，黄公望开始对河川产生了兴趣，常常观察山水到了如痴如醉的地步，甚至有时终日静坐山中，废寝忘食。在他79岁时，开始创作《富春山居图》，为了画好这幅画，他终日不辞辛苦奔波于富春江两岸，领略烟云变幻与江山险滩。有了深入的观察、真切的体验、丰富的素材，加上晚年更加娴熟的画技，最终成就了这幅伟大的作品。

《富春山居图》于画达到了极高的艺术境界，于人生则达到了一个更高的境界。作者画的是漫长的江水，前面一段是夏天的感觉，后面一段出现了秋色，好像繁华落尽的感觉。这里不仅是一张画，而且是一个生命态度。黄公望将亡国的痛，还原到山水里，不管朝代兴衰只是做回自己，能够隐居于山林而忘于江湖。黄公望历时三年多完成这幅画后，又极其洒脱地将其赠予好友无用禅师。

然而此画越珍贵命运越坎坷，明代初期至明中叶画作就下落不明，至明成化年间为著名画家沈周所得，沈周对其爱不释手，要请一位朋友为画题跋，结果遇人不淑被朋友的儿子偷偷卖掉。沈周捶胸顿足但也无计可施，无奈之下竟凭记忆背摹了一幅《富春山居图》，这幅"赝品"也成为日后研究原作的重要依据。此后画作又时隐时现于江湖，辗转于多位大书画家，至明朝崇祯年间，又从大画家董其昌易手给了吴正志，吴正志将此画传给次子吴洪裕。吴洪裕视若性命，在兵荒马乱逃难中，纵有万贯家财他也仅携带了《富春山居图》和《智永法师千字文真迹》。吴洪裕在人生弥留之际，决定效仿唐太宗把《兰亭序》带到来生的做法，命家人将这幅画焚烧殉葬。就在此画被付之一炬之时，其侄子吴静庵抓住火中的画作用力一甩，又往火中投入另外一幅画，最终用偷梁换柱的办法保住了《富春山居图》。

画虽得救，但中间却被烧出几个连珠洞，断为一大一小两段。前段画幅较小，约50厘米，但比较完整，被后人命名为"剩山图"；后段较长，约600厘米，但修补较多，被称为"无用师卷"。从此《富春山居图》一分为二，开启了更加传奇的漂泊岁月，并将两岸紧紧联系在一起。

1669年，"剩山图"被清初大收藏家王延宾购得，此后历经战火硝烟又湮没无闻，1938年再度被上海收藏家吴湖帆珍藏。直到20世纪50年代，著名书法家沙孟海在浙江省博物馆供职，得知这件国宝在吴湖帆手中，于是从保护国宝角度，想尽办法劝说吴湖帆，终于从吴湖帆手中购得这件宝物，将其落户在浙江博物馆。

而后半段的"无用师卷"继续在民间辗转，到清乾隆年间被乾隆皇帝以2000两白银连同其地一批文物买入宫中。但乾隆在得到"无用师卷"之前，也得到一幅号称黄公望作品的"山居图"，于是乾隆帝组织大臣一起鉴宝，结果却看走了眼，将先前得到的"山居图"也称"子明卷"定为真迹，而将"无用师卷"定为赝品。而"无用师卷"

也"因祸得福"静静躺在清宫中保存了近200年，而"子明卷"则被乾隆帝把玩题跋多达55处，连乾隆也感叹实在无处下笔了。虽然乾隆终其一生不愿承认"无用师卷"是真迹，但后世人还是根据黄公望的题字，证实了"无用师卷"才是真迹。

1933年，日军攻占山海关，北平危及，故宫博物院决定将馆藏精品转移，此后15年间，"无用师卷"与近百万件文物一起开启了人类历史上规模空前的一次文物保护和千里转运。抗战胜利后，这批文物陆续运回南京，1948年底，又被运至台湾。"无用师卷"及其他故宫文物的千里大转运，是为了避免国宝落入日本侵略者手里。而今，由于1949年国共内战导致大陆与台湾仍处于国家尚未统一的政治对立状态，让一幅国宝仍分居两地，也让两岸中华儿女盼望画作能够早日合璧。

1999年，浙江省方面曾组织过两岸书画家在富春江畔临摹《富春山居图》活动，此后凤凰卫视董事局主席刘长乐等两岸文化界人士也多次推动画作合璧展览，浙江省博物馆全力配合，希望能够促成双向交流。事情一直到2008年国民党重新上台后才出现重大转机，台北故宫博物院提出借"剩山图"到台湾展出，举办"黄公望与富春山居图特展"，大陆方面积极回应。2010年6月浙江省省长吕祖善在赴台参访时，表示"剩山图"可以先走一步，到台湾合展。

2011年1月，浙江省博物馆与台北故宫博物院签署备忘录，确定了2011年在岛内合展的日期。同时也承诺，"在适当的时机，促成所藏文物'无用师卷'到大陆联合展出"。双卷合璧的展览在台湾持续了两个月，有超过50万人前来一睹真迹风采，据台北故宫博物院方面统计，6月本是每年的参观淡季，这次却创下书画展参观纪录。每天清晨六点钟就有人前来排队，马英九夫人周美青两次排队进馆参观，有近三分之一的观众来自大陆。

读者不禁要问，既然观众对《富春山居图》如此厚爱，为何不能再到大陆办一场合璧展览呢？其实大陆方面的态度一直是积极而开放的，但台湾在民进党执政时期，不愿承认"两岸同属一个中国"，在岛内大搞"去中国化"，对体现两岸一家亲的文化交流活动缺乏动力。

国民党重新上台后，两岸形势发生积极变化，但"冰冻三尺非一日之寒"，过去长期阻碍两岸交流发展的许多桎梏还有待逐步化解，因此台湾当局此次虽签署了备忘录，但在文物赴大陆展出上仍有所顾虑。台北故宫博物院院长周功鑫在台"立法"机构接受质询时表示，"除非大陆先完成'司法免扣押'立法，保证台湾故宫文物到大陆展出的安全，同时承认'国立故宫博物院'这个名称，台湾的'富春山居图'才有可能出借大陆"。周功鑫的表态，从一个侧面反映出两岸当前状态下，还存在法律制度对接、政治互信构建等一系列问题。

《富春山居图》既是艺术瑰宝，又体现了中国传统读书人的气节情操。《富春山居图》颠沛流离几近焚毁的遭遇，也体现了国家强大统一的重要性。此次合璧展览，承接了历史记忆和两岸悲欢离合60年的文化裂痕。"兄弟阋于墙而外御其辱"，"度尽劫波兄弟在，相逢一笑泯恩仇"，期待在不久的将来，能够在大陆也看到《富春山居图》合璧的展览。

日前在两岸交流交往过程中，像《富春山居图》合璧展览所面临的单向度、互信不足的情况还比较突出。两岸开启"三通"、签署

ECFA 之后，大陆也希望早日解决交流中的不均衡、不协调问题。以两岸双向投资为例，2009 年台湾开放首批陆资入岛，2011 年开放范围又不断扩大，据台湾"投审会"统计，全年共核准陆资 102 件，较上年增长 29%。但另一方面，台湾方面对开放陆资入台还存在一些顾虑，在很多领域都进行了限制。再加上岛内劳动力、地价等投资成本较高，也限制了一些大陆企业入岛的步伐。因此从投资金额看，2011 年陆资入岛金额 4373 万美元，较上年反而衰退了 54%。

在两岸经济合作仍面临不均衡发展局面的同时，两岸政治关系发展也面临很多阻力。2011 年 10 月，马英九在竞选纲领"黄金十年政纲"中，提出未来 10 年在循序渐进状况下，将审慎斟酌是否洽签"两岸和平协议"。他同时提出"两岸和平协议"需要民意高度支持、"国家"需要和"国会"监督三个前提。可以说马英九及国民党也预估到"两岸和平协议"可能遭遇反弹，因此提前设下此三道防火墙。但该议题一经抛出，仍被民进党大做文章，宣称"和平协议"是"统一时间表"，"是在拿台湾前途做赌注"。随着"大选"临近，国民党本希望以"和平协议"来强化两岸议题上的领先优势，但"和平协议"提出后却一度让民进党有了逆势操作的机会，马英九被迫又紧急"刹车"，提出"和平协议一定会先交付公投"的先决条件。"两岸和平协议"引起的波动，再次折射出岛内长期以来的"去中国化"教育影响下，国家认同领域的拨乱反正任重道远，目前两岸政治关系依然高度敏感。

三、台湾人物链接：宋楚瑜

2011 年台湾政坛最让人"捉摸不透"的人当属宋楚瑜了，这位政坛老将在"大选"前突然抛出可能参加"大选"的条件说，让谋求连任的马英九阵营极度紧张，也让极力想翻盘的民进党忍不住窃喜。宋最终是否参选，一时间成为台湾政坛热议话题。虽然马英九极不希望宋楚瑜参选搅局，但了解宋楚瑜的人都知道，这位有"大内高手"之称的政坛老将，常常突然出手让对手不知所措。

（一）出生国民党"高干"家庭

宋楚瑜，1942 年出生于湖南湘潭，1949 年跟随父母来到台湾。宋楚瑜父亲宋达，青年时立志参军报国，20 岁时赴青岛投奔曾任国民党海军总参谋长的叔父宋锷。宋达退台前即晋升少将，到台湾后担任过"国防部第四厅厅长"、联勤部队副司令等职，与时任"国防部长"的蒋经国一起组织了大陆沿海国民党军队的大撤退。在与蒋经国共事期间，宋达的为人与才干得到蒋经国赏识，成为蒋经国信赖的老部下。

宋楚瑜幼年学业有点"文理偏科"，成绩并不突出，1959 年首次大学联考落榜，后由理转文经复读后才如愿进入台湾政治大学外交系。进入这所以文科见长的院校后，宋楚瑜找到了自己的优势所在，加上勤奋努力，最终以第一名的成绩毕业。大学毕业服兵役两年后，1966 年宋楚瑜前往美国加州伯克利大学攻读政治学硕士，期间与陈万水结婚。

宋楚瑜在美期间边求学边在福特基金会中国研究资料中心兼职管理员，为了获得更好的薪资待遇，还因此辅修了一个图书管理的硕士学位。1973年，宋楚瑜进入乔治城大学攻读博士，妻子陈万水在华盛顿医师工会办公室担任会计室主任，大儿子宋镇远也开始在美国接受教育，一家人生活的条件在当时留学生中应该说还是比较安逸稳定的。但是宋楚瑜的人生志向并不在此，而宋楚瑜也确实有资本看不上美国的安逸生活。

（二）受蒋经国器重

　　宋楚瑜的父亲宋达曾与蒋经国一起共事，蒋经国也很感念当年与自己同甘共苦的岁月，而宋达本人在国民党高层也有一定的人脉。当蒋经国"行政院长"任内的英文秘书温哈熊外放担任"大使"之后，宋达就向蒋经国举荐宋楚瑜接任该职。当时蒋经国的候选人名单虽不只宋楚瑜一人，但最终也阴差阳错仍然让宋楚瑜雀屏中选。于是1974年，宋楚瑜在即将取得博士学位前返回台湾，担任"行政院长"蒋经国的英文秘书，正式开启政治生涯。

　　宋楚瑜返台担任蒋经国秘书后不久，其父宋达罹患肺癌。蒋经国对宋达病情非常关心，有一天下班后亲自带了宋楚瑜前往探望。因台湾不具备手术条件，宋达必须赴美开刀，蒋经国就从自己的私人机要费中，拿出5000美元做医疗费，另拨给宋楚瑜2000美元要其陪父亲赴美，就连宋楚瑜赴美的来回机票，蒋经国也代为购买。

　　宋达在世时告诉宋楚瑜，"我没留什么给你，只有留个好名声给你"。受其父影响，宋楚瑜对自己的名声非常看重，在蒋经国身边工作的日子，没有给自己置过什么产业。蒋经国对宋楚瑜也非常信任，曾经对想提拔宋楚瑜的人说，"不要让自己人升得太快"。1975 年底，宋楚瑜兼任"新闻局副局长"，1978 年蒋经国出任"总统"，宋楚瑜代理"新闻局长"，成为最年轻的"阁员"。

在出任"新闻局副局长"前后，台湾进入大事不断的多事之秋，中华人民共和国恢复联合国合法席位，国民党当局代表被逐出联合国，国民党统治的合法性受到质疑，到 1979 年底岛内爆发"美丽岛事件"，台湾内部的反对派运动风起云涌。1984 年，宋楚瑜又转任国民党文工会主任，从对外宣传的前台走向幕后，但"国民党化妆师"的任务反而更加繁重。1987 年，宋楚瑜升任国民党副秘书长，开始迈向权力的核心。

（三）从李登辉身边红人到最终反目

1988 年 1 月 13 日，蒋经国因病去世，李登辉虽然接任"总统"，但以蒋宋美龄为首的"官邸派"主张暂缓由李登辉代理党主席，拉开了国民党内"主流派"与"非主流派"斗争的序幕。

宋楚瑜在讨论该议题的中常会上，突然起身慷慨陈词，要求立即处理由李登辉代理党主席的提案。宋楚瑜临门一脚，挑头发难，"官邸派"迫于压力也没有反对，李登辉终于名正言顺掌握党政军大权。在随后召开的国民党十三大上，宋楚瑜再次为李登辉"护驾"，否决了部分党代表希望以投票方式选举党主席的动议，而再次以鼓掌通过的方式护送李登辉顺利当选。此时的宋楚瑜俨然已成为李登辉身边红人。

1989年，李登辉任命国民党秘书长李焕接替俞国华担任"行政院长"，由宋楚瑜接任国民党秘书长，进一步深入权力中心。与此同时，国民党内部斗争也不断加剧，在1990年2月召开的临时中央全代会上，以外省籍元老为主的"非主流派"计划以党内投票的方式，推举第8届"总统"候选人，而支持李登辉的"主流派"坚持起立表决，双方争执中，"非主流派"将矛头指向宋楚瑜，斥责他"揽权排异""攀附一人，操纵天下"。宋楚瑜则在会上再次奋力一击，主张以举手表决方式，公开而负责任的表明政治态度，"向历史做一个交代"，最终以起立方式通过李登辉代表国民党参加"总统"选举。

这场"二月政争"也让国民党内的矛盾公开化，宋楚瑜为李登辉冲锋陷阵，立下汗马功劳，但也得罪了党内很多人。李登辉为了缓和权力重新分配过程中的反弹，又任命"非主流派"大佬郝柏村"组阁"，宋楚瑜则全力修补与"非主流派"的关系。但宋楚瑜作为李登辉手下的党秘书长，始终是李手中的一枚棋子，因此无论宋如何想两面讨好，其命运都掌握在李登辉手中。随着李登辉权力地位日渐巩固，1993年李登辉换掉郝柏村，任命更加"听话"的连战担任"行政院长"，宋楚瑜也迎来了政治生涯中的又一次重要机遇。

1993年2月，宋楚瑜由李登辉安排，出任台湾省主席。当时的台湾省主席由官派产生，手中握有大量行政资源，李登辉、连战都曾担任该职务，因此宋楚瑜担任该职，既是未来更上一层楼的信号，也是李登辉对宋楚瑜奖赏。

宋楚瑜被任命为省主席之后，岛内政治改革的进程仍在按照李登辉的节奏推进，又决定在1994年举行首次台湾省长选举。于是宋楚瑜又在"前有选举,后有吴伯雄竞争"的压力下,勤跑基层,卖力工作。对于宋楚瑜而言,他本人属于工作狂性格,特点就是亲民、勤奋、苦干、不讲排场,因此从台北权力核心转入台湾省政府之后,反而让宋楚瑜有了发挥才干的更大舞台。

在年底省长选举中,宋楚瑜凭借李登辉的支持和百姓信赖,以150多万票的优势大胜民进党候选人陈定南。李登辉在竞选场合举着宋楚瑜的手说,他是我的"死忠兼换帖",外省人一样可以当台湾省长。

当1996年李登辉竞选时,宋楚瑜更卖力辅选,扮演"超级轿夫"角色,以亲身经历为"李登辉让外省人当省长,没有省籍情结,不是台独"背书,最终让李登辉在台湾省选区得票率超过宋楚瑜。此时国民党内李登辉、连战、宋楚瑜的三角结构成型,但这一蜜月期是短暂的,宋楚瑜与权力核心的裂痕很快开始出现。

(四)出走国民党

"废省"争议让李宋渐行渐远。宋楚瑜和李登辉的关系一度非常密切,宋楚瑜也始终表现得忠于李登辉,不愿与李登辉翻脸。但归根结底,宋楚瑜还只是李登辉的一枚棋子,当李登辉希望推动"宪改""冻省"来实现其改革台湾政治体制,进而实现其"台独"理念时,宋楚瑜的个人利益就与李登辉的大目标产生了冲突。

虽然李宋也称"情同父子",但当李登辉只能选择一个接班人的时候,李登辉还是选择了连战而非宋楚瑜,这也让国民党内的中生代接班争夺无法避免。1996年底,李登辉主导召开了"国家发展会议"

（简称"国发会"），会上国民党与反对党民进党联手，提出"冻省""冻结省议会选举"等动议，宋楚瑜面临失去政治舞台的危机。宋楚瑜虽百般努力希望停止"冻省"，但最终也没能扭转乾坤。尽管李登辉对宋楚瑜的出路也做了安排，但宋楚瑜对此并不满意，以最强烈的反弹——宣布辞职。

宋楚瑜辞职对国民党内"李连宋"体制不啻是严重打击，李登辉直言宋楚瑜不能辞职，"他和连战是一条线上的人，必须相互合作"，下令强力挽留，不允许宋楚瑜"跳船抗议"。宋楚瑜辞职虽一时解气，但他确实没有资本与李登辉彻底翻脸，仅 21 天后，又以"请辞待命"的方式重回省政府上班。这场"冻省"争议，不仅让宋楚瑜原本一片光明的前程突遭挫折，也暴露出李登辉和宋楚瑜理念上的差别，国民党中生代竞逐中的"连宋情结"，以及宋楚瑜强劲有余而转圜不足的性格弱点。

宋楚瑜功高震主、过于强势的行事作风，让他在国民党内接班战中逐渐失势，不甘屈就的宋楚瑜于是在 1999 年独立参选"总统"，从此与国民党分道扬镳。2000 年"大选"因连宋分裂，国民党丢掉政权，宋楚瑜也以 30 多万票的差距输给了民进党的陈水扁。选后宋楚瑜组建亲民党，并在 2004 年"大选"前与国民党捐弃前嫌促成"连宋配"。但这种合作局面没能换来最终的胜利，2004 年 3 月 19 日的"两颗子弹"改变了选情，让连宋再次落选。

选后宋楚瑜与国民党的矛盾再次爆发，宋楚瑜为求出路还在 2005 年与陈水扁上演"扁宋会"，2006 年又抓住"红衫军倒扁运动"，积极参加"倒扁"，并不顾蓝营分裂投身参加台北市长选举。但 2006

年台北市长选举中，宋楚瑜成为蓝营选民弃保的对象，仅拿到 5 万多票、得票率不到 5%，宋楚瑜及亲民党在这一战中遭受沉重打击。

2008 年"大选"中的"马英九旋风"让宋楚瑜只能感慨自身时运不济，选择向现实低头与国民党合作。选后宋楚瑜对马英九及国民党的回馈并不满意，随着 2012 年"大选"临近，宋楚瑜认为岛内外环境出现新变化，为其重出江湖提供了"热带气旋"。

台北著名商业区西门町（摄影者：张喆）

2012

硝烟散去

台南郑成功像（摄影者：王鸿志）

选举已成为台湾政治生活的主旋律，政治人物你方唱罢我登场的各种表演，最终都要经过选举来检验。2012 年 1 月 14 日，是台湾地区领导人及"立委"的"二合一"选举投开票日，在当晚结果揭晓前，很多人对结果都提心吊胆。但实际上早在选民进入投票站前，结果就已经确定了。那么，到底是哪些因素左右着台湾每场"大选"的结果？

一、选举结果有迹可循

　　1 月 14 日夜，选举结果揭晓，国民党的马吴配（马英九、吴敦义）以 689 万票（得票率 51.6%），战胜民进党的蔡苏配（蔡英文、苏嘉全）的 609 万票（得票率 45.63%），亲民党的宋林配（宋楚瑜、林瑞雄）仅拿下 37 万票（得票率 2.77%）。虽然马英九的得票比四年前少了近 76 万票，与民进党的得票差距更从 221 万票缩小到 80 万票，但这场选举就是胜者全拿的单一选区竞选，因此国民党阵营在结果出炉后，选前的一切担忧都被选后的喜悦所掩盖。

　　落选的民进党阵营也难掩失败的悲伤，选前的期待都化作了失望的泪水。而以蓝营"搅局者"面目出现的宋楚瑜,也因得票率过低而未能对国民党选情造成关键影响。为何选前国民党阵营非常紧张,民进党方面又充满翻盘的期待,宋楚瑜得票又为何比声称要达到的100万联署门槛还相距甚远?仔细分析这场选举,从中还可以发现更多变化和规律。

(一)台湾选民投票行为分析

选举结果由选民的投票行为决定,对选民投票行为的研究已长达百年,包括社会学、心理学、经济学等研究方法都被广泛使用。社会心理学中的"漏斗状因果模型"从个人及经济社会背景、政党认同、选举议题、候选人特质几个方面,以倒序的方式,构建出一个影响选民投票行为的漏斗状模型。

就台湾最高层级的地区领导人选举而言,因素一是选民的个人及经济社会背景,包括性别、年龄、职业、社会阶层、宗教信仰,以及政治社会化中形成的一些重要的价值判断。这些变量中,台湾有其特殊性需要把握,如台湾独特的历史境遇,特别是历史上多次被外族侵占,有"亚细亚孤儿"的历史悲情意识。而近代国共内战及"二二八事件"所引发的族群矛盾,又让选民对台湾的过去和未来有自身的体会。台湾作为东亚地区经济社会发展程度较高的地区,中产阶层占比较高的橄榄型社会基本定型,也对选民的投票倾向有较大影响。

二是台湾独有的"统独因素",但这个因素主要是政治人物人为建构的结果,从李登辉执政后期延续到民进党首次上台,台湾社会化的统"独"对立不断强化,并出现了"统降独升"的结构性转化。受此影响，台湾社会的民族认同、国家认同也出现从"中国人""中国"向"台湾人""台湾"转化的现象。岛内主要政党在统"独"立场上也存在明显分歧，也是影响选民投票意愿的重要因素。

三是选举和政治生活中普遍存在的政党认同。政党认同是个人对政党的心理认同，它是一种心理状态而非实际行动。因此政党认同在政治社会化过程中形成后，具有一定的稳定性，观察台湾选举常使用的"蓝绿基本盘"就反映了政党认同的稳定性。但是政党认同也会在一定条件下发生改变，甚至出现"爱之深责之切"的"惩罚性投票"现象。

四是选举议题，也就是选举中候选人争取选民的政策规划。

五是候选人特质，现代选举中候选人的个人形象、品行、能力、魅力等因素，对选举结果的影响力越来越明显。

对于寻求连任的马英九而言，过去四年他的执政成绩单如何，也是选民考虑要不要继续支持他的重要参考。然而 2008 年以来，马英九当局的治理绩效不彰，上任就遭遇严重的国际金融危机，一直面临抢救台湾经济的压力，再加上遭遇"八八风灾"等天灾袭击，让马英九当局的民调满意度不彰"高开低走"。马英九的竞选连任之路，是在很不利的情况下展开的。但台湾两大党竞争的结构，计选民也只能在"两个烂苹果"中选一个相对好一点的了。

民进党炒作历史悲情效果降低。台湾是一个历经大的移民浪潮、发生过数次统治权转移并残留殖民烙印的复杂社会，1945 年台湾光复后发生的"二二八事件"，以及国民党退台后采取的威权统治，加剧了台湾社会的省籍族群矛盾，让占台湾人口多数的本省人产生了受压迫的心理情感。

开放选举初期,反对党常诉诸悲情争取选民支持,1994年省长选举打出"台湾人四百年第一战",往后大型选举也将反抗国民党外省人统治、争取台湾人"出头天"作为主要诉求。竞选场合上演"惊天一跪""代夫出征"等"一哭二闹三上吊"的悲情戏码屡见不鲜。但2012年选举一个比较大的变化是,竞选主轴或聚焦于两岸议题,或聚焦于公共议题,以往的历史悲情牌不再是反对党主打的议题。

"台独"意识抬头,"绿营"政党选票空间扩大。国家认同一旦形成,具有较强的稳定性。但近30年来,随着台湾政治转型与"台独"势力壮大,台湾民众的国家认同出现了结构性变化。

1991年民进党在其第五次全代会上,通过了所谓的"台独党纲",在党纲中增列了"建立主权独立自主的台湾共和国"条文。同年,国民党也通过了"国家统一纲领",主张阶段性"统一中国"。国民党当局虽将"台独党纲案"提交给"行政院政党审议",准备解散民进党,但也激起严重的政党对抗而不了了之,台湾内部的统"独"战火则一直延烧到现在。①

根据台湾政治大学选举研究中心"台湾民众统独立场趋势分布",2000年明确支持统一的民众仍然比明确主张"独立"的多大约5%,但到2004年已逆转为"挺独"领先"倾统"近7个百分点,到2012年该差距更扩大到近10个百分点。

---

① 游盈隆:《天人交战:揭秘2012台湾总统选民的抉择》,允晨文化实业股份有限公司,第32页。

因此 2000 年民进党能够上台，完全是因国民党内部分裂而渔翁得利，以 39% 得票率低票当选。此后台湾地区政治势力以统"独"立场为依据，形成了以国民党和民进党为核心的泛蓝、泛绿两大阵营。经过民进党八年执政，岛内统"独"认同也出现"统降独升"的明显变化。因此观察 2012 年选举，仅从明确的统"独"立场角度，民进党的选票空间在绝对数量和成长态势上，都比国民党占据优势。

台湾民众立场趋势分布表

单位：%

时间	尽快统一	偏向统一	维持现状再决定	永远维持现状	偏向"独立"	尽快"独立"	无反应
1994 年	4.4	15.6	38.5	9.8	8.0	3.1	20.5
2000 年	2	17.4	29.5	19.2	11.6	3.1	17.3
2004 年	1.5	10.6	36.5	20.9	15.2	4.4	11
2008 年	1.3	8.7	35.8	21.5	16	7.1	9.4
2012 年	1.7	8.7	33.9	27.7	15.1	4.8	8.1
变动程度	减 2.7	减 6.9	减 4.6	增 17.9	增 7.1	增 1.7	减 12.4

此表根据台湾政治大学选举研究中心"台湾民众统独立场趋势分布"制作

政党认同国、民两党陷入拉锯战，国民党略占优势。根据岛内民调机构对政党认同度有关的调查，发现台湾在 2008 年"立委"选举改采"单一选区两票制"之后，亲民党、"台联党"等第三党的生存空间被大幅压缩，台湾有向两党制发展的趋势。

但政党认同方面，选民除了认同国、民两党认同之外，独立选民的比例仍保持在 30% 上下。根据台湾政治大学选举研究中心与指标民调公司的"台湾民众政党偏好分布"及"民众政党立场倾向追踪分析"，台湾民众的政党认同在国民党与民进党之间呈拉锯状态，在 2012 年国民党超过民进党 5 个百分点以上。

在绿营学者游盈隆所做调查中，选民对国民党的政党认同度接近 35%，也超过民进党约 5 个百分点。虽然国民党在政党认同上略占优势，但双方在固守基本盘的同时，谁能争取到近三成独立选民的支持，胜选的天平就会倒向哪一方。独立选民是指没有固定的政党认同的选民，其中一部分属于对政治冷漠或者无特定立场的选民，对这部分选民就要看候选人的动员能力，包括台湾选举中过去常见的买票贿选就针对这部分选民。另一部分则是根据候选人能力、政见、表现来做出独立判断的选民，也就是真正意义上的独立选民。那么，对于独立选民，国民党与民进党候选人在 2012 年的竞争中谁更得人心呢？

中间选民群体扩大，马英九"中间路线"赢过蔡英文"模糊路线"。台湾社会"台独"意识虽有所抬头，但选择"急独"或"急统"的选民仍占少数，多数选民居于靠近政治光谱的中间地带。

根据唐斯（Downs Athony）的民意分布理论，国、民两党为了获得最大化的选票，都会刻意调整政策向中间移动，这样即使会流失掉部分极端选民的选票，但流失的选民仍少于它向中间移动所获得的选票。因此对于 2012 年选举而言，各党在固守基本盘的同时，谁能取得更多中间选民的支持谁就离胜选更近一步。而中间选民除了政治冷漠和政治无知者之外，就是最为关键的中间理性选民。这部分选民选人不选党，议题是关键，哪个候选人能找到中间最大公约数，就能够赢得更多支持。

在竞选进入白热化阶段后，两岸议题再次成为 2012 年选举的主导议题，双方围绕是否坚持"九二共识"展开激烈攻防，马英九强调的在所谓"中华民国宪法"架构下，维持台海"不统、不独、不武"现状，以"九二共识，一中各表"作为两岸制度化协商的基础的表态获得主流民意支持。而蔡英文所谓的"台湾共识"，实质上还是在打"模糊牌"，对两岸关系缺乏符合实际并有开创性的论述，因而难以满足中间选民的期待。

（二）马英九 pk 蔡英文

马英九和蔡英文是这场选举当仁不让的主角，我们对二人的经历特点做过详细介绍，读后感觉马、蔡虽然是水火不容的对手，但在对方身上似乎总能看到本尊自己的影子。马、蔡都出身精英家庭，欧美名校博士，受到高层栽培而平步青云，最后又临危受命挽救本党。马、蔡都具有"非典型政治人物"特征，不搞传统的喝酒跑摊搏感情，虽然没有派系资源却民望甚高。但若一定要在 2012 年的选举分出高下，那么马英九还是更胜蔡英文一筹。

首先从个人品行清廉看，马英九"不粘锅"形象已根深蒂固，几十年前购置的西装舍不得淘汰，个人生活节俭，当年被民进党猛攻的"特别费案"查来查去只能无罪定谳。反观蔡英文是标准的富家女，浑身低调奢华品牌，讲求生活品位，2011 年揭出的"宇昌案"丑闻更对蔡英文形象造成负面影响。

从个人能力看，根据民调，在选民较为关心的促进台湾经济发展、处理两岸关系、确保台湾"主权"等方面，马英九获得民众信赖的程度高过蔡英文。

如果从选民性别来看，马英九和蔡英文在获得男性选民的认同上基本是平分秋色，但在女性选民的支持度上，马英九获得的支持则明显超过蔡英文一成以上。某种程度上这也与马英九重视家庭，始终以乖儿子、好丈夫、好爸爸形象视人，每逢春节还陪妈妈采购年菜，给外界以浓浓的人情味。而蔡英文则"公私分明"，不愿意让外界过多了解自己的私生活，这对于女性选民而言就不如马英九更能打动人心。

此外从支持者的职业背景看，马英九及其所代表的国民党，在军公教及白领阶层、退休人员、家庭主妇方面，比蔡英文更受到信赖。而蔡英文及民进党，则在基层劳工、青年学生群体中更受青睐。总体而言，从前述多项因素看，马英九较蔡英文还是具有更多领先优势。

从本次选举中还可发现，宋楚瑜选票与马英九高度重合，国亲两党在"大选"中是零和游戏。2000年"大选"国民党就因宋楚瑜出走而丢失政权，其后宋楚瑜成立的亲民党虽一度声势高涨，但亲民党的选民基础大多源自国民党，2005年之后亲民党内爆发"投蓝潮"，亲民党内众多骨干与选民又重新回归国民党。但2012"大选"宋楚瑜坚持参选，国民党内"外松内紧"严阵以对，在劝宋弃选未能成功后，又极力边缘化宋楚瑜，防止其分裂国民党选票。

从最后投票结果看，宋楚瑜得票率没有超过3%，仅拿下37万票，没有对选举结果造成结构性影响。虽然这次宋楚瑜独立参选没有对马英九连任造成严重影响，但是从长远来看，亲民党与国民党的选民基础高度重合，如果在全台性的选举中亲民党自立门户参选，那么其虽然没有当选可能，但却会对国民党选票造成蚕食。未来国民党需要思考，当亲民党基于拉抬"立委"选情等政党生存考虑，而选择参与地区领导人选举时，该如何避免亲民党对国民党的分票效应。

（三）台商票不全蓝，"独派"票不全绿

目前长期在大陆经商、工作或定居的台湾人已超过 100 万，过去民进党常将台商描述为国民党的"铁票部队"，但实际上台商的政治立场并不是完全支持国民党。从大陆台商来大陆的时间看，20 世纪 90 年代初及 90 年代中期前后来大陆投资的台商，以外省籍或外省籍子弟居多，因而在政党认同上多倾向国民党，2000 年兴起的以高科技产业和大中型企业为代表的第三波投资大陆热中，支持泛蓝的只能达一半以上，其余的台商或支持泛绿，或无明确政治倾向，在大陆赚钱，回去支持"台独"的绿色台商也时有见诸报道。

到 2012 年选举，国民党方面评估"挺蓝"的台商能达到六成，而民进党认为最差也有三成台商会支持民进党。因此民进党在"大选"中散播台商是国民党的"投票部队"，指责大陆通过台商影响台湾选举，是昧于事实的选举操作。

另一值得注意的是，所谓"独派选民"并非全部是民进党的支持者，据调查约有 17% 的"独派选民"支持国民党，另有 24% 的"独派选民"是没有明确政党认同的独立选民，这种状况说明台湾的统"独"认同与政党认同间存在分歧，这部分"独派选民"也是国民党走"本土化"路线的影响因素。

上述内容从长中短期几个方面归纳了影响本次选举的主要因素，看得出虽然马英九在前四年执政绩效差强人意下展并连任，但选民在马英九和蔡英文之间，还是更偏向于再给马英九一次机会。但整场选举也展现出选民对台湾愈演愈烈的贫富差距、收入分配等民生议题的

关心程度持续上升，未来执政者如果不能妥善处理民生议题，化解阶层对立，那么马英九的第二任期将遇到更多挑战。

二、两岸关系去向何处

2012 年初，两岸关系经受了台湾地区领导人选举的考验，过去四年来和平发展的良好局面得以延续。2012 年也是大陆海峡两岸关系协会和台湾海峡交流基金会达成各自以口头方式表述"海峡两岸均坚持一个中国原则"的"九二共识"20 周年。在年底召开的中国共产党第十八次代表大会上，"九二共识"还被首次写入党的代表大会正式文件，强化了其两岸关系发展政治基础的重要作用。十八大报告还提出一系列发展两岸关系的新主张，包括两岸应增强维护一个中国框架的共同认知，以扩大双方在坚持一个中国原则上的共同点，两岸要加强两岸关系和平发展的制度化建设，探讨国家尚未统一特殊情况下的两岸政治关系并对此作出合情合理安排。

2012 年召开的中国共产党第十八次全国代表大会，描绘了实现民族复兴的宏伟蓝图，也明确了今后一个时期对台工作的总体布局和努力方向，具有举旗定向的重要作用。

台湾政局的积极变化与两岸双方政治互信增强，为大陆与台湾经济社会关系的发展提供了强大支持。从 2012 年 1 月 1 日起，94% 以上的 ECFA 早收清单产品实现零关税，台湾企业享受关税优惠 33.9 亿元人民币。两岸签署的《货币清算合作备忘录》，终结了双方贸易要通过中间货币来结算的历史，两岸经贸文化社会各领域交流持续增长。

但两岸关系的特殊性在于，由于两岸间因内战而遗留的政治对立仍未解决，导致两岸政治关系具有高度敏感性，现阶段双方对两岸政治关系的定位具有各说各话的特点。台湾又经常出现政党政治波浪起伏易主换人的状况，因此大陆作为推动两岸关系发展的主要力量和稳定者，也需要在两岸政治关系上保持明确立场。

（一）大陆与台湾同属一个中国的事实不容改变

台湾问题的产生有其复杂的历史背景，1895 年日本以战争方式逼迫清政府签署《马关条约》，条约中文文本仅规定中国将管理台湾及附属岛屿的权力让与日本，而条约的日文文本又规定中国将对台湾的主权永远割让给日本。这在一定程度上使中国的主权遭到破坏，但经过第二次世界大战，中国与盟国一道打败了日本及其法西斯轴心国，收复了包括台湾在内的被日本侵占的领土。

台湾从主权到治权回归祖国经过了《开罗宣言》《波茨坦公告》和《日本投降书》等文件确认，是具有国际法效力的。1945 年日本投降后，国共两党爆发内战，才使两岸形成内战遗留下的长期"对峙"的局面。但大陆与台湾同属一个中国，中国的领土主权没有分裂的事实至此从未改变。

大陆方面，1982 年修订的宪法规定，"台湾是中华人民共和国的神圣领土的一部分。完成统一祖国大业是包括台湾同胞在内的全中国人民的神圣职责"。2005 年 3 月 14 日经第十届全国人民代表大会第三次会议通过的《反分裂国家法》，进一步将新时期中央对台方针法制化，规定"世界上只有一个中国，大陆和台湾同属一个中国，中国的主权和领土完整不容分割。维护国家主权和领土完整是包括台湾同胞在内的全中国人民的共同义务"。"台湾问题是中国内战的遗留问题"。

台湾方面，根据"中华民国宪法"增修条文及"两岸人民关系条例"的规定，"中华民国主权涵盖大陆和台湾"，并以"自由地区"（台湾地区）与"大陆地区"来界定两岸关系，被称为"一国两区"。这显示双方均确认大陆与台湾同属一个国家。台湾两大政党国民党与民进党，无论谁上台执政，在法理上均无法否认大陆与台湾同属一个中国。1991年通过的"国统纲领"亦阐明，"依循大陆与台湾均是中国的领土，促成国家的统一，应是中国人共同的责任"。即使鼓吹"台独"的民进党于2000年上台执政，也始终难以从法理上改变"两岸同属一中"的事实。

两岸之间政治关系的本质，是20世纪40年代中后期中国内战遗留并延续的政治对立，这没有改变大陆与台湾同属一个中国的事实，这是基于历史、法理、政治现实等因素的事实认定。在认同大陆与台湾同属一个中国的基础上发展两岸关系，在现阶段就是要切实维护"九二共识"。1992年由两岸当局授权海协会与海基会达成的"九二共识"，核心是确立了坚持一个中国原则这一共同认知，对于两岸建立基本互信、开展对话协商、改善和发展两岸关系发挥了重要作用。事实证明，认同"九二共识"两岸就可以展开平等协商并取得丰硕成果，否定该共识则意味着两岸协商寸步难行，甚至严重冲击台海和平与稳定，已经达成的协商交流成果也可能付之东流。

坚持"九二共识"，就要反对"台独"分裂活动。大陆方面在反对"台独"分裂行为等事关国家领土主权完整的问题上立场坚定，当年李登辉抛出"两国论"等分裂言论，民进党执政者上演"法理台独"等闹剧，都对两岸关系造成严重破坏，不但刚刚起步的事务性交流难以为继，推进政治关系发展更无从谈及。现阶段坚持"九二共识"，就必须旗帜鲜明地反对"台独"，遏制任何形式的"台独"分裂主张和活动。

（二）两岸敌对状态尚未正式结束

两岸战争状态中止，但敌对状态并未正式结束。

近年来，两岸关系在执政当局和两岸同胞共同努力下，迈入良性互动轨道，两岸关系和平发展局面基本形成。但不可回避的是，虽然两岸关系已经缓和并在不断发展，但基本都属于非政治关系性质，一旦碰到政治瓶颈，就难以深化下去。而阻碍两岸关系全面正常化，制约两岸关系和平发展的主要症结之一，就是由于两岸还处在敌对状态之下。

两岸敌对状态可分为两岸战争状态与两岸政治上的敌对状态两个阶段。两岸战争状态是敌对状态最为尖锐的时期，在战争状态下，两岸处于矛盾激化所形成的武装冲突或准备武装冲突的状态，双方正式联系基本断绝。20 世纪 70 年代末，大陆提出"和平统一"的对台方针，并发表《告台湾同胞书》，两岸间的战争状态基本结束。台湾方面也于 1991 年宣布结束与中共的战争状态。

尽管两岸战争状态已终结，但两岸政治上的敌对状态并未完全消除。两岸政治上敌对状态表现为在两岸战争状态消除后，政治上的互信不足、军事上的对峙、意识形态上的对立仍然存在，进而在两岸经济、社会、法律、文化、教育、新闻媒体、对外关系，甚至体育、卫生等领域打下深深烙印。

几十年来两岸出现的紧张对峙局面，皆肇因于两岸敌对状态一直未能结束。目前认同缺失等制约两岸关系发展的难题，也与两岸间未能彻底结束敌对状态有很大关联。大陆方面始终对早日结束两岸敌对状态持积极态度，党和国家领导人郑重声明，要"在一个中国原则的基础上，协商正式结束两岸敌对状态，达成和平协议，构建两岸关系和平发展框架"。

而台湾"朝野"政党也都曾明确主张两岸应结束敌对状态，签署和平协议，但又碍于岛内政治因素等复杂原因，台湾方面始终未能与大陆就此展开谈判。两岸敌对状态尚未正式结束，说明两岸之间的分裂是内战遗留问题，因此"台独"不可能是"完成时"，也不允许成为"将来时"，两岸复归统一，不是主权和领土再造，而是结束政治对立。

（三）两岸政治关系具有"平等而不对等"的特殊性

一方面，坚持平等原则是大陆处理两岸关系的基本态度。两岸双方开启交流交往之门后，大陆方面始终秉持平等协商的态度。在两岸关系领域，特别是在处理最先触及的经贸、文化、社会人员交流等低政治敏感度议题时，不以居高临下的态度与对方打交道。为进一步体现双方间的平等关系，在关于一个中国内涵这一重大原则问题上，大陆也以"新三句"取代了"老三句"，即以"大陆和台湾同属一个中国"取代"台湾是中国不可分割的一部分"，以"中国的主权和领土完整不可分割"取代"中华人民共和国政府是代表全中国的唯一合法政府"。中国共产党提出的以人为本、为民谋利的执政理念，在对台工作中的表现就是将两岸同胞作为血脉相连的命运共同体，充分理解、信赖、关心台湾同胞，做到平等相待。

另一方面，两岸之间无法苛求"绝对对等"。在处理两岸事务时，双方可在承认一个中国的前提下，平等相待。但在涉及国际空间等敏感领域时，因为一方是被国际社会普遍认可的国际法主体，综合国力与国际影响力又越来越大，另一方则并非联合国及国际法认定的主权国家，双方关系客观上呈现不对等状态。因此台湾的"国际空间"是一个敏感度很高的政治议题，它既涉及一个中国框架下的政治定位以及台湾地区的国际法地位，也牵涉到两岸关系及中国的主权、领土完整和统一。

在处理方式上，大陆方面一贯致力于维护台湾同胞在国外的正当权益，避免在两岸涉外事务中产生不必要的内耗。对于台湾参与国际组织等涉及台湾"国际空间"的问题，大陆秉持在不造成"两个中国""一中一台"的前提下，通过务实协商做出合情合理的安排。在国民党执政期间已妥善解决了台湾以"中华台北"名义和观察员身份出席世界卫生大会。大陆也希望台湾方面，在坚持"九二共识"基础上，采取低调务实的态度，减少两岸在涉外事务中的内耗，不给其他国家打"台湾牌"干扰制衡中国提供机会。

三、为民进党画像：家底、实力与社会基础

2012 年台湾地区领导人选举民进党未能取胜，败选当晚蔡英文依惯例辞去党主席以示负责。但这场选举民进党气势大幅回升，得票率从上届的 41.55% 回升至 45.63%，票数从 544 万攀升至 609 万，与国民党的选票差距也从上次大输 221 万缩减至 80 万，"立委"席次也回升至 40 席。选后党主席选举出现"五抢一"局面，共有苏贞昌、吴荣义、蔡同荣、苏焕智、许信良参选，虽然苏贞昌一家独大，但遭到另外 4 人的联合"围剿"，最终以 50.47% 的历届最低得票率当选新任党主席。苏贞昌上任后，其与陈水扁、谢长廷等老"天王"之间的恩怨依旧难解，与代表新兴势力的蔡英文也心存芥蒂，未来民进党该如何解决内部纷争，赢得更多选民的信赖，都将考验新任党的领导人。下面我们就来盘点下民进党的家底，看看在寻求东山再起的路上，究竟有哪些可以依赖的资本，民进党这些年来发生了哪些变化，成为一个什么样的政党。

（一）民进党的家底

首先来盘点下民进党的"硬件"条件。党员人数上，民进党在 1986 年 11 月成立之初仅有 1092 人，1999 年发展到 20 余万，2000 年上台后，社会上掀起一股加入民进党的热潮，截至 2008 年"大选"前，登记党员人数达到 48 万 4 千余人。但这些党员数字的背后，是为党内人头党员大户所控制的人头党员。为解决困扰民进党已久的沉

疴，从 2010 年起，民进党规定禁止代缴党费。2011 年以后，又规定党公职选举提名采全民调，这就从源头上切断了供养人头党员的动力，到 2012 年 5 月第 14 届党主席选举时，党内有投票权的党员人数约为16.3 万。

财力上，所谓"没有比较就没有伤害"，因为历史原因，国民党至今仍保有数量庞大的党产尚未处理，政党收入中很大比例来源于党营事业的收益，2012 年总收 24 亿元新台币（下同），其中来自党营事业"中投"公司的就有 17 亿元。而民进党作为草根政党，没有党产资源挹注，主要依靠政党补助金、选举补助款、党费来维持党务运作，竞选过程中候选人的竞选经费除部分依靠政党支持外，主要依靠候选人个人募款。

根据台"内政部民政司"统计，2012 年民进党收入 5.8 亿元，其中 2.27 亿元是政党补助金，1.32 亿元为政治献金，党费收入 1.13 亿元。支出方面，民进党全年支出 4.9 亿元，其中人事费用最高为 8000万，选务费用约 4000 万。尽管民进党的政党收入不及国民党，但在"一人一票"的选举制度下，民进党在财务方面其实并不吃亏。民进党哭穷，意在攻击国民党拥有党产的不公不义色彩，是利用国民党"党产包袱"进行政治操作而已。

组织体系上，在中央层面，民进党除了党主席（民进党不设副主席）、秘书长、副秘书长外，还下设了 16 个业务单位，包括发言人、政策委员会、财务委员会、秘书处、文化宣传部、国际事务部、"中国事务部"、组织推广部、社会运动部、台湾民主学院、青年发展部、客家事务部、妇女发展部、"原住民事务部"、民意调查中心、网路发展部。在地方层面，民进党原有两级党部，但在蔡英文 2008 年首次担任党主席期间，废除了县市党部以下的基层党部。专业党部方面民进党设立了劳工党部。

在民进党公开的组织结构背后，是民进党内隐性的组织结构，也就是俗称的派系，这些党内派系对民进党的发展走向具有重要影响。由于民进党的前身——党外势力主要有两大团体，以党外公职人员为主体的"党外公职人员公共政策研究会"，和以党外编辑、作家为主体的"党外编辑作家联谊会"，这两大团体在经历理念上都有较大差别，虽然在反对国民党的共同目标下结合在一起成立了民进党，但从开始就种下了民进党内派系文化盛行的种子。

民进党成立后，党内开始有"泛美丽岛系"与"泛新潮流系"的对立，进入 20 世纪 90 年代，随着海外"台独联盟"迁回台湾，陈水扁、谢长廷成立了"正义连线"和"福利国连线"后，民进党内出现了派系共治的局面。2000 年陈水扁上台后，陈水扁主导的"正义连线"急剧扩张，但多数政治资源仍在"扁系"以及"新潮流系"、谢长廷的"福利国连线"，以及与"新潮流系"合作的苏贞昌势力之间分配，民进党内派系共治的结构并未改变。

2008 年民进党受陈水扁家族弊案拖累，选举惨败民意支持度跌至谷底，各派系或受伤或自保都不愿冒头，才让原本在党内没有明显派系色彩的蔡英文当选党主席。蔡英文接任党主席将近四年，也培养出被外界视为"英派"的势力，另外蔡英文与"新潮流系""谢系"也维持不错的合作关系。苏贞昌深谙民进党政党文化，2012 年其在派系夹杀下当选党主席后，也摆出派系共治的姿态。2012 年 7 月举行的民进党全代会上，苏贞昌主动释出1席中常委给其他派系，并任命"谢系""游系"人马为党中央副秘书长。

目前来看，苏贞昌虽然凭借扎实的基层实力当选党主席，但由于其两次参加党内"总统"初选而与其他派系颇多嫌隙，再加上蔡英文也"羽翼渐丰"，民进党内"两个太阳"的竞争已不可避免。因此未来从派系关系角度看，民进党内部纷争在苏贞昌党主席任内乃至将来都难以避免。

社会基础上，根据台湾政治大学选举研究中心调查，可以统计出民进党的政党认同者从1996年的18.8%，跃升到2000年的27.6%，此后一直维持在28%上下，2012年"大选"年为28.3%。而民进党主要对手国民党的基本盘则出现较大波动，1996年还高达46%，2000年则受到内部分裂影响跌至15%，2012年又回升到40%左右。

在两党基本盘都不过半的情况下，谁能争取到二至三成中间选民的支持，谁赢得选举的概率就最高。对民进党社会基础进行细分，可以为民进党的主要支持者"画像"：男性、教育程度不高、本省籍民众、居住在南部地区，这些民众是民进党的"铁杆支持者"。而年轻选民特别是首次拥有投票权的民众对民进党的支持度也高于国民党，但青年选民中无政党倾向的比例持续增长，民进党能否继续保持在青年群体中的认同优势值得关注。

（二）民进党的软实力

除了前面可衡量的硬实力外，形象、作风、意识形态等软实力因素，也从更深层次决定政党的吸引力。

政党形象上，民进党从早期的反体制抗争到进入体制，从"独立建国"到"革新保台"，已经告别街头狂飙岁月，超越了"暴力党"的形象。从反体制运动迈向现代政党的转型过程中，"绿色、清廉、爱乡土""绿色执政，品质保证"都曾是其招揽选民的"形象招牌"。

2000年"大选""意外"获胜后，民进党形成了以陈水扁为中心的一人独大局面，但却未能建立起有效分配和监督权力的机制。权力失去制衡必然导致腐败，特别是陈水扁集党政军大权于一体后，围绕"第一家庭"的贪腐案件不断曝出，最终引发施明德领导的百万民众"反贪倒扁"运动。随着民进党清廉招牌褪色，政党形象遭受冲击。在蔡英文及苏贞昌两位党主席任内，民进党逐渐恢复元气，但政党形象的修复却非一夕能够完成。

政党作风上，由于民进党是在反对国民党统治中发展壮大的草根型政党，政党的草根性斗争性十足。2008年失去政权后，尽管民进党在"立法院"席次大幅萎缩，但由于其敢打敢冲的特征，经常在"立法院"上演"全武行"，以肢体冲突阻挠议事，让拥有执政优势的国民党疲于应付。

对于民众，民进党又表现得比国民党更善于同基层民众"搏感情"，2012年"大选""马蔡对决"中，民进党即渲染"庶民对权贵"之争。民进党亦不断挑起"台湾庶民对抗两岸权贵资本主义"，企图将民进党塑造成普通民众的代言人，进一步固化"国民党和财阀权贵更为亲近、民进党离庶民百姓更近"的印象。但在民进党内，受派系文化影响，其内部竞争激烈、奉行实力至上原则，党的权力核心中常会几乎就是派系分肥的平台。但另一方面，民进党又呈现出"斗而不破"的实用主义特点，即使初选阶段拼得你死我活，人选确定后仍能整合一致对外，比国民党因内斗而致脱党参选现象更少。

意识形态上，包括自由民主、社会福利、环境保护等都是其意识形态的重要组成部分。但随着竞争性政党制度的确立，岛内主要政党无不以争取选票最大化为目标，这使得政党之间在经济民生领域，自由民主等普世价值问题上的差别越来越小。因而民进党在意识形态上与国民党等的最大不同，就是该党党纲明确以建立"主权独立自主的台湾共和国"为目标，这也是民进党意识形态的最显著特征。

但民进党的主导性意识形态也不是一成不变的，如在党外时期及创党之初，民进党以反对专制、实现民主化、本土化为最重要的政治诉求。20世纪90年代初，随着民主自由理念成为台湾各政党普遍践行的准则，以及国际环境的变化，促使民进党在1991年第5届全代会上修改党纲，提出"建立主权独立自主的台湾共和国""应交由台湾全体住民，以公民投票选举决定"的基本主张，"台独党纲"至此正式出炉。

尽管"台独建国"成为民进党的主导意识形态，但其内部在激进"台独"与务实"台独"路线的选择上仍存在明显分歧。这又引发了是否修改"台独党纲"的长期争议，时任民进党主席的许信良、施明德等人都曾推动"台独路线"的转型，从而使民进党逐渐走向"体制内台独"的路线。

1996年"大选"，代表激进"台独"势力的彭明敏作为民进党候选人出战并遭遇惨败，进一步确立了民进党内务实"台独"路线的主流地位，进而导致了1999年"台湾前途决议文"的出台，最显著特征就是在坚持"台湾是一主权国家，其主权领域仅及台澎金马与其附属岛屿"的基础上，又规定"台湾，固然依目前宪法称为中华民国"，"任何有关独立现状的更动，都必须经由台湾全体住民以公民投票的方式决定"。该文与民进党"台独党纲"最大不同在于，首次承认了"中华民国"，但在"台独"分离路线上并无实质改动。

此后八年执政期内，民进党无意亦无力改变其"台独"路线，2008年下台后，无论在蔡英文掌权还是苏贞昌接任，虽然分别提出"十年政纲"，建立"中国事务委员会"并抛出"对中政策检讨纪要"等，但核心上仍坚持"台湾前途决议文"的基本立场，否定"九二共识"。目前民进党基于巩固基本盘、党内派系牵制等因素玩弄花招，其具有浓厚分离主义倾向的意识形态特征很难出现重大调整。

民进党的意识形态通过其政策来体现，但由于民进党并未上台执政，因此其政策主要通过竞选纲领来体现。从2012年台湾"大选"投票情况看，选民评价政党主要关注其在处理经济发展、两岸关系以及财富分配方面的能力。

在经济政策领域，民进党候选人蔡英文为2012选举而准备的"十年政纲"中，经济政策强调要打造就业导向的优质经济上，提升台湾全球竞争力，维持台湾经济自主性等。与此同时，国民党候选人马英九也提出了"黄金十年"的发展愿景与民进党打对台，国民党以现任优势，加上民众本身就对国民党在经济领域的治理能力更为信赖，因此民进党的经济政策发挥加分及区隔对手的效果非常有限。

在两岸政策领域，虽然国民党的大陆政策获得的民意认可度更高，但民进党的两岸政策与国民党的仍存在本质区别。民进党候选人蔡英文提出了"和而不同，和而求同"的两岸新论述，其基本特征仍以"台湾前途决议文"为底线，否认"九二共识"，而国民党最终将选举引向是否认同"九二共识"之争，两岸政策差异成为民进党败选的重要原因。

选后，民进党进入了两年的"苏贞昌时代"，党内普遍认为大陆政策是其重返执政的"最后一里路"，从而拉开了党内关于两岸政策的大争论。期间，苏贞昌恢复了"中国事务部"，成立了"中国事务委员会"，并花费半年时间召开了九场讨论两岸议题的"华山会议"。苏贞昌虽表面上摆出调整两岸政策的姿态，但其核心动机仍是借此巩固个人地位，因此在党内派系掣肘下，其党主席任内的两岸政策仍无实质改变。

在社会政策领域，民进党社会政策核心内容一脉相承。民进党成立之初的基本支持者以劳工、小资产阶级、农民，以及部分中产阶级与知识分子为主，这样的阶级基础决定了其社会政策必须体现关怀弱势、伸张正义、分配公平等指标。在1995年召开的民进党第六届全代会上，将建设公平开放的福利社会纳入党纲。2000年民进党首次上台执政，有机会践行其长期标榜不同于国民党的社会政策。

但陈水扁上台后岛内经济形势急转直下，失业率攀升，贫富差距拉大。社会运动人士本寄望于民进党上台后能兑现社会政策理念，维护民生权益。但陈水扁当局选择回归"经济挂帅"路线，社会政策也由左向右回摆。但民进党首次执政期间，仍在社会政策领域落实部分理念，其中包括修正社会福利政策纲领，建立劳工退休年金新制度，建立"国民年金"、劳保年金，推动长期照顾十年计划等。2012年"十年政纲"中，民进党的社会政策又聚焦于缩小贫富差距、关心青年成长、维护世代正义等。

而从民调来看，民众对民进党解决贫富差距的能力，认可度也略高于国民党。虽然2012年"大选"最终结果是民进党没有挑战成功，但从该党的政策纲领及民众反应看，民进党开始改变以往聚焦"两岸"议题，操弄"统独牌"的选举手段，更加关注理性的公共议题，关注贫富分化与阶级议题，这种策略的改变，也对改善其政党形象产生了积极作用。

台湾歌剧院（摄影者：张喆）

2013

山雨欲来

基隆庙口（摄影者：王鸿志）

2013 年，台湾发生了几件意想不到的事，一件是国民党的家务事——"马王政争"，过程宛如现代版的宫斗剧加谍战剧。另一件是一起军中意外所引发的社会运动——"洪仲丘事件"与"白衫军运动"，抗争虽逐渐平息，但背后的台湾社会变化却出现山雨欲来风满楼的不平静气息。而在周边，世世代代被两岸中国人视为祖产的南海地区再起风波，菲律宾政府单方面就中菲南海"海洋管辖权"的争端提起强制仲裁。大陆方面多次声明不接受、不参与菲律宾提起的仲裁，台湾当局也多次声明南海群岛是"中华民国"固有领土。

一、马王政争：国民党家门不幸

国民党自辛亥革命以来，兴衰之间似有一条规律，就是分则衰，合则兴。

（一）内斗基因由来已久

国民党"二次革命"讨伐袁世凯失败后，孙中山曾感叹称"是吾党之败，自败也，非袁败之也"。蒋介石也说，"十七年（1928 年）以后，党国已经完全统一，而不意本党内部纠纷忽于此时发生，至统一事业垂成又败。至了今年（1931年），竟成了内忧外患、天灾人祸一起交迫的现象。追想总理所说革命事业非敌人所能破坏，而是本党自己破坏自己的一句话，真使我们伤心之至啊"。

李登辉领导下的国民党，也连年忙于内斗，主流与非主流之争、宋楚瑜出走，直至2000年将政权拱手让给民进党。当然国民党也有过成功的整合，最远可追溯至1905年孙中山将兴中会扩大为同盟会，而后1911年辛亥革命成功。1924年国民党召开第一次全国代表大会完成改组，于是有了1928年北伐成功，形式上统一了中国。1935年国民党第五次全代会也形成团结局面，两年后就开始领导抗日战争正面战场作战并最终取得胜利。1950年国民党在台湾的改造，也为台湾带来了40年的繁荣，跻身亚洲四小龙行列。

但国民党整合有其局限性，以1935年国民党第五次全代会为例，尽管形式上实现了国民党的大团结，很多反蒋人士也被纳入其中，如国民政府主席由林森担任，党主席是胡汉民，中央政治委员会主席是汪精卫，蒋介石则担任行政院长及军事委员会委员长。但这种权力布局具有明显的派系分权色彩，结果导致国民党内大佬文化、派系文化、山头文化横行，"一人一把号，各吹各的调""内斗不绝"，全党缺乏领导核心。

（二）"马王政争"全过程

堡垒最容易从内部被攻破，2013年9月的"马王政争"，再次上演了让人不胜唏嘘的家变戏码，也导致国民党气势急转直下。这场争斗虽然裹挟马、王个人的恩怨情仇，但也有许多更加复杂深层的因素在其中，梳理事件的来龙去脉及成因，对更全面地认识国民党，了解台湾政治生态、政治制度，都是一个非常难得的窗口。

"马王政争"来龙去脉。2013年6月，台湾"最高法院检察署"下设的"特别侦查组"（特侦组）对民进党"立法院"党团总召柯建铭涉嫌关说一桩假释案进行调查，却意外发现国民党籍的"立法院长"王金平受柯建铭请托，为检察官是否对柯建铭所涉的另一起案件上诉进行关说。8月31日，台"检察总长"黄世铭在查看"特侦组"报告和监听录音后，连夜向马英九进行了汇报，由此揭开了"马王政争"的大幕。

窃听风云引出连环案。据"特侦组"介绍，2011年在追查台湾高等法院法官陈荣和涉嫌贪污案时，发现柯建铭疑似介入关说假释案，且有不明款项流入柯建铭账户涉嫌贪污，因此向台北地方法院申请对柯建铭一部手机进行监听。到2012年9月，该案因证据不足签结，但监听中"特侦组"却意外发现，柯建铭请托"立法院长"王金平，希望王金平能协调"高检署检察长"陈守煌和"法务部长"曾勇夫，让"高检署"检察官放弃对自己所涉的"全民电通案"的上诉，从而获得最终无罪的判决。

监听内容曝光。从"特侦组"公布的挂线监听王金平与柯建铭通话内容来看，柯建铭找王金平帮忙后，王金平曾两度回电给柯建铭说，"那个阿煌（指陈守煌）有打电话来了，他跟我说女孩姓林，林秀涛（负责该案是否上诉的高检署检察官），是勇伯（指曾勇夫）的人啦"。柯建铭回话说，"喔！勇伯的人喔"，王金平又接着说，"所以，他（指陈守煌）叫我跟勇伯说"，"我已经和勇伯说完了"。柯问，"他（指曾勇夫）怎么说？"王金平答，"他说好啦，他会尽力，他会弄"。

监听一段时间后，柯建铭又问王金平，"勇伯要处理没？"王金平说，"勇伯要处理"。柯建铭问，"没问题吧？"王金平说，"不知道，就让他处理，他说他要处理啊"。

第二天，王金平赴"立委"卢嘉辰父亲公祭时，又打电话给柯建铭，得知柯刚离开，就问："刚才那个人在那边你有看到吗？""伯啊，就勇伯啦，那一个伯仔，他跟我说 OK 了。"随后，柯建铭对王金平连声道谢。特侦组再锁定通话位置，发现王金平、曾勇夫、柯建铭三人当天确实曾在同一地点出现。

从柯建铭请托王金平的效果看，负责该案的"高检署"检察官林秀涛在调阅案卷研究无罪判决的理由后，最终未上诉而至柯建铭全案无罪定谳。而柯建铭牵涉的这起"全民电通案"，是其1997年担任全民电通公司总经理时，涉嫌利用买卖股票冲销1200万元私人债务，导致全民电通公司损失1200万元，该案一审、二审都判处柯建铭有期徒刑6个月，但更一审（更一审是台湾地区的司法程序）改判他无罪。而按照惯例，更一审无罪后，检察官一般都会上诉，于是就有了柯建铭四处搬救兵，最后找到王金平来为他"摆平"。

马英九率先出招。8月31日，"检察总长"黄世铭向马英九报告"特侦组"发现王金平涉嫌关说，据称马英九认为这是非常严重的事，若无法对外说明清楚，将令司法公信崩盘。

9月6日，"特侦组"召开记者会，公布监听录音，指控"法务部长"曾勇夫、"高检署检察长"陈守煌接受王金平关说，指示检察官林秀涛不要对柯建铭所涉"全民电通案"再上诉,让柯无罪定谳。记者会后,"特侦组"将曾、陈二人送"监察院"进行行政评鉴。当晚,"法务部长"曾勇夫在"行政院长"江宜桦两度召见后请辞。

7日,马英九在国民党中常会上表示,王金平司法关说"重创国民党形象",呼吁王"尽速回台对外说明"。8日,马英九召开记者会,发表题为"台湾民主法治发展的关键时刻"的声明,批评王金平涉嫌关说,是"侵犯司法独立最严重的一件事","台湾民主政治与法治发展最耻辱的一天","没有和稀泥的空间"。马英九最后通牒式的声明,让马王大战箭在弦上。

王金平接招应战。"特侦组"9月6日召开记者会当天,王金平刚刚抵达马来西亚,准备参加两天后举行的二女儿王馨淳的婚礼仪式。马英九向王金平喊话,希望他尽快返台说明时,王金平表示因婚礼在离岛举办,交通不便,仍将按原定的10号返台。

10日晚抵台后,王金平在大批支持者簇拥下,在机场发表了"六点声明",否认涉及关说,强调"我对党始终不离不弃,希望考纪会勿错失全党团结契机,造成党的分崩离析",自己"不退党,不辞职"。

11日上午,马英九以国民党主席身份,要求国民党考纪会对王金平"做出撤销党籍以上处分",考纪会最终以多数决议方式决定撤销王金平党籍。依照《国民党党员违反党纪处分规程》,党员如果遭到撤销党籍与开除党籍处分,就会丧失"不分区立委"资格。因为王金平是国民党提名的"不分区立委",如果党籍遭到撤销,这就意味着他将失去"立委"资格,连带也将无法担任"立法院长"。

王金平此时并未乱了阵脚,而是向台北地方法院提起"确认国民党员资格存在"的民事诉讼。很快，法院就批准王金平以938万新台币担保金担保，在诉讼判决确定前保有行使国民党党员职权的权利。这意味着王金平第一回合获胜，暂时保住了"立法院长"的职位。

党内大佬紧急斡旋。面对家门内斗愈演愈烈，一些党内大佬开始出面调停，希望尽快让马王之争落幕，降低对国民党社会形象和内部团结造成的伤害。根据时任国民党中评委委员李建荣的回忆，当时连战、吴伯雄、林丰正、以及"总统府秘书长"曾永权、副主席詹春柏等紧急会商，建议让国民党考纪会撤案，同时由马英九和王金平一起召开记者会，对这起事件向社会大众道歉。他们还建议，国民党考纪会之上还有位阶更高的廉能会，该机构可以变更考纪会的撤销党籍处分，但前提是需要由当事人也就是王金平提出申请。

国民党大佬们结束讨论已接近深夜十二点，又马不停蹄派林丰正和曾永权赶往王金平府邸沟通，但二人却吃了闭门羹，通报称王金平还未回家。但这只是王金平的托词，王坚持解铃还须系铃人，应该由马英九撤案，而不是由他提出申请。但马英九也不愿再退让，认为既然党规规定应由当事人提出，就要依规定办理。对王金平来说，法院的"假处分"已暂时保住了党籍，此时若提出恢复党籍申请，一旦廉能会不能通过，反而会造成二次伤害，目前好不容易扭转的局面又可能逆转。在双方互信不足之下，王金平坚持马先撤案，但马英九不愿让步，党内斡旋也功败垂成。

（三）没有赢家的争斗

对于法院的裁决，马英九表示尊重司法，继续称王金平为"王院长"，但也定下"诉讼照打，政务照推"的原则，由党中央向法院提出抗告，马王斗开始进入漫长的司法程序。

这场争斗落得双输下场，表面看是马英九犯了"政治幼稚病"，事前决断草率、预判不足，事后处置缺乏弹性，弄得自己灰头土脸。但进一步分析发现，这其中还反映出国民党自身存在的深层次问题，以及台湾政治体制设计上的特点。

首先，政党需要一个坚强统一的领导核心。但国民党从诞生之日起，就埋下了党内山头林立的种子。到台湾之后，两蒋尚能凭借个人威望统率全党。到李登辉接班后，为巩固地位，开始拉一派打一派，不但造成党的两次大分裂，也加剧了党内派系分立。

马英九和王金平的竞争在2005年党主席选举中浮上台面，马英九凭借超高的民意一路领先于王金平，2008年"大选"王金平没有接受马英九释出的"马王配"邀请，选择继续留在"立法院"。

马英九当选后，形式上集党政军大权于一身，还掌握"立法院"优势，看起来具有良好的执政条件。但现实的发展却事与愿违，马英九当局大力推动的多项政策，都因躺在"立法院"无法通过而陷入窘境。特别是2013年签署的"两岸服贸条例"，国民党当局将其视为提振台湾经济的重要举措，但该协议生效还需"立法院"审议。但审议中国民党面对民进党的拖延战术，显得束手无策，王金平始终不愿运用强力手段推动法案。

马英九身为党主席，却无法有效指挥本党产生的"立委"来为政策护航，这种无力感与挫折感也许是马英九决定拔掉王金平的又一动因。但从根源上看，国民党缺乏强有力的领导核心，"民主有余而集中不足"，是其对外缺乏战斗力，内部派系林立矛盾不断的重要症结。

其次，此次政争也暴露出台湾政治制度设计上的一些问题。为马英九提供证据的是"检察总长"黄世铭，而黄世铭状告的对象，除了王金平之外，还有"法务部长"与台湾"高等检察署检察长"。在台湾的制度设计中，检察机关隶属于"行政院"所属的"法务部"，同时又规定上级检察机关与下级检察机关是命令与服从的关系，"检察总长"又在整个检察系统中享有最高的指挥监督权。这就意味着，"检察总长"黄世铭向"总统"马英九状告了自己的"上级""法务部长"和下属的"高等检察署检察长"，这种看似违背行政程序和行政伦理的事件为何会发生呢？

原来在台湾，"检察总长"属"政务官"，由"总统"提名，"立法院"任命，任期四年，且不得连任。同时，"检察总长"虽贵为检察机关最高首长，但在各级检察首长的人事任命上，"法务部长"不但可以影响候选人提名，还掌握人选的最终"圈选权"。而各级检察长的平调，也是"法务部长"的职权。这种制度设计，让各级检察长往往与"法务部长"走得更近，"总检察长"却容易和"法务部长"产生分歧。

据台湾媒体透露，向马英九提供材料的"检察总长"黄世铭与"法务部长"曾勇夫长期不和是台湾检察界公开的秘密，2013年几次检察长人事任命中，黄世铭提名的"总长派"多数落马，以至于黄世铭罕见缺席了新任检察长的交接典礼。且黄世铭任期将在2013年4月届满，不排除有借机"修理""法务部长"的用意。

两年之后，2015年2月，接替马英九担任国民党主席的朱立伦宣布，放弃承接诉讼不再抗告，不再委任律师，试图为"马王政争"止血。2015年4月23日，"最高法院"判决国民党败诉定谳，王金平成功保住了国民党党籍，这场争斗从司法层面画下了句号。这场风波可以说马、王二人没有赢家，甚至是双输，但受伤最深的却是国民党的形象。

二、洪仲丘事件——新社会运动前奏曲

（一）一个士兵意外身亡

2013年6月23日，台湾陆军第六军团542旅下士班长洪仲丘因在返回营区时携带具有照相功能的手机被发现，以违反资讯安全规定处禁闭7日。6月28日，洪仲丘被送往269旅执行禁闭处分，7月3日在该营区接受训练时突发身体不适，经抢救无效因热衰竭而离世，此时距其退役仅剩3天。

无法接受洪仲丘死讯的家属试图找出原因，经媒体揭露后，"被虐死"的可能性引起民众议论和愤慨，并借着网络传播成为全台湾关注的议题。军方最初想快刀斩乱麻，尽快息事宁人，于是在10日就公布了10余人的惩处名单。但洪家和社会舆论认为事件真相不明，军方处理"避重就轻"，很多人都是替罪羊。

在台湾，成年男性都有服役义务，但台军内部各种丑闻频传，特别是老兵对新兵的霸凌、军官对士兵的不当管教、志愿役与义务役群体之间矛盾时有发生，在媒体不断深挖下，当时舆论普遍认为洪仲丘很可能是得罪了长官而遭到打击报复。该事件经过舆论不断渲染，勾

起很多台湾人当兵时的委屈，家中有孩子或正在服役的家长也担心"只要潜规则、烂制度存在，就会有下个洪仲丘"。洪仲丘"冤死"的形象和民众感同身受的心情，在岛内强大的媒体传播效应下，掀起了台湾社会运动的一场新高潮。

（二）洪仲丘事件发酵

尽管台湾军队不当管教时有发生，但过去军方借助自身封闭体系和独立运作的"军法"系统，让很多事件都不了了之。但这一次，在互联网特别是社交网络、新媒体普及下，过去容易被遮掩的事件快速传播。

7月12日，退伍的义务役少尉医官柳林玮在全台湾最大的BBS网站PTT八卦版用spicycop的ID发帖，以自己亲身经历披露军队急救中的漏洞和弊端。这篇名为《我在国军当医官的后送情形实况转播》发出后，岛内各大论坛纷纷转载，传统媒体也迅速跟进。

7月13日下午，柳林玮在PTT军旅版发出请愿帖，提出活动的初步构想，并号召第二天下午召开第一次"干部大会"。7月14日，陆续有39人前来参加行动筹备会议，这些来自各行各业的普通人，成立了一个叫"公民1985行动联盟"的组织。他们解释道，取名"1985"是台当局"国防部"申诉电话，按理说军中有霸凌行为如果打了这个专线，就会有人主持公道。但在目前的制度下，揭露真相的人反而会成为众矢之的，就如洪仲丘一样，退伍前被"修理"至死。他们希望通过成立这个联盟，将幕后元凶找出来，进一步改善台湾军队中的人权状况。

"公民1985行动联盟"号召民众在7月20日早晨包围"国防部"，执行"公民教召"（公民教召是指台湾军人退役后，定期回部队接受训练，如无正当理由却不参加，将依妨碍"兵役法"处拘役或罚金等）。行动联盟在确定了上街抗议的日期、口号、诉求后，又分成文宣、活动、媒体、纠察4个小组各司其职，当天晚上联盟以citizen1985为ID在PTT上发布了联盟成立后的第一个帖子，表示今后所有关于游行的消息，都由该ID统一发布。

　　同一天，联盟在Facebook（台湾人称为脸书）以及谷歌建立了专页，以便让更多的人知道活动诉求和安排。除了PTT等年轻人热衷参与的BBS讨论外，台湾使用人数最多的Facebook的熟人圈传播效应也迅速显现，超过万人被聚焦在"还仲丘公道！公民1985行动联盟"主页上讨论。

　　但直到7月20日活动举办前，很多人仍怀疑网络动员不外乎是"万人响应，一人到场"的"键盘侠"效应，因此主办方预估当天能来2千人也就差不多了。但结果却超乎想象。

　　从早上9点钟开始，身穿白衣彰显"真相大白"诉求的群众开始在"国防部"门前集结，最终人数超过3万。跟以往政党组织的游行不同，这次活动的参加者大都是自发前来的群众，其中年轻人占很大比例。也正是这种自发参与的力量，让台行政当局感受到强大压力，"国防部副部长"杨念祖登台表达愧疚道歉之意。当晚，活动组织者又移师"立法院"旁，举办追思晚会，当局代表再次上台接受"陈情书"并向民众致歉。

（三）新抗争模式初试啼声

7月20日的这场抗议游行，一切都是尝试，结果超乎预期，开启了台湾新社会运动的先河。与传统社会运动不同，这次运动没有政党主导，组织者也不是"专业人士"，很多参加者都是基于对台当局处理洪仲丘事件不满而走上街头。就连运动肇始者的39人，也不愿暴露自己的名字。

从动员方式上，运动充分利用了新媒体优势，以低成本、高效率的方式组织起了一场过去要耗费大量人力物力的社会运动。在利用Facebook进行传播的过程中，"名人效应"也对舆论发酵产生了滚雪球式的影响力。作家九把刀第一时间就为活动捐款3万元新台币，名嘴蔡康永也在Facebook留言"没有真相，怎么原谅"，陶晶莹声援洪家和这场运动，表示"台湾很需要这股正义的力量"，歌手陈绮贞表示，"一个青年的磨炼，不该是来自于用生命去抵抗腐败体制和人的恶意"。有"街头小霸王"之称、"党外"运动时期与陈水扁、谢长廷并称"党外三剑客"的林正杰认为，新一代青年出人意料地在网络平台上将组织和宣传合二为一，使得社会动员极具效率。2006年"红衫军倒扁运动"花掉约1个亿新台币，但这场"白衫军运动"也就花了100万新台币。

抗争不断升温与理性平和的社运新形象。7月20日3万人抗争后，"公民1985行动联盟"又号召在8月3日洪仲丘去世一个月的日子，重返街头举行大型抗议活动。

在"白衫军运动"走上街头的这一年，台北市街头充斥着各类社会运动团体的身影。有延续多年的"反核四运动"，有以青年学生、民间社运团体组织的反对苗栗县政府强拆大埔的街头运动，有本土社团和"独派团体"发起的"反服贸运动"。"黑色岛国青年阵线"召集人魏扬将 2013 年称为，岛内社会运动的"狂飙之夏、多事之秋"。

但是与"反核四运动"绝食抗争，反大埔拆迁打出"今天拆大埔，明天拆政府"并占领"内政部"，"反服贸运动"冲击"经济部"泼红漆相比，"公民 1985 行动联盟"的行为却较为另类。他们始终强调和平、理性、避免发生冲突，这让普通民众有了一个宣泄不满的低门槛入口，也为更多人打开了参与社会运动的大门。

8 月 3 日，"公民 1985 行动联盟"发起的"万人白 T 凯道送仲丘"活动，主办方宣称有 25 万人参与，民众将"要真相""冤"等字眼用激光投影到台湾地区领导人办公楼上，形成自 2006 年"红衫军倒扁运动"以来最大规模抗议运动。游行结束前，联盟向马英九当局提出，一要彻查洪仲丘案并重启军中冤案调查，二要在非战时让军法回归司法。联盟表示，"当局没有把人民当作主人，拆我们的房子，害死我们的子弟，我们要用选票给马当局一个教训"。

这场抗争运动发展至此，已经从最初的伸张正义，发展到反马英九反国民党。8 月 3 日夜的游行，在主办者激情演讲与万人合唱"悲惨世界"歌声中，达到了参与者的情绪巅峰。民进党等政治势力此时才彻底醒悟，发现被其束之高阁的社会运动又"枯木逢春"焕发出新的生机。在场的民进党政治人物、"立委"要求上台发言，结果被拒绝，有政治人物上台后，被嘘到不知所措。一场新"公民运动"的实验就此上演。

这场新社会运动，除了理念新、参与者新之外，工具新也是成就其重大影响力的关键。所谓的工具新，如林正杰所言，是"拿机关枪和弓箭的区别。文字世代老了，网络世代来了"。

首先是互联网与智能手机结合并普遍。智能手机人手一只，随时按赞，随时知道发生了什么事情。二是 Facebook 等新媒体工具影响力惊人。台湾 Facebook 普及率居世界前列，Facebook 熟人圈传播效应显著，数十万人聚焦在"还仲丘公道！公民 1985 行动联盟"的主页上讨论。"8 月 3 日凯道见"成为 Facebook 上许多人的签名档。三是活动形式去政治化贴近青年。传统社运充满悲情，但这场活动却更"有声有色"，主办方发动各方力量物色主题曲，在选好主题曲《你敢有听着咱的歌》后，将学唱版链接放在 Facebook 上号召大家练唱。

而拥有大量粉丝的公众人物也成了活动的推广者。主持人吴宗宪在节目中谈到洪仲丘案时，透露当年在金门曾莫名其妙被关禁闭 14 天，歌手阿信在 Facebook 放了骆驼群横越沙漠的照片，并暗含深意地写道："黑色的骆驼群正在穿越沙漠吗？仔细看，那是他们的影子，白色的部分才是骆驼。关于真相，我们需要更多注意力。"作家九把刀出钱出力参与其中，号召："8 月 3 日，我们为一个素昧平生的男孩之死出头……我们要用真正的行动告诉这个政府，良心的力量！" 3 日晚，歌手江美琪登台带领数万群众高唱"亲爱的，你怎么不在身边"，歌声中许多人哭成一片。

这场活动后，台行政部门负责人江宜桦发表声明接受白衫军诉求，4 日"立法院"开始审修"军事审判法"部分条文，6 日正式通过修改条文，创下台湾史上"修改法律"最快的纪录。

三、南海问题：捍卫两岸中国人的共同祖产

2013 年 1 月，菲律宾时任政府单方面就中菲在南海的有关争议提起强制仲裁。

次月中国政府宣布不接受、不参与菲律宾提起的仲裁。但菲律宾的行为，让本来就不断升温的南海局势更趋动荡，两岸中国人的共同祖产——南海地区的领土主权和海洋权益，面临着被周边声索国和域外强权侵蚀破坏的危险。

世界上只有一个中国，1949 年中华人民共和国成立，是国家内部政权更迭，属政府继承。通过政府继承，中华人民共和国拥有了中华民国的一切合法的国际国内权利。但由于众所周知原因，目前两岸还处于"对峙"的状态，双方在法理上都承认世界上只有一个中国，也都坚持南海岛屿及海域，自古都是中国领土。而第二次世界大战结束后，当时的中国政府按照同盟国安排及相关协议，迅速收复了被日本占领的南海地区，当时的接收资料，也都掌握在台湾当局手中。南海争端出现时，大陆方面坚定维护国家主权，同时台湾方面若能从民族大义和历史事实出发，提出充足的证据，也会对维护国家领土主权完整，维护两岸中国人的祖产，产生积极作用。如果两岸之间能互通南海资料，有利于更准确把握南海问题发展脉络，增加中国在南海问题上的国际话语权。基于这种考虑，本节就台湾当局对南海问题的基本认知与立场加以总结，同时与大陆立场相对照，寻求双方合作基础。

（一）南海地区归属中国的历史依据

南海又称南中国海，面积约350万平方公里。南海诸岛从北向南分为东沙群岛、西沙群岛、中沙群岛和南沙群岛四大群岛，南北跨越1800公里，东西约900公里。目前南海争议的焦点，就主要集中在南沙群岛。南沙群岛，原称"团沙群岛"，位于南海四个群岛最南端，西起万安滩，东至海马滩，南到曾母暗沙，北至礼乐滩之北。1947年中国政府公布并命名了南沙群岛的97个岛屿、沙洲、礁滩等。郑和群礁是最大的群礁，主岛为太平岛，目前仍掌握在台湾当局手中。

历史渊源。一是南海诸岛由我国先民较早发现。台湾方面的声明中也指出，东汉史学家班固在其《汉书》地理志中记载，西汉武帝（公元前137年至公元前87年）曾遣使前往南海海岛诸国，开始了我国先民在南海地区航行的记载。东汉杨孚《异物志》中有"涨海崎头，水浅而多磁石"的记载，"涨海"就是我国古代对南海的称谓。

二是南海诸岛由我国民间及政府较早命名。我国渔民为航海安全需要，很早就依据南海诸岛特征给予不同命名，如"珊瑚洲""九乳螺洲""长沙石塘"。清宣统元年，日本人西泽吉次企图占有东沙岛，当时清政府派广东水师提督李准乘伏波、琛航等舰宣示主权，并将西沙群岛的15个岛屿重新命名。民国二十三年（1934年），当时的中国内政部"水陆地图审查委员会"审定完成了"南海各岛屿华英岛名"，并公布"南海各岛屿图"，将南海诸岛自北向南分别命名为东沙、西沙、南沙（现称中沙）、团沙（现称南沙）群岛。1945年日本投降，中国政府从日本手中接收被其占领的南海诸岛，并重新按今日的名称进行命名，南海四个群岛重回中国版图。

三是南海诸岛由我国先民较早使用。19 世纪初，外国航海家已明确记载华人早已在南海诸岛开发与经营。20 世纪 30 年代，法国人先后非法登陆太平岛、南威岛、中业岛、北子礁等，发现部分岛上已有中国渔民居住，太平岛上至今存有清代古墓碑。

　　四是南海诸岛由我国较早纳入领土版图。南宋赵汝适在所著《诸蕃志》（1225 年）说明了南海建制沿革及地理位置，"南对占城，西望真腊，东则千里长沙、万里石床，渺茫无际，天水一色，舟舶来往"。清乾隆三十二年（1767 年），官方地图《大清万年一统天下图》中，明确将万里长沙、万里石塘（南海诸岛旧称）纳入版图。该图目前藏于台北故宫博物院。1947 年，中国政府公布"南海诸岛位置图"，作为二战胜利后从日军接收、进驻西沙、南沙群岛的依据。该图在南海诸岛四周画有 11 条线段，统称南海 U 形线，南至北纬 4 度。该图标有东沙、西沙、中沙和南沙群岛，说明属中国领土。五是南海诸岛及周边海域最早由中国政府行使管辖。北宋官修的军事著作《武经总要》中，于"边防卷"中记载了水师巡视南海诸岛的事实。清宣统元年（1909 年），日本人西泽吉次偷占东沙岛时，清政府立即向日本抗议并交涉归还。日本政府表示，如果中方能"提供地方志书及该岛应归何官何营管辖确据"，可以承认其主权。负责交涉此事的两广总督张人骏提供了清雍正五年（1727 年）出版的《海国闻见录》，在该书所附《沿海形势图》中，清楚标明了东沙群岛为中国领土。1909 年 10 月 11 日，中日签署了《东沙问题条约》，明确指出东沙群岛为中国固有领土，日本人撤出，随后广东水师派军舰前往，并在岛上升起当时代表中国政府的黄龙旗。

受东沙事件影响，当时的清政府又分别派出数艘军舰，前往西沙群岛宣示主权，并将各岛逐一命名。辛亥革命以后，中国政府将东沙与西沙群岛划入海军军事区。1931 年及 1933 年，法企图占领西沙及南沙部分岛屿，但中国政府外交部均向法国提出主权声明或派军舰巡防。1945 年二战胜利后，中国根据与盟国达成的协议，对日本侵占的南海诸岛进行接收并派军进驻，重新恢复了管辖权。

1956 年 5 月，菲律宾人克洛马（Tomas Cloma）擅自登陆南沙群岛数个小岛，对外宣称发现该地，要求进行先占。台当局驻菲律宾代表立即发表声明，强调南沙群岛为中国领土，并照会菲律宾副总统兼外长加西亚表达抗议。菲律宾政府答复此举为克洛马个人行为，与菲律宾政府无关。为防止此类事件发生，维护南海主权，台当局派遣军舰巡航南海，同年 10 月在南沙北子礁发现非法停留的菲律宾海事学校训练船，台军舰随即登船检查，除没收所携枪支弹药外，还将船长带至军舰询问，记录其承认非法进入中国所属南沙群岛海域，并保证不得再犯。当时在国民党当局虽败退台湾，实力不济，但仍窃据联合国席次而对外"代表中国"，因此由其海军对菲律宾侵占行为进行制止，仍然说明南海处于中国有效管辖之下。

（二）国际法依据

一是南海诸岛为中国固有领土，并非无主土地，他国不得主张先占。各项历史资料显示，我国先民发现、占领南海诸岛，持续开发经营，其后历届政府开展巡视海疆、绘制地图等行政措施将其划入版图，事实证明南海诸岛绝非无主土地。

二是法国、日本在二战前后均短暂占据南沙、西沙岛礁，但并不影响我国在南海的国际法权利。战后我国迅速接收南海诸岛，当时国际间亦无异议。越南、菲律宾及二战中的盟国，都没有对中国政府收复南海，并行使管辖权提出不同意见，这也说明各国均默认中国对南海具有管辖权，这种局面也产生了国际上"禁反言"即不应反悔的约束力。

三是相关国际协议确认西沙及南沙群岛归还中国。抗战爆发后，日本侵占南海诸岛，兼并西沙及南沙等群岛，将南沙群岛改名为新南群岛，隶属日本占领的台湾高雄州。日本战败后，自然应该将窃自中国的领土归还，其中也包括南海诸岛。相关国际协议包括《开罗宣言》《波茨坦公告》《日本投降书》。这些协议表明，南沙及西沙群岛主权回归中国，在国际法上并无疑义。

四是国际组织的行为事实上承认了中国对南海岛礁的管辖权。1930年，在香港召开的远东气象会议上，菲律宾代表提议承认中国政府建立的东沙岛观象台为南海最重要的气象机关，并希望中国政府在西沙、中沙群岛也建立观象台。此案成为会议决议，并无任何代表团反对。另一起是1955年在马尼拉召开的国际民航组织（ICAO）太平洋地区飞航会议上，出席会议的16个国际民航组织会员国都希望由当时"代表中国"参会的台湾当局提供东沙、西沙与南沙的气象资料，并补充南沙群岛每天四次高空气象观测。

五是美国政府曾承认中国对南海岛礁拥有主权。1955年，美国当时还与国民党当局保持"外交关系"，其"驻华使馆"一等秘书向台湾方面询问南海哪些岛屿属中国领土，台当局回复称南海诸岛均属中国领土。1956年，美"驻华使馆"提出，美空军人员拟搭乘美国海军舰艇前往中沙、南沙5岛（民主礁、双子礁、景宏岛、南威岛、鸿庥岛）进行测绘，请台湾当局给予便利。1960年，美军顾问团再向台当局提出申请，希望前往南沙群岛。美方的上述举动表明，美国了解南沙主权属于中国政府，虽然两岸尚处分裂状态，但并不影响南海主权归属中国的事实。

（三）大陆的基本立场

针对菲律宾发起的仲裁案，以及域外强权国对中国在南海问题上的不实指控，大陆方面重申了基本立场。

一是"中国南海诸岛包括东沙群岛、西沙群岛、中沙群岛和南沙群岛。中国人民在南海的活动已有2000多年历史。中国最早发现、命名和开发利用南海诸岛及相关海域，最早并持续、和平、有效地对南海诸岛及相关海域行使主权和管辖，确立了在南海的领土主权和相关权益。二战结束，中国收复日本侵占的中国南海诸岛，并恢复行使主权。中国政府为加强对南海诸岛的管理，于1947年审核修订了南海诸岛地理名称，编写了《南海诸岛地理志略》和绘制了标绘有南海断续线的《南海诸岛位置图》，并于1948年2月正式公布，昭告世界"。对照前述台湾方面声明，可以看到对于这段历史的认知，双方立场高度一致。

二是"基于中国人民和中国政府的长期历史实践及历届中国政府的一贯立场，根据中国国内法以及包括《联合国海洋法公约》在内的国际法，中国在南海的领土主权和海洋权益包括：中国对南海诸岛，包括东沙群岛、西沙群岛、中沙群岛和南沙群岛拥有主权；中国南海诸岛拥有内水、领海和毗连区；中国南海诸岛拥有专属经济区和大陆架；中国在南海拥有历史性权利"。对于中国在南海的领土主权，两岸都认为中国对南海诸岛拥有主权，也拥有历史性权利。但对于大陆声明的中国南海诸岛拥有内水、领海、毗连区，以及拥有专属经济区和大陆架，台湾方面对此没有给出正面说法。

三是"中国一向坚决反对一些国家对中国南沙群岛部分岛礁的非法侵占及在中国相关管辖海域的侵权行为。中国愿继续与直接有关当事国在尊重历史事实的基础上，根据国际法，通过谈判协商和平解决南海有关争议。中国愿同有关直接当事国尽一切努力作出实际性的临时安排，包括在相关海域进行共同开发，实现互利共赢，共同维护南海和平稳定。"根据中国与包括菲律宾在内的东盟国家 2002 年签署的《南海各方行为宣言》，其中第四条规定，有关争议应由直接相关的当事国通过谈判协商解决。菲律宾方面的做法违背了约定。另外中国政府在 2006 年根据《联合国海洋法公约》第 298 条规定作出排除性声明，将涉及海洋划界、历史所有权、军事行动、行政执法等问题派出适用强制争端解决程序。而南海仲裁案实质就是领土主权和海洋划界问题。

台湾当局在南海争议解决方式上，不同于大陆明确提出的由直接当事国双边协商解决，而是提出了"主权在我、搁置争议、和平互惠、共同开发"的基本原则，希望"与其他国家协商，参与相关对话及合作机制，以和平方式处理争端，共同维护区域和平"。台湾当局的思路中，不排除多边解决方式，并且要求将台湾方面作为当事方参与谈判。两岸在解决南海问题争议的原则与思路上，存在一定的差异。

四是"中国尊重和支持各国依据国际法在南海享有的航行和飞越自由，愿与其他沿岸国和国际社会合作，维护南海国际航运通道的安全和畅通"。两岸在这方面的立场不存在明显分歧。

（四）两岸应共同捍卫南海祖产

2013年菲律宾提出南海仲裁案，进一步加剧了南海紧张局势。但域外强权——美国的战略重心转向亚太，是导致局势紧张的根源。早在2010年，时任国务卿的希拉里在越南河内出席第17届东盟地区论坛外长会议上首次挑起所谓南海"航行自由与安全"问题，声称南海岛屿领土争议事关美国国家利益，并强调所谓南海"航行自由"的重要性和迫切性，美国政府决定开始挑战中国在南海的行为，南海局势随后迅速升温。

据"维基解秘"（WikiLeaks）网站透露，2013年初卸任国务卿的希拉里，当年10月在高盛集团一次私人演讲中，宣称必须有人出面平衡中国，并试图论证美国在南海"应趋于强硬"。希拉里称，"你的主权声索基于一些在环礁搁浅渔船上的陶瓷碎片，而我们有军事力量。"

因此，南海局势升级，不能简单归结于中国与周边国家矛盾升级。由于台湾当局仍然掌握事关南海主权归属的大量证据，而美台之间又存在一定程度上的"同盟关系"，因此两岸面对南海争端时如何应对，有没有合作空间，都会对南海问题走向产生影响。

国民党中央新媒体办公室（摄影者：王鸿志）

2014

政治分水岭

TVBS 总部（摄影者：王鸿志）

2014 年是台湾政治发展的分水岭。生态剧变的年份。这一年，岛内爆发反对签署《海峡两岸服务贸易协议》的抗议运动，并最终演变为占领台湾"立法院"长达 20 多天的"太阳花学运"，以为沦陷在"小确幸"中的青年人再次成为街头政治运动的主力。这一年，"政治素人"、台大医院医生柯文哲宣布参选台北市长，与国民党提名的连胜文对决，最终赢得国民党已连续多年执政的台北市，成为打破蓝绿传统政治的"第三势力"代表。这一年，新媒体的影响力不断增强，无论是"太阳花学运"，还是柯文哲当选，新媒体工具都发挥了关键作用。

一、"柯文哲现象"

2014 年台湾政局发生剧变，年初爆发反对签署两岸服贸协议的"太阳花学运"，年底的县市"九合一"选举中，国民党遭遇惨败，蓝绿地方版图出现结构性翻转。在 2014 年这场剧变中，一个非传统型政治人物异军突起，当选台北市长。他就是台大医院医生、外科加护病房主任柯文哲。柯文哲"素人从政"，却能在被视为国民党"铁票区"的台北市突出重围，大赢国民党候选人连胜文80万票以上，其背后反映的是台湾民意与政治文化的新变化。

（一）家世背景

柯文哲，1959年8月6日出生于台湾新竹市。祖父柯世元，1924年毕业于台北师范学校，曾任新竹区督学，在1947年爆发的"二二八事件"中被国民党政府拘禁并殴打致残，1950年病逝。柯文哲父亲家中有9个兄弟姐妹，其父亲柯承发排行老四，兄弟姐妹中只有他没有上大学。原因并不是他学业不好，而是受到其父亲"二二八事件"被抓的牵连，家道中落，当时其兄已经在台大医科就读，养家重任一下落到柯文哲父亲身上。其父只能初中毕业就去读师范学校，这样既能享受公费待遇，又能很快出来当老师赚钱养家，以供家中兄妹读书。所以后来柯文哲父亲的哥哥和两个弟弟都是留美的硕博士，只有他父亲没机会读大学。

据柯文哲回忆，"二二八事件"给他父亲留下了很大的心理创伤，每当谈及这些，其父心中充满了落寞。柯文哲父亲对工作充满热情，也热衷体育运动，小学老师退休后，还赴海外参与海外工程队，回台后继续在日商公司工作，到82岁还在做全职工作。

柯文哲对母亲的印象，她是一个很有政治智慧、很有趣的人。柯文哲透露，母亲何瑞英自幼丧父，母改嫁后，其继父也有4个孩子，后来新组建家庭后又生了一个儿子。所以柯文哲觉得他妈妈从小就生活在一个很复杂的环境下，经常要面对"你的孩子和我的孩子打我们的孩子"的窘境，因而具有很特别的生活智慧。柯文哲的母亲一向都很乐观，即使遇到逆境也会用正面的态度去处理，母亲的这种人生态度对柯文哲后来面对各种困难都有影响。

（二）医界翘楚

柯文哲自幼成绩优秀，父母对他也充满期望，大学联考填报台大医学系是父亲替他一手包办的，某种程度也替父亲圆了大学梦。大学毕业服完兵役后，柯文哲就进入台大医院，成为一名外科医生。当了四年住院医生后，当时的外科主任朱树勋教授安排柯文哲去了下属的外科加护病房，在这里柯文哲当了17年的重症加护病房主任，也让台大医院逐渐在重症加护领域成为医界翘楚。

这期间柯文哲前往美国明尼苏达大学医学院进修，学成返台后在台大医院引入体外心肺循环器叶克膜（ECMO），使台大器官移植病人的存活率大增，柯文哲也逐渐成为台湾重症加护领域权威。由于柯文哲在叶克膜临床技术领域经验丰富，大陆和香港都派人来台学习。柯文哲也不讳言"大陆的叶克膜几乎都是我教的"。

柯文哲在医学专业领域的成就，除了其自身努力外，他也不讳言有"贵人相助"。这些贵人包括台大的平台与资源，既容忍又放手的科主任朱树勋，一批吃苦耐劳的下属，还有家中的好太太。

柯文哲太太陈佩琪是小他一届的学妹，是台北市立联合医院妇幼院区小儿科主治医师，二人育有一子两女。陈佩琪年轻时也是学霸一枚，毕业于澎湖县马公高中，据说当时马公高中历史上考上台大医学系的共4人，其中还包括陈佩琪的伯伯和叔叔。柯文哲称赞妻子"克勤克俭"，是高学历仍保持传统美德的好太太，操持了家中的大小事，让柯文哲能够埋头专注于医院的工作。

（三）柯文哲的成功学

从柯文哲成长经历看，他是殷实人家的"天之骄子"，生活上不缺钱，念书上不费力，工作上不偷懒，人际上不委曲求全。进入台大医院后，柯文哲基本保持了以工作为中心的生活状态，但他直言不讳的性格，加上家族在"二二八事件"中遭受的苦难，使他有时的发言容易得罪人，甚至不由自主地走向政治旋涡的中心。

如果用传统眼光看，柯文哲性格上直来直去，做朋友可以，但做同事有时就会让长官和下属下不了台，更遑论弃医从政了。但柯文哲能够让不可能成为可能，其原因绝非全部都是偶然因素促成的。

从个人因素角度看，首先，柯文哲具有一般成功者的基本条件。比如说，聪明、刻苦、身体好、谦虚、好学，少说多做。在医院期间，他经常工作到晚上12点之后才回家，据说有一次家里搬家，当他晚上下班骑车回家，几乎差点找不到回家的路。柯文哲这种工作态度，得到很多病患及家属肯定。与柯文哲多年相处的同学同事们评价柯文哲，都认为他够聪明、够努力，又能够持之以恒，加上一点点运气好，获得成功也是水到渠成。

其次，柯文哲非蓝非绿特质迎合了社会需求。2013年以来，台湾社会运动进入高发期，岛内反传统反主流意识增强，民粹情绪同步增长，民众厌倦了传统的蓝绿二元对立政治模式。柯文哲就在这种情形下跳出蓝绿窠臼，用实事求是的做事风格，讲话直白、有一说一，让选民听到了许久都无人敢说的话语。再加上柯文哲素人从政，没有政治包袱，又能充分发挥学习力强的优点，向岛内政坛各界人士，特别是当时还"在野"的绿营人士求教。这些绿营人士基于扳倒国民党等共同利益，对柯文哲也倾囊相授，让柯文哲在很短时间内累积了大量的资讯、经验与人脉。

柯文哲自己表示，2014年这场台北市长选战，不是绿的赢，也不是蓝的输，而是公民力量的崛起。我的立场很清楚，台湾必须摆脱蓝绿互斗的泥淖与意识形态的对立。柯文哲认为，他最终能够击败国民党候选人，靠的是公民觉醒、公民崛起、公民参与，是公民的力量造成了历史上的"柯文哲现象"。

第三，柯文哲接地气的风格受到普通民众追捧。质疑柯文哲的人认为，柯文哲经历简单，长期在白色象牙塔内从事医疗和教学工作，缺乏应对复杂政治环境的经验。但人的能力可以通过多种渠道锻炼，比如柯文哲谈起自己负责台大医院外科加护病房的工作时说，我很重视细节，不能容忍模糊，因为很有可能做错一个动作就死一个病人。我也完全不能接受说谎，这也是因为加护病房是接力棒，只要有一个护理师没认真为病人抽痰，病人得肺炎致死的概率就提高很多，因此护理师必须要和下一班老实交代发生过什么事。这种一棒接一棒认真负责的机制，也造就加护病房必须讲究团队合作。这种重视细节的态度，不说谎的品质，与人合作的意识，柯文哲在投身政坛之前就长期身体力行，参选后他的这种作风就在台湾政坛显得非常难能可贵，成为吸引选民的有力武器。

从性格决定命运角度讲，柯文哲独特的性格，对他在利益固化的台湾政坛闯出一片天地发挥了重要作用。柯文哲称自己很"白目"，外界对他第一印象往往是"情商不高"，甚至有点呆。但事实上，柯文哲是一个很聪明的人，对待人生有一种通透与洒脱，也许因为长期从事重症加护工作，经历过数不清的生离死别，早就觉得世事无常、看淡名利，习惯遵从内心的感受。因此他讲话非常直接，不愿说违心话，他对人生观的经典描述就是"我在厕所里，突然大彻大悟，人生的荣华富贵不过就是一坨大便。这就是我的人生观、价值观、哲学观"。柯文哲的直率与执着，在政坛上显得难能可贵，当台湾老百姓厌倦了政治人物华而不实的表演，对柯文哲直白辛辣的话语，反而听着十分受用。

柯文哲虽是一名非典型政治人物，但也并非完全与政治绝缘，相反其很早就与政治活动产生交集。1994年陈水扁竞选台北市长时，柯文哲是其医界后援会干部。2000年，柯担任陈水扁竞选"总统"台大医院后援会召集人，并为辅选请假半月。2006年陈水扁深陷贪腐丑闻，柯文哲仍坚定"挺扁"，多次强调"我不是浅绿，而是墨绿"。2012年"大选"，柯文哲为蔡英文积极争取医界支持，并任"小英之友会"常务理事。柯文哲还组成陈水扁医疗小组，宣称陈水扁身体转差，要求当局允许陈水扁保外就医，批评当局对扁"政治迫害"，并为此赴"监察院"陈情。

虽然柯文哲有自己的政治立场，但在治病救人上是没有"颜色"的，这也更增加了他在公众中的知名度与好感度。2006年，当国民党台中市长胡志强妻子邵晓铃在辅选途中，因遭遇严重车祸陷入昏迷，柯文哲指导急救团队成功救回邵晓玲。2010年"五都"选举投票前夜，连战之子连胜文在辅选现场被人枪击头部，又是柯文哲指挥外科急救团队抢救连胜文，当外界怀疑连胜文枪伤造假时，柯文哲公开出面驳斥。从2011年开始，柯文哲逐渐或主动或被动被卷入政治漩涡的中心。

（四）阴差阳错踏入政坛

2011年，台大医院发生艾滋病患者捐献器官并移植给5名患者的医疗事故，该事件中因柯文哲为创伤部主任，也是器官移植流程制定者而受到处分，同年8月遭"监察院"弹劾，并送"司法院公务员惩戒委员会"处理。祸不单行，2013年5月，柯文哲收到"法务部调查局"台北市调查处公函，将他列为大专院校教授涉挪用"国科会"补助款弊案的犯罪嫌疑人。柯文哲表示自己从医从不收红包，怎么会变成贪渎犯罪的嫌疑人，痛批这是当局利用司法工具选择性办案。柯文哲的遭遇，让他在深绿支持者中更被视为英雄，当时民进党正面临台北市长候选人难产，于是就传出让柯文哲竞选台北市长的呼声。

据柯文哲自己讲，台北市党部主委庄瑞雄被媒体逼急了喊出"找柯文哲来选！因为他与人为善，救过很多国民党大咖"。但当时无论说或听者，都是要借此发泄对蓝绿两党的不满情绪，而对主人公柯文哲，却很少人相信他会参选或是选赢。但柯文哲却没把参选这件事当儿戏，开始认真准备。2014年2月，柯文哲正式向台大医院请假，全身心投入台北市长选举。

柯文哲在自传中写道，"真正投入选战的几个月内拜访了许多人，逐渐有些感想：其实政治没有那么困难，不过是找回良心而已"。"只是在台湾，对的事情没有办法做，而错的事情一直在做"。柯文哲越投身竞选，越发现有赢的可能，这既有自身因素，也有"天时地利人和"再加运气好的成分。

（五）天时地利人和赢得选举

天时。从 2013 年开始，台湾进入社会运动狂飙的年代。2013 年，台当局决定以"公投"解决"核四"是否续建的争议，引发反核四团体发动数次万人抗议。早期的台湾反核四运动主力是当地生计受影响的民众，这些人多为草根、弱势群体，但近年来运动主力已变为中产阶级与受过良好教育的年轻群体，这次运动中许多大学教授、高校学生、军公教人员以及演艺界人士都走上街头，运动的参与面更加广泛。民众诉求也从核电厂威胁当地人生活，向担忧台湾未来等公民社会议题转化，显示出台湾社会公民意识整体得到提高。

柯文哲旗帜鲜明反对"核四"，提出"台湾一旦出现核灾就是亡国"，"关于核能，应先思考要留给下一代什么样的台湾？"接着爆发的洪仲丘事件，成为台湾社会运动史上的新高峰，它将民众对体制不满的情绪点燃为熊熊烈焰。在处理洪仲丘事件中，由于对执政当局的不信任，受害者家属请了第三方法医，并将病理报告送给柯文哲解读。柯文哲在这场运动中被视为公正的化身，他的意向已受到舆论关注。柯文哲在与洪仲丘姐姐见面时直言，"没洪仲丘没太阳花学运，就没有后来的柯文哲"。

2014 年台湾社会运动持续升级，3 月 18 日爆发了以青年学生为主的"太阳花学运"，这场运动反映了公民力量的进一步崛起，深刻改变了传统的政治参与模式。民众在这场运动中酝酿的改变现状的强烈愿望，在年底县市长选举中得到了充分释放。柯文哲的出现，正好承接了这股力量，成为打破传统蓝绿二元结构的代言人和新英雄。

地利。虽然在2014年选举中民进党也邀请柯文哲返乡参选新竹市长，但柯文哲最终选择了以独立候选人身份参选台北市长。结果证明，柯文哲"知难而进"的选择取得了预期效果。柯文哲选择台北市并成功当选，与台北市独特的选民结构有直接关联。台北市是台湾地区政治、经济、教育、文化中心，约有选民210多万，这里是一个闽南、客家、外省人口杂居的城市，云集了全台的党政军首脑机关及大企业、大财团总部，并凭借最高学府云集、教育资源居全台之冠等优势，成为全台中产阶级、社会精英最为集中的地区。

虽然台北市选民结构蓝大绿小，但这里的教育与职业结构决定了台北市选民的整体素质较高、政治文化更加理性平和，投票的自主意识较强，特别是在地方选举中，统"独"立场、省籍因素影响力降低，"选人不选党"较为明显。目前受马当局执政绩效不佳、现任市长郝龙斌满意度低迷、民众不满情绪加重等影响，蓝营选民支持国民党的积极性受到挫伤。而柯文哲依恃着反国民党色彩，吃定泛绿民众，同时利用无党籍身份争取中间及泛蓝选民。

柯就"二二八事件"表示，"不一定要去追究谁是元凶"，并在办公室张贴反映中共延安时期的版画，还多次公开表示自己去过大陆18次，比所有绿营的人了解大陆等。据TVBS民意调查中心3月民调，国民党认同者支持柯文哲的比例由10%增加至16%，中立选民支持柯文哲比例为39%，高于国民党连胜文的36%。

人和。台湾社会对两大党不满的氛围为柯文哲出线提供了民意基础。受岛内经济形势不振及社会抗议运动风起云涌的拖累，执政的国民党陷入执政困境。而民进党也始终难以在两岸政策、统"独"立场上突破制约其发展的结构性障碍，很多选民对其诉诸民粹的竞选策略难以安心。柯文哲在身份上拒绝加入民进党，以跨越蓝绿的"白色力量"参选，坚持打一场"非传统选战"，让越来越多"投国民党不开心、投民进党不放心"的选民眼前一亮。

在政策上，柯文哲提出的"新三民主义"，即"庶民主义"标榜参与政治的机会要均等，打破蓝绿两大党把持下政治参与被少数人垄断；"乡民主义"中的乡民是网民的俗称，它代表了网络时代直接民主的实验，调动起了青年政治参与的热情，让广大青年觉得"政治不是大人的事，而是我的地盘我做主"。柯文哲在竞选过程中，利用网络开放竞选资讯，发起各种网络投票运动，让民众享受到前所未有的直接参与感；"公民主义"体现的是柯文哲对公民社会的思考，简言之就要做到"开放政府，全民参与"。

运气。所谓运气好，其实仍诠释了一句老话，机会是给有准备的人。而柯文哲的准备，也包括与网络世代对接，充分发挥了新媒体在选举动员、传播、组织中的作用。柯文哲的竞选经费与国民党候选人连胜文相比居于劣势，在传统媒体上投放的广告更屈指可数。但柯文哲抓住新媒体对传播手段的改变，发挥其传播主体多元、成本低的优势，将传统宣传战打成了决定人心向背的决胜战。

柯文哲在选举中借助新媒体，一是以大数据方式掌握民意动向。柯文哲竞选团队科技顾问戴季全介绍，柯竞选团队会监控有关柯文哲的"脸书"、官网点击率、优兔网关键词、网络捐款人身份等全部可量化分析的数据，以大数据的方式把握选民意见走向。另外，柯文哲竞选团队会尝试寻找符合柯文哲特点的各种政见和观点，并迅速将其抛到网络上测试选民的反应，从中选取最契合选民要求的政见为其所用。柯文哲建立了一套基于机器自动抓取的舆情监测系统，通过对多个社交网站上相关舆情的把握，实时了解选民对柯文哲政见的态度，据此进行政见的快速优化。

二是借助新媒体进行形象宣传。柯文哲团队通过新媒体宣传很多关于柯的小故事，进而引发传统媒体的关注并跟进专访，进而将其中的故事性扩大展现出来，达到不断触动受众、吸引选民的效果。在宣传定位上，柯文哲将自身定位为"医学专家、政治素人"，其施政理念上的失误与失言就易得到谅解。而连定位为"专业的经理人治理台北"，不是素人，因此其发言都遭严格检视，所有的失言与错误被放大解读。

三是借助新媒体维持柯文哲的受关注度。柯阵营先通过新媒体抛出政见，以新媒体特有的轻松方式吸引最初的核心支持群体，让核心支持群体去自发包装、完善柯的政见，该过程又可进一步提升这些政见的质量，从而吸引除核心支持者之外的更多选民关注。柯阵营对候选人的网络推广工作也是有步骤进行的，当已知在某个阶段、哪些话题会被热炒时，就会提前准备好相关材料，待事件发生后迅速抛出，从而第一时间吸引民众关注，将自身的关注度持续拉升。柯文哲还透过各种新媒体渠道与选民交流互动。他在竞选网站之外架设了一个非正式的个人网站，并开放应用程序界面让网友在上面提出各类建议，其中很多建议颇有创意，因此就作为话题流行起来，进而增加了民众对柯文哲的关注与认同。

四是将对手连胜文直接带入新媒体"包围圈"。台湾影响力最大的网络论坛 PTT 在选举期间推出"乡民有约"栏目，以在线形式由网民直接对连胜文与柯文哲进行访问，引起数十万网民的关注。网民透过这种新方式不仅可以提问，还能对候选人的答复给予"推"（赞赏）或"嘘"（不同意）。这种新媒体下的传播方式在柯文哲与连胜文身上产生了不同的效果，连胜文的一举一动和竞选广告，都在网络上被恶搞到体无完肤的地步，柯文哲的人气却持续走高。虽然连阵营指责这是对手的网络霸凌，但事实上这与连胜文的特质、选民及政治文化的改变有很大关系。据专业网站统计，连胜文的网络实质支持度远逊于柯文哲，主要表现为连的"脸书"粉丝量（支持者）仅为柯的一半，连的反对度高达七成，而柯的反对度仅有二成。选前一个月，柯文哲与网民在脸书上的互动数为 275 万次以上，并以按赞、分享为主，而连胜文互动数为 98 万，且留言多为负面评价。由于未得到新媒体时代网民的认同，连胜文的气势一路从新媒体跌到传统媒体，陷入全面被动挨打地步，落入柯文哲方面刻意形塑的"权贵"印象之中。而且这样的效应，还从台北外溢到台湾其他地区，从而造成国民党的全线溃败。

柯文哲在 2014 年底的"九合一"台湾地方选举中脱颖而出，国民党在本次选举中全面溃败，蓝绿基层实力对比发生逆转。在全台 22 个县市中，国民党由 15 席减少至 6 席，并丢掉了台北、台中、桃园等关键地区，所辖人口缩减为 582 万；而民进党由 6 席猛增至 13 席，所辖人口扩张至 1444 万。地方执政版图的蓝绿变天，也让 2016 年政权轮替的概率大增。"柯文哲现象"既有民进党礼让、明助暗助的结果，但另一方面，柯文哲也成为民进党得胜的大功臣、最佳助选员。因为柯文哲所引发的政治风潮，让国民党执政支持率大幅走低，选民期望变天的愿望空前高涨。在下届地区领导人选举中，如果以柯文哲为代表的新兴政治势力还未羽翼丰满，那么民进党击败国民党的希望就大为增加。

二、解码"太阳花学运"

太阳花，大陆称之为向日葵的植物，在 2014 年被赋予了特殊的政治意涵。一场以太阳花命名的社会运动，震撼了台湾社会，影响了政治走向，成为台湾政治社会发展的分水岭。

（一）导火索

2013 年 6 月，两岸两会签署了《海峡两岸服务贸易协议》（简称《服贸协议》），该协议是落实 ECFA 框架的重要成果，使两岸合作转向深层次的服务业。但协议签署即引起绿营抗议，并利用"立法院"议事规则，迫使国民党同意将原本只需"立法院"备查的协议，改为需经"立法院""逐条审查、逐条表决"。

在此基础上，民进党又迫使国民党在审议前各自召开 8 场公听会，当国民党于 2013 年 11 月开完 8 场公听会后，民进党则故意拖延敷衍时间，最终没能在 2013 年内完成"服贸协议"的审查。随着"服贸协议"生效过程延长，事件走向也横生更多变数，在民进党及"独派"团体肆意扭曲宣传下，岛内社会民意也出现对两岸经贸合作步伐过快的担忧。

2013 年夏天，岛内公民团体反服贸的势力开始集结，组成了"反黑箱服贸民主阵线"，指责国民党签署协议是"黑箱"作业。同时，台湾学生运动也在反服贸的号召下重新集结，当年 9 月成立了"黑色岛国青年阵线"，以"反对服贸"为旗帜加紧动员。

2014 年 3 月，被民进党一拖再拖的公听会终于结束，"服贸协议"进入逐条、逐项审查阶段。但从 3 月 13 日开始审议后，蓝绿"立委"再度爆发激烈肢体冲突，双方相互指责对方暴力，会议进入空转而至审查无法进行。3 月 17 日，轮到国民党"立委"张庆忠担任内政联席委员会召委，当他要上主席台主持审议时，立即被蓄谋的民进党"立委"团团包围，导致会议无法召开。在一阵混乱扭打中，张庆忠掏出事先准备好的迷你麦克风宣布，"海峡两岸服贸协议已逾 3 个月期限，依法视为已经审查，送院会存查，散会"。国民党在民进党刻意杯葛下，被迫强渡关山的举动，经新闻媒体报道后，立即在岛内引发轩然大波，也点燃了岛内"反服贸"运动的导火索。

（二）爆炸效果惊人

在 17 日之前，无论是公民运动团体"反黑箱服贸民主阵线"，还是学运组织"黑色岛国青年阵线"，他们并没有采取过多直接挑战法治秩序的举动，而民进党也在为淡化"逢中必反"形象对"反服贸"态度暧昧，没有公开支持"反服贸"社运团体。

但随着国民党逐渐被民进党的拖延战术搅乱阵脚、失去耐心，决定以强硬手段推动服贸审查之时，就给了社运团体强势反弹的机会。

"反黑箱服贸民主阵线""黑色岛国青年阵线"借机开始策划一场打破常规的暴力抗争。3月18日晚9点，青年学生为主的抗议人群突然冲击"立法院"并突入议场。晚10点，冲进"立法院"议场的抗议者达200多人。学生冲击"立法"机构的举动明显违反法律，但国民党强推服贸审查的举动给了抗议者"公民不服从"的理由，在很多原本对两岸服贸协议心存疑虑的民众中，催生出支持学生抗议的动力。当学生冲进"立法院"的消息传播出去后，许多民众前来支持，到午夜时分约有2000多名抗议民众来到现场助威，对包围学生的警察形成了反包围架势。

在青年学生冲击"立法院"后，警方也想控制局势进行清场，但都以失败告终。这首先是因为警方情报错误，以为当晚抗议人群将冲击"总统府"，因此在"立法院"周围没有部署足够警力。此外在媒体的鼓动下，大批声援群众很快到达现场，让警方的驱离变得更加困难。特别是民进党在学生立足未稳、没有打算长期安营扎寨之时，立即提供支援，由民进党"立委"组成护卫队为学生抵挡警察的清除行动，同时调集了大批睡袋、食物供议场内学生长期抗争使用。

事后的一些分析还发现，时任"立法院长"王金平的态度，也对局势发展产生了重要影响。根据相关规定，在"立法院"内调动警力需要王金平的同意，在事件爆发初的几个小时，王金平同意警方驱离学生的举动，但后来随着局势发展，王金平又采取中立立场，拒绝了警方增派警力清场的举动。

这背后原因，主要是因为发生的前一年的"马王政争"已严重伤害到国民党内部团结，运动爆发时王金平正在与国民党就是否保留党籍打官司，而这起官司的一审判决结果刚巧就要在3月19日下午宣判。如果王金平败诉，他就会丧失"立委"和"立法院长"的资格，从这个角度思考，王金平就没有必要去驱离学生，因为这样做反而损害自己的声望，帮了政敌的忙。直到19日下午，王金平得知一审胜诉，但此时从全台湾各地北上支援的学生也陆续抵达，"立法院"外已经聚集起上万人的抗议者队伍，国民党当局已错失清场和控制局势的良机。

（三）最后的博弈

3月20日，"太阳花运动"的组织者提出诉求，要求撤销17日"立法院"通过的决议，后又升级至要求退回服贸协议，以"立法"方式处理两岸协议。对此，国民党当局予以拒绝，双方矛盾升级。23日晚，部分运动参加者赴"行政院"抗议，并有一些人闯入"行政院"办公大楼。24日凌晨，警察开始强力驱逐"行政院"内的抗议民众，据称有数百人受伤，61名抗议者被逮捕，"行政院"内的抗议者也被清理。但整个过程又被放到网上，被渲染成当局以暴力镇压和平示威民众。

此时对立的双方都面临重重压力，国民党当局虽然驱离行动取得成效，但也激化了与民众的对立情绪，国民党内其他明日之星如郝龙斌、朱立伦也都透露出比较宽容的想法，让国民党面临除王金平之外新的不同声音。

对于抗议民众而言，占领"行政院"的激进举动受挫，引发社会舆论批评，也导致阵营内部出现分歧。双方开始在压力下寻求接触，马英九召开记者会表示，他同意以"立法"方式对两岸服贸协议进行监督，"太阳花运动"的领导者也宣布，如果有过半的"立委"承诺优先处理"两岸协议监督条例"，他们也将退场，而不再坚持必须先退回服贸协议。但双方相互妥协的同时，也在继续施压展示实力。3月30日，抗议活动组织者在"总统府"前发动"黑衫军反服贸抗议"活动，活动组织者开始预计不会超过10万人参加，但实际参加者远超预期，这又进一步增加了运动组织者与当局抗衡的筹码，双方对峙进入僵持阶段。

但群众运动犹如海浪，当群情激愤时可立刻掀起滔天巨浪，但浪头来得快退得也快。随着群众包围"立法院"从3月18日到30日游行结束，近两周的时间已经让很多抗议民众筋疲力尽，不少学生需要返校上课。为了维持包围"立法院"这块核心抗争阵地的士气，一些南部的学生组成"民主黑潮"组织，开始在各地包围国民党地方党部发起抗议，要求国民党当局接受撤回服贸协议、"立法"规范两岸协议。

很多网民还透过岛内影响力较大的网络论坛PTT，发起了"割阑尾运动"，要联署罢免推进服贸协议的国民党"立委"张庆忠、林鸿池等人。这些策略，一定程度上维持了抗争运动的士气，但台湾社会已逐渐丧失对占领运动的容忍，此时国民党当局与运动组织者都面临何去何从的抉择。在这关键时刻，已经保住"立法院长"的王金平再度出手，4月6日发表"在两岸协议监督条例草案完成立法前，将不召集两岸服贸协议相关党团协商会议"，王金平的条件比马英九当局的更加接近运动团体所提的"先立法、再审议"的诉求。王金平的建议，在抗争团体内部产生激烈争论，激进者主张抗争到底，但在林飞帆等核心干部的安抚下，最终宣布在 4 月 10 日撤出"立法院"。结果虽然没有让国民党当局彻底放弃两岸服务贸易协议，但却阻止了"服贸协议"的生效，并且将"两岸协议监督条例"推上"立法"轨道。

（四）喧嚣过后的反思

长达 24 天占领"立法院"，"太阳花运动"成为台湾社运史上最大规模的抗争行动。运动者们宣称取得了胜利，撤出"立法院"后，他们将"转守为攻、出关播种"。这批抗争者们，有的成立激进的"时代力量党""基进侧翼"等党团，有的加入民进党，还有的继续坚持社运路线。在这场运动中，尽管民进党想接管并利用这股潮流，但运动的组织者不愿传统政党介入，运动的发展也突破了政党斗争的框架，成为一场新的公民运动。

当这场史无前例的新公民运动落幕后，其后续政治效应才刚刚开始，随之而来的台湾年底县市长选举，以及 2016 年"大选"，都将因这场运动而改变。那么，诱发这场运动的深层次原因又有哪些？追根溯源，战后美国主导下的经济体系与发展模式难辞其咎。20 世纪 70 年代的"石油危机"引发西方国家经济"滞涨"，美国为维护自身利益迫使主要资本主义国家签署"广场协定"，强压日元升值，东亚经济区域化进程加快。

在美国压力下，台湾地区也降低关税、台币升值，这又引发台湾劳动力成本上升，对外投资压力增大，劳资矛盾与社会运动抬头。由于台湾对美出口竞争力减弱，资本的逐利性又促使大量台湾资本涌向改革开放初期的大陆市场，形成"台湾接单，大陆生产"的合作模式。

在大陆投资获益的资本回台后，很多转投资金融和地产行业，加剧了社会分化。台湾在后工业进程中面临的发展不均衡与社会矛盾扩大，根源上与美国的经济霸权直接关联。

除此之外，台湾在经历代工阶段后没有及时寻找到合适的产业升级路径，导致后来全球产业分工中核心竞争力下降，劳动密集型产业向技术、资本密集型升级不及时，进而影响个体的薪资成长。因此从运动产生的根源上分析，"太阳花运动"的爆发有其历史的、经济的、国际的多重原因。

当然这场运动中站在冲突第一线尖锐对立的双方，是国民党当局和学运、社运团体。从事后的影响来看，这场运动成为岛内政治生态变化，国民党快速下滑的分水岭。国民党在其中，也犯了很多战略和战术上的失误。

首先是国民党将服贸协议迟迟未获通过归因于民进党在"立法院"的阻挠，因此最终的解决方案是利用"立法院"人数优势，强力闯关。国民党的举动，让"反服贸"社运团体正好找到了国民党"黑箱"操作的"罪证"，为其点燃社运的这堆"干柴"提供了烈火。国民党的这一举动，表面看是被民进党的拖延战术拖乱了阵脚，消磨掉了耐心，但也反映出国民党当局对台湾社会脉动出现的新变化，仍缺乏敏锐的体察，因而犯下重要失误。

其次这再次证明了"堡垒最容易从内部被攻破"，2013年"马王政争"的余波，在青年学生突入"立法院"时再次发酵，出现了党、政不协调，行政、"立法"机构各自为政的局面，错失了控制局面的黄金时间。

这场运动一般被称为"太阳花学运",但从运动的参与者来看,学生只是其中之一,其他各类型的社运团体让这场运动更像一场新社会运动。但在参与者的年龄方面,年轻人支持这场运动的比例最高,其中18—24岁者比35—49岁支持率高出2.7倍,25—34岁又比35—49岁高出1.6倍,65岁以上年龄层多不支持这种抗争形式。因此"太阳花运动"也是青年政治参与的大爆发。

三、新媒体改变台湾政治

2014年台湾政治社会领域发生重大变化,在年底的"九合一"地方选举中得到集中呈现。影响本次选举结果的因素,除经济社会发生的深刻变化,非传统型政治人物的崛起之外,新媒体的影响力不容忽视。

（一）新媒体在台湾

新媒体是相对于传统的主流媒体报纸、电视、广播、杂志而言的,是利用电脑、手机为媒介,借助互联网进行信息交换的媒体形式。新媒体种类很多,有学者将其分为网络新媒体、移动新媒体、数字新媒体等。

随着智能手机普及,个人电脑小型化、便携性增加,以及宽带无线网络的发展,加上即时通信软件的兴起,使得新媒体的移动性特征更为突出,因此移动新媒体成为新媒体发展的导向与重点。目前广泛使用的移动新媒体的平台和传播载体包括,基于个人电脑上就已广泛使用的"脸书"（Facebook）、推特（Twitter）、微博等,以及智能手机、平板电脑普及后结合即时通信软件而出现的 WhatsAPP、Line、Kakao Talk、Pinger，还有在大陆最流行的微信（Wechat）等。

台湾新媒体中的社交类软件使用率最高的是"脸书"，即时通信类软件使用率最高的是 Line，微博客类中使用率最高的是微博（Weibo.com），博客类网站人气最高的是痞客邦（Pixnet）。

据统计，"脸书"在台湾每月活跃用户数高达 1500 万人，使用率 65%，居全球之冠，其中 1200 万人通过手机、平板电脑等移动设备登陆。另外，每天登陆"脸书"人数为 1100 万，通过移动设备登陆数为 850 万。

在时长方面，"脸书"也以每天使用超过 100 分钟而成为台湾使用时间最长的媒体。在次数方面，每个月平均使用 23 次，仅次于 Line。据 Facebook 大中华区总经理梁幼莓介绍，"脸书"在移动设备上的广告点击率是 5%，是其他社交软件广告点击率 0.05% 的近百倍。台湾"太阳花学运"爆发后，社会中的对立情绪也直观地反映在"脸书"上，并成为社会运动推波助澜的工具。

台湾的即时通信软件方面，微软 MSN 曾一家独大，但随着智能手机的普及，该状况发生改变，由韩国互联网集团 NHN 的日本子公司 NHN Japan 推出的即时通信软件 Line 逐渐成为主流。据统计，目前台湾地区 Line 的用户高达 1700 万，占台湾人口数 73%，使用率全球第一，Line 在台湾智能手机的安装率已高达 92% 以上。Line 的使用者特点方面，从职业看，约 54.2% 为一般职员，21.9% 为管理阶层，12.3% 为学生；从月收入水平看，59.5% 的使用者月收入在 4 万新台币（约 8000 人民币）以下，31.7% 在 4—8 万之间，8.9% 超过 8

万；从年龄看，由于 Line 在台湾智能手机的安装率非常高，因此使用者组成接近台湾的人口结构，其中 28.5% 的使用者为 50 岁以上人士，23.2% 为 30—39 岁者，20.3% 为 40—49 岁人群，18.7% 为 20—29 岁人群，9.3% 为 15—19 岁人群。从居住地区看，台湾北部普及率最高为 50.3%，其次为南部的 29.4%，中部地区最低为 20.3%。

（二）台北市长选举初露锋芒

以柯文哲为代表的"白色力量"兴起，是台湾政治生态变化的重要标志。柯文哲竞选台北市长既是本次"九合一"选举的最重要看点，也是新媒体发挥作用的经典案例。

柯文哲及其竞选团队在应用新媒体方面的动作有：一是以大数据方式掌握民意动向，优化政见。以大数据的方式把握选民意见走向，这样才能"真正拉拢网络时代的选民"。

另外，柯文哲竞选团队会尝试寻找符合柯文哲特点的各种政见和观点，并迅速将其抛到网络上测试选民的反应，从中选取最契合选民要求的政见为其所用。

二是借助新媒体宣传形象。柯文哲团队通过新媒体宣传，进而引发传统媒体的关注并跟进专访，达到不断触动受众、吸引选民的效果。

三是通过新媒体提升关注度。柯阵营先通过新媒体抛出政见，以轻松方式吸引最初的核心支持群体，让核心支持群体去自发包装、完善柯的政见，该过程又可进一步提升这些政见的质量，从而吸引除核心支持者之外的更多选民关注。

此外，柯阵营对候选人的网络推广工作是有步骤进行的，当已知在某个阶段、哪些话题会被热炒时，就会提前准备好相关材料，待事件发生后迅速抛出，从而第一时间吸引民众关注，将自身的关注度持续拉升。柯文哲阵营还通过网络募款增强与支持者之间的感情纽带。

四是抓住年轻选民喜好与特质，成功引导舆论走向。本次选举一改以往台湾年轻人政治参与程度低、热情不高的状况，但新媒体时代台湾年轻人参与政治的方式已发生改变，他们要"将政治变成好玩的游戏"。

例如"白衫军运动"发起人、沃草网站（英文名为watchout，意为警示，一个专注于公民运动的网站）创办人柳林玮，就与岛内影响力最大的网络论坛PTT合作成立了"乡民有约"，以在线形式由网民直接对连胜文与柯文哲进行访问，引起数十万网民的关注。网民透过这种新方式不仅可以提问，还能对候选人的答复给予"推"（赞赏）或"嘘"（不同意）。这种新媒体下的传播方式在柯文哲与连胜文身上产生了不同的效果，连胜文的一举一动和竞选广告，都在网络上被恶搞到体无完肤的地步，柯文哲的人气却持续走高。

五是透过新媒体主动加强与选民的互动。柯文哲学习能力较强，也积极透过各种新媒体渠道与选民交流互动。他在竞选网站之外架设了一个非正式的个人网站，并开放应用程序界面让网友在上面提出各类建议，其中很多建议颇有创意，因此就作为话题流行起来，进而增加了民众对柯文哲的关注与认同。而连胜文阵营仍延续了国民党的传统政治文化，无论媒体经营还是与选民互动，都身段不够柔软、态度有欠真诚，因此也不易拉近与选民的距离。

（三）社会运动中推波助澜

"太阳花学运"将 2013 年开始兴起的台湾社会运动推向高潮，新媒体在社会运动崛起的过程中，也发挥了推波助澜的重要作用，并赋予社会运动新的特征。

新媒体的发展为社会运动兴起提供了技术资源。大量高校学生的参与为社会运动提供了充足的人力保障，而这批年轻世代都属于"拇指族"，对其进行串联与动员的最有效工具就是以手机、平板电脑为载体的移动新媒体。

新媒体为开展社会运动搭建了有效动员平台。在"太阳花运动"中，学生们利用"脸书"充当运动的"烽火台"，利用它开设"遍地开花! 反黑箱服贸协议""黑色岛国青年阵线"等宣传专页，在短时间内积累数十万的粉丝量。然后再使用手机通信软件 Line 进行行动联络。而学生在冲破警察阻挡占据"立法院"之后，"用一只拖鞋架起 ipad，再透过脸书等进行直播"，很快就让外界目睹了场内学生状况，营造出强烈的参与感，从而成功动员越来越多的青年学生加入静坐抗议队伍。可以说，新媒体在本场社会运动中的传播效果，丝毫不逊于场外各大电视台花费数千万购买的 SNG 电视直播车。

据台湾"中央警察大学"副教授汪子锡统计，以青年学生为主力的"太阳花运动"参与者充分利用了新媒体：一是利用"脸书"和 PTT 网站开展文宣与议题讨论；二是使用 YouTube（优兔）和 Flickr 进行影音分享；三是用痞客邦和 Tumblr 进行文章讨论；四是用 google hangout 召开视频会议；五是用 google map 显示学运周边物资站和医疗所配置；六是用 Skywatch、Ustream 和空拍多轴飞行器进行抗议现场的视频网络直播；七是学生们将占领"立法院"的相关短片第一时间上传到美国 CNN 的 iReport 公民记者区，利用新媒体实现学运传播的国际化和专业化；八是通过架设募资网站 FlyingV，3 小时内募集 600 多万新台币。

在这场运动中，上述新媒体传播平台和载体不仅起到了传统媒体提供信息、建立关系等作用，还在维持参与者士气、动员学生、募集物资以及解决长时间抗议的娱乐等问题上提供了支持，成为这场社会运动发酵扩散的重要保障。

新北市九份老街（摄影者：王鸿志）

2015

历史性握手

平溪祈福天灯（摄影者：王鸿志）

有人将 2014 年称为台湾新社会运动的元年，其峰值表现为"太阳花学运"的爆发。虽然这场运动在持续 24 天后散场，但它对接下来一年台湾政局走向，却产生了关键性影响。最明显的，它孵化出了台湾政坛的又一个新兴政党。

一、"时代力量党"破茧而出

　　"太阳花学运"的参与者中，年轻人的比例最高，其中 18—24 岁者比 35—49 岁的支持率高出 2.7 倍，25—34 岁比 35—49 岁高出 1.6 倍，65 岁以上年龄层多不支持这种抗争形式。因此"太阳花运动"也是一场台湾青年人的政治运动。这场运动过后，谁来接收这股力量，传统的政党虽然也对青年选民"垂涎三尺"，但其对青年选民的吸引力早已今非昔比。这个时候，一个以"太阳花学运"成员为骨干，以学运中"右倾激进"理念为号召的政党，"时代力量"应运而生。

（一）成立情况

　　2015 年 1 月，"时代力量"筹组建党工程队，2015 年 9 月 13 日正式建党。该党由党员选出 7 位主席团成员，然后由 7 人互选执行主席。首次党内选举中，共有 427 位党员选出了黄国昌、林峯正、林昶佐、徐永明等 7 位主席团成员，前"中研院"研究员黄国昌获最高的 325 票而被推举为执行主席。

该党特征鲜明，首先是成员与支持群体以青年人为主，堪称是"高中生、大学生的校外社团"，也让一批还未在"太阳花学运"释放完毕政治热情的青年人，有了释放能量的舞台。

其次是理念激进化，由于"时代力量"没有执政压力，在政治路线上比民进党更绿、更"独"，公开支持"两国论"，在党纲中明确两岸关系就是"国与国关系"，蔡英文称之为有"天然独"特质。传统"独派"团体也期望能由它传承"台独"理念、完成新老交替。简言之，该党具有"青年＋台独＋激进"的特征。

（二）头面人物

俗话说，"不是一家人，不进一家门"，"时代力量"的产生背景与政党属性，决定了它的头面人物一定高度凝聚了该党基本特征。

该党首任主席黄国昌，1973 年出生，台湾新北市汐止人，曾是"中央研究院"法学所研究员，长期关心并参与学运、社运、投身"司法改革"。黄国昌早年还是一位热衷学术研究的"好青年"，曾发表多篇国际核心期刊论文，并于 2008 年在北京大学出版了《民事诉讼理论之新开展》。

北京大学能为他出书，从一个侧面也反映出大陆学界对其研究水平的认可。但大陆对黄国昌的认可，以及其岳父曾在山东投资办厂的经历，并未让黄国昌在"反中"的脚步有所迟疑。台湾很多和黄国昌打过交道的人士称，黄"反中反统"立场鲜明，占领"立法院"事件后，发起成立激进组织"岛国前进"，"太阳花学运"的过程中，黄国昌被列入核心的"五人决策小组"，成为台湾舆论所谓的"学运导师"。

"政治音乐人"——闪灵乐团主唱林昶佐。在一般人的印象里，娱乐圈里的人物普遍都不喜欢沾染政治，特别是将自身演艺事业与政治活动紧密结合的艺人，在娱乐界可谓屈指可数。即使有些艺人如民进党新北市党部主委余天等，也都是在演艺事业后期才有更多精力投身政治，但"时代力量"的另一核心人物林昶佐却是艺人中的例外。

林昶佐 1976 年 2 月生于台北市，英文名 Freddy，为闪灵乐团主唱，台湾的音乐创作者与音乐策展人，长期参与"台独"、环保、文化政策等公共议题运动，以及"台湾人权促进会""台湾国际特赦组织"等社团活动。

2007 年 9 月，台湾行政当局下属的"二二八基金会"表示：由于林昶佐推动"台湾主体意识"及族群认同，备受各界肯定，任命其为"二二八基金会董事"。如果说黄国昌等学者型政客投身政治运动后，势必荒废学业、甚至要舍弃原来的公职而有所失的话，林昶佐这位"最擅长音乐的政客、最懂政治的音乐人"却名利双收，赚得钵满盆满。

林昶佐在大学时期组成的闪灵乐团，以西方重摇滚音乐为结构，融入台湾古老传说的精神与灵魂，包括"雾社事件""二二八事件"都成为创作的灵感来源。在其举办的"台湾魂"音乐会中，林昶佐曾以主办人身份在台上致辞时公然焚烧"中华民国国旗"，并曾在 PTT

网站上发表并承认这样的行为是一种对于这个旗帜符号的仇恨。林昶佐利用其音乐人的身份，在激进"台独"的路上也越走越远，甚至与"藏独""疆独"组织保持联系，多次会见达赖及热比娅，并邀请其访台。

大学教授徐永明。与黄国昌和林昶佐相比，徐永明要比他们年龄更大，涉入政治圈子更早，是一位不愿安心教学的老师。徐永明1966年出生于台中，1989年台湾大学政治学系毕业，大学期间投身学生运动，曾任台湾大学"大学新闻社"社长，曾是"学运世代"骨干。自美国学成返台后任中正大学政治学系助理教授，"中央研究院"助理研究员，东吴大学副教授等。

徐永明曾与民进党过从甚密，但2015年6月徐永明控诉蔡英文出尔反尔没有提名自己参选"立委"，于是决定加入新成立的"时代力量"。于是"时代力量"有了一位学者型"台独"战将，徐永明也不遗余力为"时代力量"摇旗呐喊，在"台独"路上越走越远。

（三）自我定位

成立初期，"时代力量"被视为民进党的"侧翼团体"，民进党希望它能做一只乖乖的"小绿"为民进党巩固深绿和青年选票。但"时代力量"内部在政党定位及与民进党关系上不愿仅满足于做民进党的附庸，而是利用台湾社会本土意识与民粹情绪抬头，建立自身意识形态阵地与基本盘群体。

民进党为求执政，以"维持现状"路线争取中间选民，而"时代力量"反其道而行，在政治光谱上更靠右，诉诸比民进党更"独"、更绿、更激进、更民粹、更"本土"的路线。

一是标榜"本土激进政党"形象。秘书长陈惠敏称,"时代力量是主张台独的政党"。"时代力量""立法院"党团总召徐永明表示,"时代力量是较为年轻的政党,在许多议题上会更加纯粹、坚持",会与"逐渐偏向中间的民进党有所区别"。在本届"立法院"会期开始后,"时代力量"对民进党延缓推动"公民投票法""集会游行法"表示不满。

在更为敏感的"修宪"议题上,"时代力量"也不顾蔡英文当局上台后不愿碰触敏感议题的现实考虑,呼吁蔡英文"召开修宪委员会,落实由下至上的全民参与模式","跨出建立正常国家的重要一步",对包括民进党在内的传统政党都构成了强大压力,进一步树立了自身"本土激进"的政党形象。

二是在两岸等敏感议题上,"时代力量"利用涉藏、涉港议题挑衅大陆,塑造"民主斗士"与"台独新旗手"形象。"时代力量"成员黄国昌、林昶佐、徐永明等人以"民主斗士"自居,黄国昌早在2012年就参与"反旺中"行动,并成为"岛国前进"等"太阳花学运"发起团体的重要领袖。林昶佐曾任"国际特赦组织台湾分会"理事长,与海外"藏独"团体关系密切,获得"西藏行政中心"颁发的"最佳国际援藏艺人奖"。

徐永明则长期以大学教授身份,对大陆以及国民党进行较为偏激的批评。取得"立法院"舞台后,该党进一步利用西藏及香港议题加大打"民主牌"力度。

2016年9月,林昶佐及民间团体"西藏台湾人权连线"前往印度拜访达赖并邀其访台。次月由林昶佐牵头任会长的"台湾国会西藏连线"正式成立，民进党"立委"萧美琴任副会长。林昶佐表示，未来将继续在"难民法""移民法"修正，废除"蒙藏委员会"上发挥作用，在涉藏问题上要更多发声、关注"西藏人权"，以此对大陆施压。

"时代力量"与香港泛民主派及"本土派"也保持密切联系，相互呼应。2016年香港泛民主派及"本土激进势力"派员赴台湾观选后，该党又在香港立法会选举后发表声明称，"恭喜支持香港人民前途自决的泛民派及本土派在席次上大有斩获"，"支持港人一路以来追求民主与自决的努力"。黄国昌还在脸书发文，"欣见香港年轻世代，进入立法会实践理想，改变香港政治"。徐永明表示，香港议员选举不少"本土派"当家，是受到台湾选举的影响，未来香港有关"民主""认同"议题仍会持续发烧。"台独""港独"两股势力密切联系、遥相呼应，对两岸关系及香港繁荣稳定都将造成威胁。

2016年民进党上台后，"时代力量"与民进党的冲突不减反增。在"一例一休"等劳工权益问题上，批评民进党违背程序正义，呼吁劳工认清"谁挺砍假，谁挺劳工"。在岛内民众较为关心的食品安全问题上，指责民进党从执政利益出发，对日本福岛等核灾害地区食品输台把关不严。在"立法院"议事过程中，不仅抵制民进党提出的法案，还指责"立法院长"苏嘉全、民进党党团总召柯建铭与国民党密室协商，背弃"国会"改革理念，党主席黄国昌与民进党"立法院党团总召"柯建铭矛盾尖锐。

"时代力量"的成立与"太阳花学运"密不可分，成为这场社会运动的有形政治遗产。然而学运喧嚣过后，它能否作为一个政党在台湾生存下来，与民进党之间的关系何去何从，仍存在很多变数。

二、"习马会"——两岸领导人的历史性会晤

2015 年 11 月 7 日下午，中共中央总书记、国家主席习近平在新加坡同台湾方面领导人马英九会面，这是两岸领导人跨越 66 年的首次会面，是两岸关系发展进程中的重要里程碑。

（一）记录历史时刻

"习近平指出，今天是一个很特别的日子。两岸领导人见面，翻开了两岸关系历史性的一页。历史将会记住今天。曾几何时，台海阴云密布，两岸军事对峙，同胞隔海相望，亲人音讯断绝，给无数家庭留下了刻骨铭心的伤痛，甚至是无法弥补的遗憾。然而，海峡隔不断兄弟亲情，挡不住同胞对家乡故土的思念和对家人团聚的渴望。同胞亲情的力量，终于在 20 世纪 80 年代冲开了两岸封锁的大门。2008 年以来，两岸关系走上和平发展道路。过去七年，台海局势安定祥和，两岸关系发展成果丰硕。两岸双方和广大同胞为此付出了大量心血。正因为有了这七年的积累，两岸双方才能迈出今天这历史性的一步"。

"两岸关系 66 年的发展历程表明，不管两岸同胞经历过多少风雨、有过多长时间的隔绝，没有任何力量能把我们分开。当前，两岸关系发展面临方向和道路的抉择。两岸双方应该从两岸关系发展历程中得到启迪，以对民族负责、对历史负责的担当，作出经得起历史检验的

正确选择"。

"习近平强调,我们今天坐在一起,是为了让历史悲剧不再重演,让两岸关系和平发展成果不得而复失,让两岸同胞继续开创和平安宁的生活,让我们的子孙后代共享美好的未来。面对新形势,站在两岸关系发展的新起点上,两岸双方应该胸怀民族整体利益、紧跟时代前进步伐,携手巩固两岸关系和平发展大格局,共同实现中华民族伟大复兴。习近平就此提出四点意见"。

第一,坚持两岸共同政治基础不动摇。七年来两岸关系能够实现和平发展,关键在于双方确立了坚持"九二共识"、反对"台独"的共同政治基础。没有这个定海神针,和平发展之舟就会遭遇惊涛骇浪,甚至彻底倾覆。"九二共识"经过两岸有关方面明确的授权认可,得到两岸民意广泛支持。

"九二共识"之所以重要,在于它体现了一个中国原则,明确界定了两岸关系的根本性质。它表明大陆与台湾同属一个中国,两岸关系不是国与国关系,也不是"一中一台"。虽然两岸迄今尚未统一,但中国的主权和领土完整从未分裂。两岸同属一个国家、两岸同胞同属一个民族,这一历史事实和法理基础从未改变,也不可能改变。

希望台湾各党派、各团体能正视"九二共识"。无论哪个党派、团体,无论其过去主张过什么,只要承认"九二共识"的历史事实,认同其核心意涵,我们都愿意同其交往。对任何分裂国家的行为,两岸同胞绝不会答应。在维护国家主权和领土完整这一原则问题上,我们的意志坚如磐石,态度始终如一。

第二,坚持巩固深化两岸关系和平发展。近30多年来,两岸关系总体面貌发生了历史性变化。2008年后，两岸关系走上和平发展道路，处于1949年以来最好的时期。要和平不要冲突、要交流不要隔绝、要协商合作不要零和对抗，成为两岸同胞的共同心声。两岸关系已经不再处于以前那种激烈冲突、尖锐对抗的敌对状态。

两岸关系发展历程告诉我们，台海动荡紧张，两岸冲突对抗，民众深受其害；走和平发展之路，谋互利双赢之道，利在两岸当下，功在民族千秋。两岸同胞应该倍加珍惜和平发展成果，彻底化解两岸敌意，坚持走和平发展道路，努力构建稳定的两岸关系和平发展制度框架。

两岸双方应该加强交流对话，增进政治互信，通过平等协商、积极探讨，推动解决两岸之间长期存在的各种难题，同时管控好矛盾和分歧。设立两岸热线，有助于双方及时沟通，避免误判，处理紧急问题。双方两岸事务主管部门负责人可以先建立起来。

60多年来，两岸走上不同发展道路，实行不同社会制度。道路和制度效果如何，要由历史去检验，让人民来评判。两岸双方应该相互尊重彼此对发展道路和社会制度的选择，避免让这类分歧干扰两岸交流合作，伤害同胞感情。

我们了解台湾同胞对参与国际活动问题的想法和感受，重视并推动解决了许多与之相关的问题。只要不造成"两个中国""一中一台"，两岸双方可以通过务实协商作出合情合理的安排。

当前，对两岸关系和平发展的最大现实威胁是"台独"势力及其分裂活动。"台独"煽动两岸同胞敌意和对立，损害国家主权和领土完整，破坏台海和平稳定，阻挠两岸关系发展，只会给两岸同胞带来深重祸害。对此，两岸同胞要团结一致、坚决反对。

第三，坚持为两岸同胞多谋福祉。两岸一家亲，家和万事兴。我们推动两岸关系和平发展，着眼点和落脚点是要增进同胞的亲情和福祉，让两岸同胞过上更加美好的生活。只要是有利于增进两岸同胞的亲情和福祉的事，只要是有利于推动两岸关系和平发展的事，只要是有利于维护中华民族整体利益的事，两岸双方都应该尽最大努力去做，并把好事办好。

我们愿意首先与台湾同胞分享大陆发展机遇。两岸可以加强宏观政策沟通，发挥好各自优势，拓展经济合作空间，做大共同利益蛋糕，增加两岸同胞的受益面和获得感。对货物贸易、两会互设办事机构等问题，双方可以抓紧商谈，争取早日达成一致。我们欢迎台湾同胞积极参与"一带一路"建设，也欢迎台湾地区以适当方式加入亚投行。

要加强两岸文化和教育交流合作，传承和弘扬中华文化优秀传统，增强同胞精神纽带，为民族未来培养优秀人才。

两岸关系和平发展的根基在基层、希望在青年。现在还有很多台湾乡亲从未来过大陆，我们热诚欢迎他们来大陆走走看看，参与到两岸交流大潮中来。要为两岸青年学习、就业、创业、交流提供更多机遇、创造更好条件，使两岸基层民众尤其是青年一代成为推动两岸关系发展、实现民族振兴的重要力量。

第四，坚持同心实现中华民族伟大复兴。中华民族有延绵5000多年的灿烂文明，但近代以来却屡遭列强欺凌。120年前，台湾惨遭外族侵占，成为全民族的刻心之痛。1945年抗战胜利，台湾光复，才洗刷了半个世纪的民族耻辱。透过历史风云变幻，可以深切体会到，两岸是不可分割的命运共同体。民族强盛，是两岸同胞之福；民族弱乱，是两岸同胞之祸。实现中华民族伟大复兴，与两岸同胞前途命运息息相关。

当前，我们比以往任何时候都更加接近、更有能力实现这个伟大梦想。我们在几十年的时间内走完了世界上很多国家几百年的发展历程。我相信，实现中华民族伟大复兴，台湾同胞定然不会缺席。

2015 年是全民族抗战胜利 70 周年，这是付出巨大民族牺牲才赢得的胜利。两岸双方应该支持鼓励两岸史学界携起手来，共享史料、共写史书，共同弘扬抗战精神，共同捍卫民族尊严和荣誉。两岸同胞应牢记历史、缅怀先烈、珍爱和平、团结一心，携手推动两岸关系和平发展。

（二）携手促成

2015 年的这场会晤不仅对于两岸关系具有历史性地位，在时任台湾地区领导人马英九心目中，也是其个人政治生涯的浓墨重彩之处。因此在由其口述、前"总统府副秘书长"萧旭岑执笔的《八年执政回忆录》中，将"习马会"列为两个专章，从台湾方面透露了本次会晤的一些秘辛趣事。

马英九表示，"习马会""不但是他政治生涯的最高峰，也是他两岸关系政策理念的彻底实践"。然后这一历史性握手的背后，有着许多不为人知的努力。据马英九透露，早在 2013 年 6 月，马英九的核心幕僚、曾任"行政院长"的刘兆玄在赴大陆参加两岸清华大学（1987—1993 年，刘曾任台湾清华大学校长）交流活动中，有幸与中共中央总书记、国家主席习近平见面。在两岸领导人推动下，双方开始接触。据马英九回忆，"他深深感受到，习近平的自信与坚定意志，超过我方相关单位掌握的讯息"。（相关内容见马英九口述、萧旭岑著：《八年执政回忆录》，远见天下文化出版股份有限公司，2018 年版，第 337 页）。

2014 年 2 月，国务院台湾事务办公室主任张志军与到访的台湾方面大陆委员会负责人王郁琦会面，开启了两岸事务机构负责人的正式对话，两岸领导人会晤也似乎要进入快车道。

但当年 3 月 18 日台湾爆发了"太阳花学运"，相关进程受到一定影响。进入 2015 年，马英九当局在与大陆的多次接触中，感受到大陆方面对于推动两岸领导人会晤始终保持热情。马英九也认为，"如果两岸领导人有机会碰面，是历史性的难得机遇，能对两岸人民未来有帮助"，并写下"巩固九二共识、共同振兴中华、结束敌对状态、和平解决争端、建立高层热线处理急要问题"等想法，作为日后"习马会"的发言重点。从这些细节来看，两岸领导人对这次历史性会晤都有着充分诚意与热情，万事俱备只待东风！

2015 年 10 月 14 日，国台办主任张志军与陆委会负责人夏立言在广州会面，双方就领导人会晤再次沟通，最终确定于 11 月 7 日在新加坡举行"习马会"。11 月 7 日下午 3 点，习近平与马英九的会晤在新加坡香格里拉大酒店正式举行，两人握手时间长达 1 分 21 秒，全球媒体记录下了这个激动人心的重要时刻。事后马英九表露心声称，会晤"能成局，要感谢习近平的诚意与用心，也跟他一样很重视两岸关系，以及两人都有相同的信念，所以共同开启两岸新的阶段。这是历史性的大事，放在中国五千年'分久必合，合久必分'的大历史中，很少看到分裂的阶段时，双方领导人可以会面合作、把酒言欢的，因此两岸合作的意义，是无与伦比的"。

（三）晚宴点滴

会谈之后，两岸领导人共赴晚宴，马英九对于这一堪称珍贵的历史时刻也记忆犹新。据马英九自己介绍，晚宴预定时间为11月7日下午五点半，但因其举行记者会而"迟到了"一会儿，习近平总书记与大陆代表团成员已经在场等候。双方14人围圆桌而坐，习近平与马英九并肩比邻，双方成员穿插入席。

据马英九的回忆录记载，宴会前菜为金箔片皮猪、风味酱鲍片脆瓜，热菜有湘式青蒜爆龙虾、竹叶东星斑 XO 米饭、杭式东坡肉、百合炒芦笋，主食是四川担担面，甜品为桂花糖雪蛤汤圆、水果拼盘。开场的第一道热菜湘式青蒜爆龙虾，马英九的祖籍也恰好是湖南，马英九开玩笑问习近平总书记说："湖南只有洞庭湖，产龙虾吗？"马英九还问习近平总书记酒量如何，习近平总书记也侃侃而谈，双方在一种轻松的气氛中交流。马英九"谈兴颇浓"，习近平总书记则倾听较多，当马英九谈及抗战史时，习近平总书记对其中的名将、战役都朗朗上口。酒过三巡，习近平总书记谈及日前德国总理默克尔来访曾问道，为什么你们中国人对许多几百年前的东西那么在乎，言外之意是指引发中日紧张的钓鱼岛问题。习近平总书记淡淡地说，"我跟她讲，我们中国人跟你们德国人不一样，老祖宗留下来的东西，谁丢掉，谁就是卖国贼"。

近 95 分钟的晚宴接近尾声，习近平总书记站起身来，向马英九伸出手微笑着说："后会有期"，马英九微笑回握。这次两岸领导人会晤的历史意义自不必说，习近平总书记一句"后会有期"，也饱含对马英九在两岸关系发展中贡献的肯定与期待。

三、"换柱风波"中的洪秀柱与朱立伦

国民党在 2014 年底县市长选举中全面溃败，全台 22 个县市长国民党由 15 席掉至 6 席，民进党由 6 席猛增至 13 席。地方版图蓝绿变天，接下来的"大选"出现"骨牌效应"概率大增，国民党 2016 年"政权保卫战"形势难以乐观。

（一）大佬们精于算计

在胜选前景黯淡之下，由谁来代表国民党参选，成为党内各方势力博弈的新焦点。此前国民党内被认为有意参选者包括新北市长朱立伦、"副总统"吴敦义以及"立法院长"王金平，朱立伦属国民党"中生代"代表人物，政坛履历完整，历任"立法委员"、桃园县长、"行政院副院长"、新北市长、国民党主席等职，被外界视为马英九之后的"政坛明星"。吴敦义也是国民党早年培养的本土派政治精英，历任南投县长、高雄市长、"立法委员"、"行政院长"、国民党秘书长等职，2012 年与马英九搭档竞选并获成功后，也被视为马英九有安排吴敦义"接班"的用意。王金平被岛内舆论称为"政坛长青树"，曾连续担任 9 届"立委"，5 次出任"立法院长"，是国民党内"本土派"

代表人物，2005 年与马英九竞争国民党主席失利后，王金平始终未放弃参加"总统选举"的努力。

虽然 2016 年"大选"对国民党而言恐前路艰辛，但能够获得参选资格对很多人而言仍有很大吸引力。这种吸引力到底是什么，对每个人而言或因情况不同各有差别，但有一条不变的标准就是要为自己的政治资本加分。那么问题就来了，因为此次国民党面临着竞争性选举以来最低迷的选情，一旦选输候选人就可能要为败选承担责任，而败军之将能否东山再起将面临很大风险，甚至可能就此断送政治前程。因此，党内原本摩拳擦掌的几位口袋人选，都开始顾左右而言他，不愿主动表态，打起了被动参选即由党中央"征召"参选的算盘。因为接受征召算是为党奉献，即使败选也不必承担过多责任，可谓不利形势下对个人而言的最佳选择。

（二）"小女子"半路杀出

就在党内大佬们精密计算纷纷避战之时，突然半路杀出个"花木兰"，要为国民党披挂出征，她就是国民党内素有"小辣椒"之称的"立法院副院长"洪秀柱。

洪秀柱 1948 年 4 月出生于台湾台北县（今新北市），祖籍浙江省余姚市，父亲洪子瑜原为公职人员，因发表同当局相悖的言论获罪入监，出狱后因政治犯身份无法顺利谋职，一家生活入不敷出。洪秀柱曾说，自己从小是在艰困的环境中成长。

也许正是这种困境，让洪秀柱养成了不畏困难、敢打敢冲的性格。性格决定命运，这种性格也让她在政治生涯中多次做出挑战权威，挑战不可能的举动。读小学期间，洪秀柱就展现出演说天分，1985 的《征信新闻》（现《中国时报》），曾以"有说话天才的小妹妹"为题，报道洪秀柱在"台北市儿童说故事比赛"中的表现。大学联考洪考取文化大学法律系，毕业后没有当律师或法官，而是在师长引介下担任中学教师，并在 23 岁成为中学训导主任。

早在高中时代就加入国民党的洪秀柱，1980 年被延揽进入国民党台北县党部担任妇女工作组组长，正式踏入政治圈。成为党工后的洪秀柱，对竞选公职展现浓厚兴趣，1986 年就曾争取提名参选"国大代表"，但因上级劝阻作罢；1989 年"增额立委"选举，她再度表达参选意愿，却仍然无法获得长官首肯。这一次洪秀柱不再服从长官指令，坚持登记投入国民党初选；她任职的省党部则用尽各种手段试图让她知难而退。面对强大阻力的洪秀柱毫不畏惧，痛批党部剥夺党工参加初选资格，还扬言若未获得公平处理，她要让党部走着瞧。洪秀柱的坚持，最终让她获得提名并成功当选，也开启了自己近 30 年个性鲜明的"立委"生涯。

从政以来洪秀柱是出了名的"忠党爱国"，从不讳言不能认同民进党的国家观念，民进党执政时期，她经常与当局针锋相对，因此也被视为蓝营"鹰派"代表。

2005 年马英九与王金平在党主席一役正面对决，洪秀柱担任王金平阵营发言人。2007 年马英九因"特别费案"请辞党主席后，外界原以为代理党主席吴伯雄将在补选中无悬念胜出，这一次洪秀柱"半路杀出个程咬金"，以"党内有不怕竞争的文化，才能对外竞争求胜"为由，意外投入国民党主席补选。虽然洪秀柱以 13% 的得票率大输吴伯雄 74 个百分点，但洪在 2008 年的"立委"选举中被列入国民党不分区第二名。此后洪秀柱党公职生涯进入快车道，先后担任党中央副秘书长、副主席，2012 年又当选为"立法院副院长"。

2014 年"九合一"选举国民党惨败，2016"大选"前景堪忧，党内原本可能参选者朱立伦、吴敦义、王金平态度暧昧，于是就出现了洪秀柱意外参选的局面。舆论认为，洪秀柱能通过初选，实属"弄假成真"，但眼前的现实是蓝营天王们瞻前顾后，将洪秀柱推上了代表国民党参选的境地。

（三）"换柱"没有赢家

尽管通过初选，洪秀柱在未来选战中，仍面对前所未有的恶劣环境。即使她的一生，已凭着不服输的意志挺过无数难关，但这次想赢，难度仍然超过以往。后续情势的发展也日渐超出洪秀柱掌控范围，由于洪自身人脉关系、组织动员实力不足，无法整合国民党各方力量团结作战。特别是地方"立委"对洪"母鸡带小鸡"能力堪忧，认为洪若坚持选到底会让国民党"立委"选情彻底崩盘，因此出现联署要求"换柱"的声音。

此时党内压力又再次集中到临危受命担任党主席的朱立伦身上。2015 年 10 月 7 日，国民党中常会通过一项被外界形容为酝酿"换柱"的提案。提案称，鉴于选情低迷、基层忧心，希望召开临时全代会凝聚党代表意见。10 月 14 日国民党中常会通过提案废止"总统"参选人洪秀柱的提名，党主席朱立伦在会前两度鞠躬，向洪秀柱及所有党员致歉。10 月 17 日下午，国民党召开第 19 次全代会临时会议，表决废止洪秀柱代表该党参选下届台湾地区领导人的提名，同时征召现任党主席朱立伦参选。

但"换柱"后国民党选情仍回天乏术，而洪秀柱巾帼不让须眉的气势，以及关键时刻敢于承担的勇气，让其在蓝营内部声望增加。洪秀柱在参选及"换柱"中发表的两篇演讲，也意外走红为励志典范。

"天下武功，唯真不破"。也许洪秀柱历经台湾政治起起伏伏，更加感悟到不应像某些政党和政客明知"台独""做不到"却仍然拿去骗选票，而应站在历史发展的长河中，去做正确的决断。这种格局也让洪秀柱无论是参选还是退选的演讲，都有着经得起历史检验的震撼感。

洪秀柱参选，唤醒了台湾内部认同"中华民国"、反对"民粹"式"台独"的力量。她对两岸关系的态度，更赢得了很多大陆同胞的认可。在竞选生涯中洪秀柱虽遭遇失败，但在政治生涯中，洪秀柱的路也许会变得更加开阔。

（四）朱立伦的起起伏伏

"换柱风波"另一位主角，是曾被视为国民党"未来之星"的朱立伦。朱立伦1961年出生于台湾桃园，祖籍浙江义乌。朱立伦自幼学业优秀，考入台湾大学工商管理系，后赴美国纽约大学深造，取得会计学博士，返台后成为台大最年轻的会计学教授。1998年，37岁的朱立伦在岳父高育仁鼓励下返回家乡桃源县参选"立委"并当选，正式开启从政之路。任内朱立伦凭借深厚的财经专业功底，提出多项优质法案并获好评，被称为"立法院模范生"。1999年成为连战、萧万长竞选总部发言人，逐步进入国民党权力核心。

2001 年被提名为国民党桃园县长候选人，并成功为国民党夺回失去五年的桃源县。桃园县长任内，朱立伦政绩突出，多次被评为"五星县长"，声望倍增，与台北市长马英九、台中市长胡志强一道被视为国民党政治明星。2005 年县市长选举，朱立伦凭借政绩优势顺利连任，并将领先民进党候选人的幅度由 9 万票扩大到 18 万票。

2008 年国民党重新执政，2009 年"八八风灾"导致的"内阁改组"中，朱立伦被任命为"行政院副院长"，成为国民党退台后最年轻的"副阁揆"。2010 年初，随着被视为"马英九政权保卫战"的"五都"（台北市、新北市、台中市、台南市、高雄市）选举临近，全台第一人口大市新北市选情告急，国民党内部评估只有朱立伦迎战民进党主席蔡英文，才有把握守住新北市。国民党为延续执政，劝退意图连任的周锡玮，由朱立伦参选并最终如愿保住了新北市。

朱立伦的政治生涯也遭遇过几次波折。影响比较大的一次是"维基解密事件"意外躺枪。2009 年 9 月，美国"维基解密事件"爆发并牵涉台湾诸多政治人物，其中有文件指称时任桃园县长的朱立伦大爆蓝营政治人物内幕，例如称"马英九非常不喜欢宋楚瑜，且不会听连战的话；马同时希望连战、王金平、宋楚瑜、吴伯雄等大佬能退场"。美方还在文件中称朱立伦为内线，且在文件背后附注朱立伦的姓名不能曝光。

尽管朱对此予以否认，但该事件对其形象的伤害恐难以避免。朱立伦遭遇的另一大波折，当属"换柱风波"的前后冲击。但到底是如很多蓝营选民所抱怨的，是朱立伦缺乏应有的胆识和担当，还是形势所迫身不由己，其中的是非功过也还需要时间的检验。

毋忘在莒

蔣中正題

勿忘在莒（澎湖）（摄影者：王鸿志）

2016

变动之年

台湾北回归线纪念碑（摄影者：张喆）

2016 年又是台湾的选举年，这次的氛围同八年前在某种程度极为相似，充斥着"换人做做看"的气息，但攻防易位，民进党的蔡英文对阵还未从"换柱"风波中稳住阵脚的国民党候选人朱立伦，以及同属泛蓝阵营的亲民党候选人宋楚瑜，蔡英文形成了压倒性优势。

选举结果可想而知，蔡英文似乎"大赢"，台湾再次政党轮替。民进党从其得票数和得票率来看，比上届大约成长 10% 约 80 万票，国民党只拿到了 381 万票，但加上同属泛蓝的宋楚瑜的 157 万票，似乎保留了东山再起的资本。

对于整个民进党高层来说，他们认为"苦尽甘来"、过去八年的政治打拼终于迎来兑现收益的日子，不仅赢得了"总统"选举，也首次成为"立法院"多数，"行政、立法权"在握，手中可以分配的肥缺不胜枚举。虽然整个民进党按捺不住心中喜悦，但蔡英文执政团队如何处理两岸关系是其上任后的首要问题之一，选举期间提出的"维持现状"政策，在执政后如何兑现，才是检验其能力的关键。

一、蔡英文新官上任能取信于民吗？

（一）蔡英文的"表白"

5月20日，蔡英文正式就任台湾地区新任领导人，这一天她对自己未来施政路线做了一番"动情告白"。但在两岸大多数民众眼中，最受关注的当属两岸政策。蔡英文就职演讲全文5940多字，涉及两岸的篇幅有300多字，其核心观点是：尊重1992年两岸两会会谈的历史事实和所达成的若干共同认知，共同珍惜和维护20多年来两岸交流、协商所累积形成的现状与成果，未来在此事实与政治基础上，推动两岸关系和平稳定发展；新当局将依据"中华民国宪法""两岸人民关系条例"等相关规定，处理两岸事务；两岸的执政党应放下历史包袱，展开良性对话，造福两岸人民。蔡英文还特别强调，其所谓的既有政治基础，包含四个关键元素，分别是1992年两岸两会会谈的历史事实与求同存异的共同认知，"中华民国现行宪政体制"，两岸过去20年来协商和交流互动的成果，以及台湾民主原则及普遍民意。

对于蔡英文此番表态，我们似有必要再重温"九二共识"的形成历程。1992年11月海协会与海基会香港会谈过程中，双方希望对两会交往与事务性商谈中如何表述坚持一个中国原则做出安排。

为寻求共识，海协会代表提出了5套方案，海基会代表则提出了8套方案，其中第8案是："在海峡两岸谋求国家统一的过程中，双方虽均坚持一个中国之原则，但对一个中国的涵义，认知各有不同"，并建议"以口头声明的方式各自表述坚持一个中国的原则"。海协会认为，该方案表明了台湾方面坚持一个中国原则、谋求国家统一的态度。因此，海协会认为基本上可以接受与海基会各自以口头声明的方式表达坚持一个中国原则的态度，但也提出希望海基会能够确认这是台湾方面的正式意见。

不久，海基会发布新闻稿并致函海协会，表示已征得台湾有关方面的同意，"以口头声明方式各自表达"。基于此，海协会正式以电话告知海基会："贵会建议采用贵我两会各自以口头声明的方式表述一个中国原则。我们经研究后，尊重并接受贵会的建议。"海基会迅速回复海协会并确认："本会征得主管机关同意，以口头声明的方式各自表达，可以接受。"随后，海协会致函海基会，提出了海协会的口头表述内容："海峡两岸都坚持一个中国的原则，努力谋求国家统一。但在海峡两岸事务性商谈中，不涉及一个中国的涵义。"并将海基会的第8案附在函后，作为双方彼此接受、各自表述的共识内容。

对此，海基会回函时未表示任何异议，此后海基会也从未否定海协会以附件方式给海基会去函中的第8个表述方案。尽管当时两岸双方没有赋予会谈达成的共识以特定名称，但其内容是客观存在的，也经双方官方授权确认，其核心是双方均表示坚持一个中国原则，两岸不是国与国关系，双方均表示要谋求国家统一。

时至今日，蔡英文选前提出的"维持现状论"回避"九二共识"核心，就职演说虽提到"两岸人民关系条例"，传达了一定的善意。但两岸关系的政治基础不可能是台湾单方面文件。过去两岸共同遵守一个中国原则，后来双方就一个中国原则展开密切的沟通和对话，通过函电的往来交换意见，最后形成了"九二共识"。也就是说，"双方就一个中国原则问题形成的共识才是政治基础"。蔡英文绕来绕去，却始终不愿触及 1992 年两会会谈达成的共识本身，反而"暗中划水"继续"去一中化"。蔡英文讲话发表后，大陆官方站在尊重历史的角度，有理有据做出回应称，蔡英文的表态"在两岸同胞最关切的两岸关系性质这一根本问题上采取模糊态度，没有明确承认'九二共识'和认同其核心意涵"，因此是"一份没有完成的答卷"。由于蔡英文当局回避了一个中国原则的政治基础，建立于此之上的两岸制度化交往形同被掏空了地基。岛内有识之士担忧，民进党当局走不出"台独"意识形态泥淖，仍旧不愿承认"九二共识"，破坏了两岸关系和平发展的政治基础。

两岸政策上民进党企图用"障眼法"蒙混过关，在内部施政上，民进党不顾"当家不闹事"传统，上任伊始以"转型正义"为名，对国民党展开全面清算，卸任的领导人马英九自然难以幸免。

（二）瞄准马英九

马英九的退休待遇。5 月 20 日，66 岁的马英九卸任台湾地区领导人回归平民角色，八年任期兢兢业业却又毁誉参半，在昔日"小马哥"额头和眼角都平添了道道无奈的皱纹。台湾地区领导人直选以来，马的前任李登辉、陈水扁在下台后都"不甘寂寞"，要么努力延续台湾政坛"教父"角色，要么虽深陷囹圄仍不断制造话题维持影响力。马英九会选择什么样的退休生活，会不会遭遇绿营的报复性清算呢？

根据规定，马英九卸任后每个月可享受 25 万元（新台币，下同）的礼遇金，并随公教人员待遇调整；8 至 12 名安全护卫，必要时得加派；同时提供聘请处理事务人员、司机、租用办公室及各项事务等的费用，卸任第一年800万元，第二年递减为700万元，第三年600万元，第四年500万元，第五年以后不再递减。该礼遇有效期与任职期相同，担任过八年台湾地区领导人的马英九，待遇可享受至2024年5月，每年可领1100万至800万元。目前马英九已在台北市内湖区租用了一处约100坪(1坪合3.3平方米)的场所，作为卸任后的办公室，而住所则选择搬回其位于文山区兴隆路二段已居住30多年的老宅。

卸下领导人职务后的第一个清晨，马英九就前往住家附件公园晨练。除不改酷爱健身的习惯外，马英九表示，对于有些关心却还未完全实现的议题，会持续关注，任内非常重要的政绩就是致力于维护台海、东海、南海区域和平稳定。为此，马英九原本计划于6月15日赴香港出席"2016卓越新闻奖"颁奖典礼并发表专题演讲，内容主要涉及两岸关系与东亚形势。马英九办公室表示，为免有心人士恶意炒作，马将当日往返，全程透明公开。

一个危险的信号。虽然马英九希望将退休生活安排得"有滋有味"，但接踵而来的烦心事让他恐怕很难"安度晚年"。马英九提出赴香港演说的申请后，绿营民意代表、"本土激进社团"及亲绿媒体一面倒地横加指责，或称马违反了"国家机密保护法"，或直接祭出"倾中"红帽，批评马"今日去香港，明天去中国"，对蔡英文当局频频施加压力，要求"不能让马英九出境"。"台独"社团"永社"直言，"要让马英九比照陈水扁卸任后因案遭到限制出境"，"就是要对马报复性告发"。

民进党当局本就不愿让马英九继续维持政治影响力，因此顺水推舟，由蔡英文委派相关机构专门组成一个评估小组，经过几轮大张旗鼓地会议与讨论，最终做出了不予放行的决议。

马英九及国民党虽然对民进党当局的作法提出抗议，但也无法改变最终结果。马英九表示，不排除再次申请赴港访问。但民进党当局似乎就是要给马一个"下马威"，并对其未来出访"立下规矩"。蔡英文办公室发言人黄重谚表示，"希望利用这次经验建立模式"。陆委会副主委邱垂正称，如果马英九要出访，需符合"国家机密保护法"，如果去大陆访问，还要受"两岸人民关系条例"第九条的规范，即"政务人员退离职未满三年，欲进入大陆地区应经申请，并经'内政部'会同'国安局'、'法务部'及陆委会组成之审查会审查许可"，这意味着马英九三年内若想申请赴大陆地区，就必须接受联合审查。

暗中又举司法大棒。岛内有舆论认为，蔡英文当局以行政手段阻挠马英九出访，也许只是拉开了绿营对国民党及马英九政治清算的序幕。在绿营内部，始终有人认为陈水扁遭牢狱之灾是国民党政治迫害的结果，因此也要将马英九送进监狱。此前"马王政争"被视为最佳突破口，只因马任内拥有刑事豁免权而作罢。随着马英九任期届满，绿营早已按捺不住复仇的欲火。台北市长柯文哲公开讲，"陈水扁的牢房要保留，以后马英九还用得着"。

马英九卸任前夕，民进党前发言人黄帝颖与一些"台独"团体，分别向台北地检署及"特侦组"告发，指控马英九涉及三大案，分别是"大巨蛋图利案"，指控马英九担任台北市长期间私下同意免除"大巨蛋"标案得标厂商远雄集团的营运权利金，涉及违反"贪污治罪条例"；二是与前"检察总长"黄世铭共犯泄密案；三是"财产来源不明"。同时，民进党"立法院"党团总召柯建铭控告马英九涉嫌教唆泄密，向法院申请政党轮替后限制马英九出境。

马英九面临司法调查压力的同时，保外就医中的陈水扁突然动作频频，先是在"5·20就职典礼"前故意放风称，陈水扁获得了蔡英文邀请并一度准备出席，随后又派其子陈致中参与旁听在日内瓦举行的世界卫生组织大会，紧接着于6月4日以"扁办即将断炊关门"在台北举办大型募款餐会，蔡英文也委托民进党副秘书长代为出席，陈菊、赖清德等绿营实力派人物纷纷前往捧场。民进党才刚刚上台，陈水扁就高调复出，反映出台湾政治和司法的无奈。既然司法要在权力面前低头，那么民进党利用执政资源，对蓝营政敌进行政治清算，恐怕也非意料之外了。

民进党为何不放过马英九？虽然蔡英文在竞选中高呼"蓝绿和解"，但其上台后的做法显然还没有摆脱"蓝绿对立"的思维惯性。

一是要对绿营基本盘有所交代。民进党能够在2008年败选后溃而不散、谷底翻身，其稳固的基本盘可谓功不可没。因此选后蔡英文当局也要对绿营基本盘有所交代，目前紧锣密鼓推进的"转型正义"，包括追查国民党党产、消除威权象征都有此意。对马英九展开政治清算，否决马英九赴港申请，也起到了向基本盘输诚和谢票的效果。

二是转移民众对民进党两岸政策的疑虑。两岸政策一直是民进党的软肋，蔡英文上台即将满月，由于迟迟不肯正面回应"九二共识"，已让两岸关系陷入僵局。随着时间推移，若民进党仍无建树，其在岛内面临的政治压力也会逐渐增大。这种情况下，民进党当然不愿看到马英九还有空间继续在两岸及区域事务中发挥影响力。因此除了驳回马英九的访港申请外，绿营势力还对马英九的"两岸成果"提出司法指控。据报道，专责侦办"匪谍""外患罪"的台湾"高检署"，已收到针对马英九参加"习马会"而被以"外患罪"提起的告发，反映出绿营内部欲给马英九扣上"卖台"帽子，为民进党缓解两岸政策压力的急切心态。

三是借"贬马"巩固民进党执政合法性。据台北地检署说明，马英九被控告的案件中，大部分已经过严格调查，并无涉贪证据。但民进党御用律师、前发言人黄帝颖等人，目前紧咬马英九所涉"大巨蛋"案及"黄世铭泄密案"不放，希望在此找到突破口。前"检察总长"黄世铭已依"通讯保障及监察法"等罪判处 1 年 3 个月徒刑，并处以45.5 万元罚金。虽然马英九对自己的清白很有信心，但在绿营操作及媒体渲染下，马英九的形象难免再遭贬损。民进党则借"贬马"拉抬自身形象，增强其执政合法性。

可见，不放过已经卸任的马英九是民进党一石多鸟的选择。但马英九也不必过分紧张，因为按照台湾检方说法，领导人卸任后出现"告发潮"并非特例，李登辉卸任也发生过类似"告发潮"，"陈水扁的情形就更加严重"，因此马英九遭此待遇也就不足为奇了。

（三）蔡英文的好日子难长久

胜者王侯败者寇，国民党失去政权后遇到民进党的多方面打击，马英九的退休日子不好过，那么蔡英文上台后的风光能延续多久呢？岛内民调显示，蔡英文的执政蜜月期其实并没有维持太久，7 月 17 日，民进党召开重新执政后的首次"全代会"，蔡英文致辞时以非常严肃的态度表示，上台两个月，民进党当局遭遇了桃园机场灌水、"雄三飞弹"误射、"华航"罢工以及台东风灾等严重考验。

听得出来，蔡英文认为民进党面临着强大的执政压力，并表示"这些有的是长久的结构性问题"，"有些是临时的突发状况"。那么，蔡英文在执政后遇到的问题，真如其所言都是客观因素使然？难道与其自身道路选择而造成的结构性困境没有关联吗？事实上，蔡英文上台后，很多难题是其无法回避而又难以解决的。

一是"台独"理念与台湾发展利益之间的矛盾。民进党在意识形态上追求"台湾独立"，其党纲明确以建立"主权独立自主的台湾共和国"为目标。虽然在1999年为求胜选，又出台了"台湾前途决议文"，首次承认了"中华民国"，但在"台独"分离路线上并无实质改动，因此"台湾前途决议文"又被视为民进党路线转型的底线。坚持"台独"理念的民进党，拒绝认同"九二共识"与承认一个中国原则，也导致其与大陆之间无法建立政治互信，因此也影响到其他层面的交往。而台湾在目前的内外环境、经济结构及产业分工下，要走一条摆脱大陆发展经济之路，几乎注定会与其发展利益相背离。民进党若要重新执政，就必须为自己设置的羁绊解套。

2008年蔡英文接任党主席后，为应对两岸关系和平发展对民进党形成的压力，在2010年底"五都"选举之后，开始推动以"十年政纲"为核心的路线转型，但其本质是回避和不承认"九二共识"，以"两国论"定位两岸关系，在"台独"问题上换汤不换药。在2012年选举中，蔡以缺乏实质内容的"台湾共识"回答两岸路线考题，最终导致"考试不及格"。2014年蔡英文回锅担任党主席后，又提出了更具模糊性和技巧性的"维持现状"政策，表示尊重"九二会谈"的历史事实，还搬出"中华民国宪法""两岸人民关系条例"等相关规定。通过这些调整与策略表态，蔡英文试图在坚守"台独"理念，与展现维护两岸关系稳定姿态、安抚岛内民众上取得暂时的平衡。但事实上，蔡英文的"维持现状"政策在民进党上台后也依然是"一份未完成的答卷"，其始终最关键的两岸关系性质这一根本性问题上采取模糊态度，没有明确承认"九二共识"及核心意涵，由此从根本上动摇了两岸关系和平发展的基础，也会对两岸同胞的共同利益与台湾的发展利益造成损害。

二是"议会路线"与社会运动潮流之间的矛盾。虽然蔡英文在2008年抗议陈云林访台而引发流血冲突后，表示未来将采"议会路线"与街头路线并进互补，并以"议会路线"为优先的策略。但"树欲静而风不止"，在蔡英文希望强化"议会路线"的同时，受全球性"公民运动"与台湾社会结构变化的影响，岛内也迎来了社会运动的新高潮。民进党要在此浪潮中站稳脚跟并有所发展，就必须在两者之间做出选择与平衡。

蔡英文接任民进党主席后，主动与社会运动分进合击，营造加乘效应。在2014年党主席选举政见中明确提出，"经过群众路线到议会路线，民进党未来更要与公民团体建立共识、互信，以及共同的行动目标，积极走向公民路线"。在"立法院"，蔡英文两届党主席任内虽只占据27席与40席，但却发挥出了超过其席次的不对称优势。

民进党执政后，这一矛盾依然存在但内涵出现了变化。成为"立法院"第一大党的民进党已实现全面执政，因此无论从实力还是"当家不闹事"的现实利益，蔡英文当局都更愿意遵循体制内的"议会路线"。而岛内社会运动浪潮虽告一段落，但那些没有被民进党"招安"的社运力量，有的以组建党团的方式继续活动，有的则坚持街头路线，要求民进党兑现选前的承诺。如何安抚这些昔日战友，也是蔡英文未来要处理的课题。

三是民进党基本盘封闭化与中间选民扩大之间的矛盾。台湾蓝绿对立的二元政治结构不易化解，受此影响，经济上的中间阶层，在政治上依旧难免非蓝即绿的选择。而民进党的社会基础又较国民党具有更强的"本土性""草根性"特征，意识形态上"左倾"激进特性突出，基本盘形成了抱团取暖、相对封闭的特征。这种局面与政党建设中要求扩大社会基础，争取中间阶层、中间选民的目标存在天然矛盾。

蔡英文在带领民进党夺取政权的过程中，绿营基本盘表现出了较高的凝聚力，"含泪也要票投民进党"。对于中间选民，蔡英文抓住岛内社会普遍关注的贫富差距与分配正义议题，将社会经济政策向"左"调整，以"分配正义"为口号吸纳"三中群体"，全面阐述其解决贫富差距与落实世代正义的理念。而老对手国民党则受执政身份拖累，几无还手之力。

蔡英文上台后，选民期待其能兑现提振经济、解决贫富分化等承诺。但蔡英文团队开出的包括"新南向政策"在内的药方能否奏效，目前看前景并不乐观。随着选民与民进党的执政蜜月期退热，蔡英文面临的压力势必增加。而绿营基本盘在蔡英文胜选后，既要求分享"胜利果实"，也希望在"台独"的道路上再往前迈进，让蔡英文难以避免地陷入争取中间选民与巩固基本盘之间的纠结。在7月"全代会"

上，蔡英文提出的"种种改革没有躁进空间"，"要走稳健改革路线"，本质上就是面对两难困境的无奈表态。

四是派系文化与强化领导核心之间的矛盾。派系政治是民进党政党文化的重要特征，派系协商对党内权力分配与决策有重要影响。民进党虽在2006年做出解散派系的决议，但派系运作只是从公开转入地下，派系政治角力的结构并未改变。作为非典型政治人物的蔡英文，入主民进党之初没有明显派系背景，党内资历又无法与"四大天王"等拥有战功的党内大佬相比，若要号令全党，首先需要树立其领导权威。因此亟须打破传统派系共治结构，改变党内政治生态，建立起以蔡英文为核心的领导体制。

2008年接手民进党后，蔡英文首先安抚蠢蠢欲动的派系势力，继而以小额募款的方式，迅速解决了当时最为棘手的财务危机，初步树立起个人权威。在六年多的党主席任内，蔡英文发挥其非典型政治人物的优势，以不同于民进党传统派的柔性风格，带领党完成蜕变，也实现了个人与政党实力的互利式增长。

但蔡英文上台执政，并不意味着就彻底收复了党内派系势力。此前党内各派系为重返执政而暂时隐忍的矛盾，有可能因权位分配再度浮出水面。目前蔡英文对谢长廷、苏贞昌、吕秀莲、游锡堃等党内大佬采取的"敬而远之"策略的效果似乎出现弱化，吕秀莲等开始放话表达对蔡英文的不满。而蔡英文以苏嘉全强压柯建铭取得"立法院"院长职位的做法，也势必加深蔡英文与柯建铭之间的嫌隙。未来"立法院"到底"姓蔡"还是"姓柯"，双方关系如何平衡，也将考验蔡英文的政治智慧。本次"全代会"的改选名单中，"新潮流系"成为最大赢家，蔡英文如何平衡好和新潮流这个党内最强派系之间的关系，也关乎其能否稳住党内。

五是民进党的草根型政党招牌与权贵化趋势之间的矛盾。民进党延续了国民党威权统治时代"党外运动"的血脉，政党文化也继承了"党外"人士的斗争性格。在发展早期，为了与国民党的社会基础相区隔，偏向强调自身代表"本土"、南部与劳工阶层等属性，在政治人才选拔和政治语言运用上表现出较强的草根性。这种特征对草创期的民进党进行政治动员、凝聚基本盘发挥了重要作用。

随着民进党两次执政，党内也逐渐形成了以派系为基础的利益集团，政党权贵化特征开始显现。从选举来看，民进党过去攻击国民党的"政二代""父传子"现象在其党内大行其道，从蔡英文的表姐林美珠任"政务委员"，苏贞昌女儿苏巧慧担任"立委"，再到陈菊侄子、亲信安插到多个重要部门，都显示出民进党也无法摆脱"权贵化"趋势。未来民进党如何让曾支持他的中下层选民还相信，民进党还是代表他们利益的草根型政党，将对蔡英文构成新的考验。

这样来看，马英九或许也不必悲观，蔡英文也高兴一分钟就好，执政者要想取信于民，就需要有正确的历史观和价值观，才能从台湾人民根本利益出发，做出正确的判断，解决困扰已久的难题。

二、两岸关系面临新考验

2016年，两岸关系发展进程因台湾政局变化发生逆转，和平发展道路面临严峻考验。造成这种局面的原因，根源首先在于民进党当局不承认"九二共识",单方面破坏两岸共同政治基础。从两岸关系本身来看,民进党上台两岸将进入对立、对抗与竞争的新时期。但两岸关系并非只有大陆与台湾两个关键因素,台湾问题从来都无法回避背后牵涉的美国及周边国家因素。

随着近年来中国在经济、军事方面与美国的实力差距缩小,美国对中国的战略疑虑进一步凸显。美方的疑虑突出表现为视中国为美在亚太乃至全球霸权的挑战者,强烈质疑中国正在试图重塑地区安全格局,挑战美国对亚太盟国的安全承诺。在行动上,美国认为中国设立东海防空识别区、在南海填海造地与建立设施,显示中国采取了扩张战略,美国则采取了直接派军舰、军机进入中国岛礁附近宣扬航行自由,并支持周边国家以提交联合国海洋法法庭进行国际仲裁等方式,加大制衡中国的力度。

同时,美国还利用朝鲜年初进行的核试验与卫星发射,首度确认与韩国开始部署高空区域防御系统(即 THAAD,萨德反导系统),该举动客观上将对中国造成战略抵消作用,打破东北亚地区现有的战略平衡。"相关国家围绕威慑与防御的计算与推演将更加复杂,引发并加速军备竞赛,甚至导致战略误判"的风险势必上升。在美国内部现实主义逻辑抬头、担心中国威胁美国地位的思路下,美国的战略选择或将刺激中美战略博弈升级。

而台湾地区作为美国亚太战略布局与遏制中国的重要棋子,就可扮演重要角色。目前,两岸关系和平发展因岛内政局轮替已处于停摆乃至倒退状态,民进党当局虽不断释出希望经济交流的讯息,但其政治上不接受"九二共识"导致两岸关系处于冷和平状态,将来呈螺旋式下跌的保险栓已被打开。民进党当局在政治、安全上进一步寻求美国庇护，未来在对台军售及建立美日台三方"准军事同盟"，开展安全合作等领域，台湾方面对美国的主动性与配合度将会更高，引发两岸关系风险冲突的概率也相应升高。

民进党上台后，以"柔性台独"策略拥抱深绿的态势已然出现，其中为强化台湾经济主体性，弥补因两岸关系受损而受冲击的岛内经济，蔡英文当局提出发展与东南亚、南亚"多面向伙伴关系"的"新南向政策"。

"新南向政策"的立意早在李登辉、陈水扁时代就已产生，但因违背客观规律效果有限。但从民进党与"台独"势力一脉相承的政治逻辑出发，"南向"仍是其实现远离大陆目标的选择。该政策"新"在：一是由过去南向政策只针对东南亚6国（新加坡、马来西亚、泰国、菲律宾、越南、印尼），扩大至东盟10国，以及南亚6国（印度、孟加拉国、斯里兰卡、巴基斯坦、不丹和尼泊尔）。二是合作领域扩大，强调双方往来合作而不仅局限在单项投资。三是当局更加重视，成立专门直属机构"新南向政策办公室"和研究单位"东协及南亚研究智库"，协调当局多部门配合政策实施。

大陆在"一带一路"《愿景与行动》文件中，特别强调要"为台湾地区参与'一带一路'建设作出妥善安排"。但目前台当局舍近求远，导致大陆的"一带一路"建设与台当局的"新南向政策"在时间点、地理范畴、实施领域均出现重叠部分。这种局面就为相关国家在两岸间提高要价，要挟两岸提供了机会，如处理不当遭损害的将是两岸中国人的利益。

在南海问题上，针对南沙整体形势的变化，并且为了彻底改善中国南沙岛礁民生、基本军事防御和维护主权的需要，中方于2013年底在自己控制的岛礁开始了扩建工程，这些岛礁都远离国际航道，并不存在影响航行自由的问题。但美国和菲律宾、越南等国反应强烈，指责中国岛礁建设"规模过大、速度过快"、"岛礁军事化"。

民进党南海政策的基本点是宣称不放弃太平岛"主权"，但却不明确主张对整个南海海域的所有权，尤其反对与大陆联手维权。目前，台湾方面实际控制南海太平岛，岛上建有机场等军事设施，名为维护"主权"，实则更多着力预防两岸冲突时大陆对台湾海上补给线的威胁。民进党当局为达到其彰显"主权"的目的，在南海争端国际化背景下，也会更加积极主张多边机制解决争端。若民进党当局在美日及南海周边国家施压下，在"断续线"等问题上弃守底线，将不仅为捍卫中华民族"祖产"、维护南海主权增加更多困难，也会进一步伤害两岸人民的民族感情，冲击两岸关系。

三、谈谈台湾的族群问题

2016年8月1日，是民进党上台后设立的首个"原住民日"。竞选期间蔡英文就提出若当选，将以"总统"身份对台湾少数民族道歉。蔡英文就职后迅速推动设立"原住民日"，并兑现道歉承诺，向台湾少数民族发表3千多字的道歉讲话，还宣布设置"总统府原住民族历史正义与转型正义委员会"。

但蔡的道歉似乎没有迎来预想的掌声，反而引发大批对蔡英文道歉内容不满的台湾少数民族抗议人群。蔡英文代表台当局向台湾少数民族道歉，实质是在触碰台湾敏感的族群神经，有以台湾少数民族之名，行推动"台湾民族建构"之实的企图，用消费台湾少数民族历史的方式，为"台独"寻求历史依据。当年处于草创期的民进党操弄"打倒外省人"，"本省人出头天"或可取得成果，但若继续食髓知味、如法炮制，还想利用台湾少数民族话题向建构"台湾民族"迈进，则可能引火烧身。

（一）台湾族群问题缘起

台湾的族群问题表面看是一个民族学概念，实质上发展为政治性议题，成为一个被政治建构且用来实现政党利益的工具。根据社会学对族群的界定，族群是一个小于国家、民族概念之下的、具有不同文化的社会团体。在台湾与族群常常同时被提起的省籍，则是小于族群的子概念。

族群由英文 ethnic groups 翻译而来，该词出现在英文中的时间并不长，大约从 20 世纪 50 年代才开始在英文世界普遍使用，是指"因为拥有共同的来源，或者共同的祖先、共同的文化或语言，而自认为，或者是被其他的人认为，构成一个独特社群的一群人"。族群的位阶一般认为大于家族，而小于民族或国家。研究发现，当人们以"族群"概念进行人群分类时，其标准多为：与我有共同的文化与祖先来源的人同属一个族群。

台湾的族群起源与民主化进程密不可分。台湾的民主化有其特殊背景，首先是 20 世纪 70 年代开始，国民党赖以维持统治的"中国法统"基础陷入崩解，为延续统治的合法性，国民党被迫扩大本土人士政治参与的机会。但进入 80 年代，随着台湾经济结构变迁与社会结构日趋分化，国民党统治的合法性受到严峻考验，反对运动呈风起云涌之势。为了与国民党的"中国民族主义"相抗衡，反对派及后来成立的民进党力求以民主化与本土化为武器，去建构"台湾民族主义"。这一过程中，"省籍"、方言等因素就成为构建"认同政治"的工具，分阶段逐步形成了独具台湾特色的族群关系。

（二）台湾族群问题本质

族群是一个涵盖了血缘、地域、文化、政治认同等因素的综合性概念，族群到底是一个客观的范畴，还是主观上形成的想象呢？作者认为，族群不是因为有一些本质性的特质才存在，而是被人们的族群想象所界定出来的。台湾学者王甫昌认为，"族群并不是团体"，而是"一套关于如何分类人群的意识形态"。

一般认为族群应具有共同的生活地域、血缘亲近、文化传统、生活经历、历史纽带等，通过这些带有独特烙印的客观存在，而区分我群与他群。但表象有时候并不代表真相，细究这些现象，每一个客观存在的要素到底在构成族群认同中的权重占多少，是否真的能够对族群意识在形成阶段就产生决定性作用，其实还要进一步论证。

根据台湾族群形成的经验，一是在时间线索上，族群的形成与政治民主化发展阶段高度重合。20 世纪 70 年代起，随着台湾当局代表被逐出联合国，国民党陷入合法性危机，岛内民主化运动兴起，台湾的本省人族群意识发展壮大。20 世纪 80 年代后，以民进党成立为标志，台湾民主化进入快车道，闽南人、客家人、台湾少数民族的族群意识也在这一时期借助族群运动而成型。90 年代以来，随着国民党内主流派与非主流派之争引发分裂及新党成立，外省移民产生危机意识与相对弱势感，又导致外省族群意识形成。

二是就产生过程而言，对自身弱势地位的认定与假想敌观念的形成，是某群体建构族群想象的催生因素。台湾目前普遍认可的四大族群，其客观存在的时间与族群观念的形成并不同步。无论是早期的台湾少数民族，还是迁台已长达百年的闽南人、客家人，其当前族群观念的普遍形成都不过短短三四十年。这既与政治环境宽松化有直接关联，也与对自身弱势地位的认知，以及"假想敌"观念形成后，所凝聚出的患难与共的共同体意识相关。

三是族群意识的建构是台湾民主化与本土化的副产品。台湾的所谓四大族群，都是在台湾民主化与本土化浪潮中形成的。为了打破国民党一党独大的局面，反对势力除了高举民主化旗帜外，还将国民党塑造为压迫台湾人民的"外来政权"，以本土化的"台湾民族主义"来质疑国民党的"中国民族主义"，客观上起到唤起本省人群体的受压迫意识与悲情心态，造成了本省人族群意识的产生。

四是族群与民族之间的界限并非不可逾越。族群作为具有一定文化传统与历史的群体，和作为与固定领土相联系的政治实体的民族之间，既存在重要差别，但也非不可逾越。族群有可能转变为民族并重写自己的历史。有些少数族群为了使自己的分裂主义运动具有某种合法性，也会努力证明本族群曾经是一个政治相对独立的民族，而且具有悠久的历史，而这些历史的可信度并不为当局和其他族群承认。"可一旦这个族群争取到了独立，那么这一套民族历史，也就成为新国家历史叙事的正式官方文本"。

（三）台湾的四大族群

当代台湾社会的族群分类是从 20 世纪 70 年代后逐步成型的。

台湾少数民族族群。20 世纪 80 年代之前，台湾并没有出现"台湾少数民族族群"的认同。台湾少数民族的认同与团体归属，主要限于自己的部落或部族。台湾少数民族不同部落之间的差异或敌意，甚至大于同汉民族之间的分歧和矛盾。直到 20 世纪 80 年代台湾民主化与本土化进程中，才逐渐建构出相对于"汉人"的"台湾少数民族族群"意识和身份认同。

据台湾学者研究，1624 年荷兰统治之前，台湾少数民族是台湾岛上唯一的主人。随着移民逐渐增加，台湾少数民族渐渐成为少数族群。日本占领台湾后，为了解台湾少数民族的风俗习惯，成立了"临时台湾旧习惯调查会"，设立"番族科"，并于 1920 年代将"番族"即后来所称的台湾少数民族，分为八个族群。1930 年"雾社事件"后，台湾少数民族成为以汉人为主体的社会中的弱势群体。1945 年台湾光复后，国民党大致沿用此分类，认定台湾少数民族有"九族"（泰雅、赛夏、布农、邹、鲁凯、排湾、卑南、阿美、雅美），近年来又增加了邵人而成为"十族"。

长期以来，台湾少数民族的"十族"之间地理分布各异，语言、文化、习俗差异明显，甚至存在很深芥蒂，彼此原本缺乏认同感。但从 20 世纪 80 年代台湾民主化运动与政治转型开启后，"党外运动"

打出"住民自决"口号，借以打击以外省人为主的国民党统治的合法性。这也导致"原住民运动"随之兴起，台湾少数民族族群认同逐渐形成。由"原住民运动"所发展出来的"原住民"群体意识，是以汉人为参照物和压迫者，从而增强了各部族间的认同感，愿意联合起来向汉人政权争取更多的权力。但事实上，台湾少数民族中的也存在汉化比较彻底的"熟番"，如邵人等，其在文化与生物特征上的族群特质已经弱化，更多是出于政治需要而强推的身份认同与族群认同构建。据台湾官方统计，截至2014年底，台湾少数民族人口数约54万，约占台湾人口总数的2.3%，属于族群中的绝对少数。

本省人与其中的闽南人族群、客家人族群。一些台湾学者认为，台湾的"本省人"归属感，是在1945年台湾光复后才出现的。当时的本省人与外省人之间，虽然有着文化上的差异，但并没有不平等认知的成分。造成二者看待对方由差异走向敌视进而形成不平等认知的转折点，则是"二二八事件"，形成了被压迫的本省人认知，使得外省人与本省人成为壁垒分明的两个群体。而此前本省人内部差异明显的闽南人与客家人之分，闽南人内部的漳（漳州）泉（泉州）矛盾，都在这一主要矛盾下被掩盖了。

随着台湾民主化与本土化进程深化，反对党持续从语言、文化、历史等角度尝试建构"台湾民族主义"的想象，其中人数占优势的闽南人群体成为强势群体，而这又引发本省人中的客家群体受压反弹，于是在80年代出现"还我母语"等"客家族群运动"，导致"客家族群"观念形成。

外省人族群。外省人的族群观念得到进一步凝聚是在政治上"大权旁落",文化上优越感逐步丧失之后趋于明显的。蒋经国过世后,国民党内以李登辉为首的本土势力逐步掌控局面,代表外省势力的"非主流派"在政争中落败,随后成立的新党以"小市民代言人"自居,其"反台独""反独裁"的理念,以及选举中诉求的"中华民国保卫战"策略,让外省人之间抱团取暖的意识和弱势地位感进一步增强。

花莲县石梯坪雌雄雕塑（摄影者：张喆）

2017

失望的选民

2017 台南街头竞选广告（摄影者：王鸿志）

台湾开启政党轮替以来，"执政"就要挨骂已是家常便饭，但2016民进党上台后，原来华丽的承诺渐次破灭，蔡英文执政满意度下滑速度之快还是超乎预期。选民逐渐体会到，绚烂的政治烟火也许激动人心，但柴米油盐才是过日子绕不过去的核心。

一、盘点民进党当局社会政策

　　民进党作为一个谋求"台独"、从"党外"运动起家的"左翼"政党，其社会政策带有"中间偏左"色彩，提倡普遍性福利政策。蔡英文2016年刚上任就表示，劳工是民进党心里最软的那块。除劳工政策外，民进党上台后在两岸关系陷入停滞，台湾经济难见起色的情况下，社会政策成为其回应社会诉求，安抚民众的施政重点。

（一）年金改革

　　台湾年金制度较为复杂，由五种社会保险（公保、劳保、军保、"国保"、农保），一种社会津贴（老农），七种退休制度（军人、公务人员、教育人员、私校教职员、劳工、政务官、法官与检察官）构成，各种制度涉及不同机关，保障水平不一。国民党与民进党在年金制度上存在分歧。蔡英文任命的首任"行政院长"林全在年金改革上，基本以蔡英文竞选纲领为依据。

其基本目标是为老年人提供生活保障，同时维持年金制度的运行。但由于民进党的年金改革理念与国民党的"精英主义"路线存在利益冲突，即国民党建立的年金制度对军公教人员的待遇要较其他阶层更为优厚，而民进党的年金改革在"开源"无门的情况下，需要从军公教阶层"节流"。这势必激化社会矛盾，引发阶层对立。

从手段上，民进党年金改革小步快走、逐步落实。2016年5月，台当局公布"总统府国家年金改革委员会设置要点"，并成立"年金改革办公室"，筹办"年金改革国是会议"，并在全台各地举办了年金改革分区会议。通过这些步骤，期待达到"全民"参与讨论，"全民"为改革背书的目的。但从效果看，民进党年金改革已引发军公教人员反弹。2016年9月3日，约15万军公教人员发起以"反污名，要尊严"为诉求的抗议游行。原定于2017年1月21—22日在台北市国际会议中心举办的"年金改革国是会议"，也因担心"监督年金改革行动联盟"等团体的抗议，而临时改至"总统府"内举行，并将时间压缩为1天。

年金改革势在必行，但将加剧社会撕裂。民进党年金改革方案将"缴多、拿少、延长工作时限"，该做法虽遭遇抗议与阻力，但凭借其在"立法院"席次优势，最终获得通过的概率较高。同时，民进党以少数高级官员退休待遇过高为例，刻意引导民众将财政不堪重负的责任归咎于军公教阶层享受特殊待遇。这种手段背后包藏着打压国民党传统支持者的私心，但其表面理由也加剧了台湾社会的撕裂。

（二）养老制度改革

台湾已进入老龄化社会，预计2018年全台老年人口比率将达14.5%，达到高龄社会标准。随着"少子化"与家庭社会结构变化，养老压力日渐加大。在养老问题上，蔡英文当局提出要建立"优质、平价、普及的长期照顾体系"，称为长照2.0计划。其做法是，"由政府主导和规划，鼓励民间发挥社区主义的精神，透过社会集体互助的力量，来建构一套妥善而完整的体系"。其目的是让"每一个老年人都可以在自己熟悉的社区，安心享受老年生活，每一个家庭的照顾压力将会减轻"。

2016年9月，民进党当局通过了"长期照顾十年计划2.0"。该政策主要包括：一是延续过去的居家服务和日间照顾；二是扩大纳入50岁以上失智症者、55岁以上失能平地少数民族、49岁以下失能身心障碍者及65岁以上衰弱者等4类服务对象；三是重点建立以社区为基础的长期照顾体系；四是推动养老产业发展，增加就业岗位。

民进党当局应对养老问题而推出的"长照2.0计划"，其最大难题就是"缺人财"。2017年1月，"立法院"通过了"长期照顾服务法"修正案，以上调烟税与遗赠税的方式，作为长期照顾特种基金的主要财政来源。

具体规定是，未来每包烟的税率将调高20元新台币，而遗赠税税率也从10%上调至最高可达20%。该修法看似解决了财源，但遗赠税属于机会税，每年当局能够收缴并转移至养老服务的数额并不稳定，且在操作中"避税"问题普遍存在。加收烟税也有道德瑕疵，让当局在控烟、维护健康与养老中面临自我否定的窘境。而在人力方面，当局也未能提出切实可行的措施，去解决提高薪资待遇，开拓职业发展路径等长期制约养老领域人才匮乏的难题。

（三）社会住宅政策

为落实蔡英文竞选政见所提出的"安心住宅政策"，民进党当局规划八年内提供20万户社会住宅，其中直接兴建12万户，包租代管8万户，且只租不卖。目标是让"买不起房的青年、中产阶级、单亲家庭、身心障碍者及老年人皆可拥有安心的居所"。民进党当局已通过"住宅法"，规定经济或社会弱势人员的入住比率提高到30%以上。

民进党曾批评马英九执政时社会住宅重在租而不在买，但其执政后立即大转弯，明确将"只租不卖"，政策前后不一。另外民进党当局将中产阶级也列入社会住宅保障范围，虽然一定程度上能够讨好中产阶层，但也让社会住宅的托底作用被弱化，并造成新的分配矛盾。

（四）台湾少数民族福利

蔡英文竞选期间承诺，若当选将以"总统"身份对台湾少数民族道歉。上台后，蔡英文于8月1日"原住民日"向台湾少数民族发表3千多字的道歉讲话，还宣布设置"总统府原住民族历史正义与转型正义委员会"。在具体措施上，一是支持台湾少数民族产业自主创新发展，推出"原住民族经济产业发展4年计划"，辅以金融支持手段，提高台湾少数民族收入水平；二是提升台湾少数民族参加全民健康保险纳保率；三是落实"原住民族基本法"，推进建立台湾少数民族自治。

但蔡英文争取台湾少数民族的政策似乎没有迎来预想的掌声，反而再掀族群波澜，让台湾社会"浮现多年来少有的原住民与汉族的对立情绪"，"总统府"前滞留大批对蔡英文道歉内容不满的台湾少数民族抗议人群。民进党当年打出"住民自决"口号是要借以打击以外省人为主的国民党，而今民进党当局再炒台湾少数民族历史正义等问题，是以汉人为参照物和压迫者，也将滋生台湾少数民族与汉族的对立情绪。

另一方面，民进党当局未对日本殖民时期残酷的"理番"政策进行应有的批评，也再次暴露其"媚日"本质。从民进党当局不断强调台湾少数民族历史来看，其背后也包藏为"台独"史观寻求历史依据的动机。因此，"台湾少数民族历史正义"等问题，仍将是民进党执政期间可继续操作的议题，并借机切割台湾的一个中国框架。

（五）青年就业

青年学生及社会上的青年群体，受岛内经济不景气影响，面临就业困难、薪资低迷，以及成家立业、购房、子女抚养等多重压力，已成为近年来岛内社会运动的主要参与者。民进党利用青年选民的不满情绪，在 2014 年及 2016 选举中击败国民党，取得政权。但在执政后，如何满足青年群体的诉求，就成为民进党必须解决的问题。

针对青年就业，民进党当局提出"青年教育与就业储蓄账户方案"，鼓励高中职毕业后先寻求就业，工作三年后再转入大学求学，工作期间学生为全职工作者，企业需提供薪资等劳工权益保障，当局每月为此类学生在特定储蓄账户补助 1 万元（新台币），待三年工作期满可一次性领取。民进党当局表示，该政策出发点为让学生了解自我，缩短学用落差，并引进新的教育思维，扭转以升学为唯一出路的教育理念。该政策提出后遭到质疑，认为将导致资方对劳工有更大议价空间，进一步激化劳资矛盾。

台湾青年政治参与意识在近年来出现上升势头，并成为岛内政党轮替的重要推力。民进党上台后，在兑现对青年承诺上缺乏有效办法。目前，台湾青年陷入因经济成长放缓而导致的一系列问题。据台教育部门统计，大学生、高中生背负学贷人数逐年增加，在私立高校比例已超过四分之一。这部分学生进入社会职场后，又面临低薪及其他系列生活压力。

虽然民进党在选举中积极争取青年选民，但执政后在发展经济、做大"蛋糕"上乏善可陈，在分配政策上与资方妥协。这也导致民进党上台后，台湾青年中的"穷忙族"与"贫困世代"现象没有得到根本好转，原本支持民进党的青年选民逐渐失望并出现分化，一部分转而支持国民党，另有部分受"天然独"影响而转向更加激进的"时代力量"等新兴"台独"势力。

（六）食品安全

为落实蔡英文竞选期间的"食安五环"承诺，"行政院"2016年6月通过"食安五环的推动策略及行动方案"，表示将建立从农场到餐桌的食品安全体系。其政策手段主要包括源头控管，重建生产管理，加强市场查验，落实生产者与厂商责任，全民监督等五大措施，希望以此增强民众对台湾食品安全的信心。但在遇到诸如解禁日本核灾区食品进口等问题上，民进党当局在日方压力下立场后退，又希望以此做交易换取签署双边经贸协定。国民党已发起针对是否允许日本核灾害地区食品进口的"公民投票"，并突破成案的门槛。未来民进党在食品安全乃至对日关系方面，将面临很大的民意压力。

在社会政策上，注重分配公平，挑战传统阶级分野。民进党的社会政策虽然是安抚民众、巩固执政基础的举措，但能否收到预期效果，还要看台湾经济的复苏与发展情况。而这又与全球经济走势、区域经济整合，特别是两岸关系密切相关。

二、被取消的"5·20讲话"

5月20日是蔡英文就任台湾地区领导人一周年的日子，按照以往惯例都会举行庆祝活动并对外发表讲话。但这次蔡英文当局突然对外宣布："今年不安排媒体茶叙，也不发表谈话"。到底是何原因让蔡英文一反常态，打破惯例在上任周年的"好日子"不再发表讲话呢？细心的人会发现，就任一年来蔡英文的民调数据非常难看。《联合报》民调显示，蔡英文就职周年的满意度仅30%，不满意度高达50%，与马英儿就职周年52%的满意度相比，蔡英文输了22个百分点。更惨的是，蔡英文还输给八年贪腐的陈水扁，陈在2001年就职周年时，满意度还有45%。那么，蔡英文为何民意支持下滑如此之快呢。

（一）民意反噬
蔡英文原本自信能够玩弄民粹于股掌之中，结果却引火烧身。当今世界反全球化、反权威、反精英为特征的民粹主义大行其道，岛外有特朗普当选、英国脱欧，内有柯文哲"屌丝逆袭"。这让蔡英文及民进党认定，由于台湾存在分配不均、"世代剥削"、贫富差距不断拉大现象，进而滋生社会不满情绪，并于统"独"及"蓝绿"对立情绪相汇集，首先宣泄的对象是当时尚在执政的国民党。借用这股民粹氛围，蔡英文在2016年轻而易举地带领民进党击败国民党。

但"以分配正义、世代正义、缩小贫富差距"被动员起来的选民，一年来虽然看到了蔡当局高举"转型正义"大旗追杀国民党，也看到台湾股市终于站上万点大关。但在实际感受方面，2016年全年薪资增幅仅0.62%，甚至低于2015年的2.5%。

亲绿的《美丽岛电子报》5月初所做民调显示，选举时最支持蔡英文的20—29岁青年选民，一年后竟成为最不满蔡英文的人群，不满比例高达63%。甚至过去屡试不爽的"统独牌"，也在2017年"斩首蒋介石铜像"后出现"副作用"，原本矗立在台南的日本工程师八田与一铜像也"惨遭斩首"，部分民众开始反思在民进党与"独派"鼓噪下，国家认同的混乱与"认贼作父"的悲哀。

虽然民意如流水，但蔡英文仅一年时间就让支持度急转直下至此地步，在岛内政坛也属罕见。除了前述罗智强引述《联合报》民调外，近期大量调查都验证了该现象。泛绿阵营的"台湾民意基金会"4月底民调显示，民进党执政一年的满意度仅为30.6%，不满意度接近60%。"台湾世代智库"4月底民调也显示，蔡英文满意度为40.8%，不满意度高达54.7%。5月18日，台湾"守护民主平台"公布其委托台湾政治大学选举研究中心所做民调，显示民众对蔡当局整体满意度仅 18.4%，不满意度高达 76.4%。

（二）施政碰灰

蔡英文一年内部施政可归纳为几个方面，一是政治领域主打"转型正义"，虽然讨好部分深绿选民，但也造成社会撕裂等负面影响。二是社会分配领域推动多项改革，但很多政策不够周延导致不同程度反弹。三是经济领域聚焦于"前瞻计划"，规划以八年 8800 亿新台币的基础建设规模，刺激台湾经济发展。但受岛内选举政治影响，目前蓝绿执政县市围绕资金流向竞争激烈，引发"钱坑投资""选举绑桩"等争议，蓝营也在"立法院"发动抗争，未来能否收到预期效果尚存疑问。

从政党性质看，民进党成立之初的基本支持者以劳工、小资产阶级、农民，以及部分中产阶级与知识分子为主，这样的阶级基础决定了其政策必须体现关怀弱势、伸张正义、分配公平等指标，因此民进党上台后对社会政策多所着墨也是其政党性质使然。但从效果看，民进党的社会改革多踢到铁板。

拿已获通过与正在推动的"一例一休"与"年金改革"为例。"一例一休"本意在改善劳工条件，结果却在民进党操作下成为"看得到吃不到"的鸡肋改革。简单讲，"一例一休"规定执行将给岛内服务业特别是中小企业的经营活动造成诸多不便，工商团体纷纷表示不满意。

而民进党传统支持者劳工、青年团体对民进党未能兑现承诺当初承诺也不能容忍，劳工并没有获得实质好处，蔡英文当局陷入"骑虎难下"窘境。年金改革过程中更是社会争议不断，民进党以军公教人员为改革对象，弱化了军公教对民进党的信任，最终影响其执政效能与行政稳定，也造成了劳工阶层与军公教阶层的对立，加剧社会分裂。

（三）两岸关系僵冷，国际空间萎缩

蔡英文在 2016 年 5 月 20 日就职演讲中虽表示，要依据"中华民国宪法"和"两岸人民关系条例"等相关规定，处理两岸事务。但在各方最为关心的两岸关系性质上采取模糊态度，没有明确承认"九二共识"和认同其核心意涵，因此是"一份没有完成的答卷"。受其影响，两岸关系和平发展的政治基础不复存在，两岸两会协商机制处于中断状态，两岸经贸人文交流亦受波及，台湾民众的切身福祉蒙受损失。

据台湾陆委会公布数据，2016 年 1 至 11 月，大陆赴台经贸交流人数较上年同期减少 24.8%，赴台观光人数减少 16.1%。2017 年 1 至 4 月，大陆赴台游客人数为 61 万，较去年同期下降 50.2%。近乎腰斩的数据背后，是台湾旅游业荣景不再，尽管蔡当局一再说陆客不来有"新南向"国家游客填补，但岛内旅游业者分析，东南亚及日韩游客在台的消费能力远不及大陆游客，2017 年第一季度收入因此减少 236 亿元新台币。在两岸投资方面，均呈现明显下滑态势。

蔡英文当局虽知目前的内外困境，皆肇因于其破坏两岸政治互信基础，但却不愿做出务实调整，反而不断狡辩或企图蒙混过关。2017 年 4 月以来，蔡英文密集接受路透社、《联合报》以及六家外媒联合采访，对两岸关系不断发声，提出两岸出现"新情势、新问卷、新模式"，要求与大陆共同答卷，建立创新的"结构性合作关系"。

5月18日，台陆委会主委张小月也亲自上阵，指责大陆坚持对台设置政治前提，紧缩两岸官方互动及交流，阻碍两岸关系良性发展。台湾方面一系列发言背后，充斥着既不愿面对"九二共识"，又要求大陆向台湾让利的奇怪逻辑，归根结底是要将蔡英文上任一年来两岸关系断崖式下跌的责任归咎于大陆，转移民众对其不满情绪。但如一位台湾学者所言，"蔡英文要处理两岸关系，怎么样都要回到一个中国原则，不回到怎么样都没可能，且越慢回，付出的代价越高"。

国际空间不断萎缩。蔡就职一年来，非洲的圣多美和普林西比与台"断交"，欧洲及中南美洲"邦交"也不断亮起红灯。台湾参与国际民航组织（ICAO）及世界卫生大会（WHA）的企图也被打了回票。在蔡当局祭出"新南向政策"期望有所突破时，越南、柬埔寨等国纷纷与中华人民共和国发表联合声明，重申坚守一个中国政策与支持和平统一大业的原则立场。面对上述种种压力，蔡英文就职周年与其尴尬面对施政窘境，或许不如选择回避。

三、链接：解码《中国新歌声》节目在台遭闹场

2017年9月24日，一档风靡两岸的选秀节目《中国新歌声》租借位于台北市的台大（台湾大学）操场，举办"《中国新歌声》上海·台北音乐节"活动。活动开始后，部分台大学生以"抗议校方将田径场租借给中国大陆选秀节目，造成跑道受损，影响学生受教权"为由，用鸣笛、投掷物品、呼喊口号等方式，导致节目无法正常进行而被迫临时中止。这批抗议者随即占领舞台，高呼"统战活动退出台

湾"等口号，还有抗议学生与在场统派团体人士爆发冲突，并出现互相指责对方先动手的"罗生门"。

台北市长柯文哲表示，上海市与台北市早在2011年就签署了文化交流备忘录，相关活动已进行了三年。另据岛内媒体报道，《中国新歌声》已在台湾25所高校和3个社区举办过活动，就在本场活动举办前的9月20日和22日，台湾世新大学和文化大学也分别举办了《中国新歌声》校园行活动，所有行程均热烈而圆满。那么，到底是何原因，让本应单纯的文化娱乐事件，染上浓浓的政治色彩，其背后隐藏了哪些秘密哪？

（一）密码一：台大

台大是台湾大学（National Taiwan University）的简称，其前身是日本殖民统治时期的"台北帝国大学"，1945年台湾光复后，改名为"国立台湾大学"。1949年国民党当局退台后，台大取代了当时尚未在台复校的中央大学，成为台湾地区教育主管部门资助经费最多的大学。台大虽有"台湾第一学府"之称，但绝非学术净土，长期扮演台湾"民主运动的策源地""学生运动的孵化器""社会运动的发动机"等角色。

从1986年发生在台大的"李文忠事件"，到1990年加速台湾民主化进程的"野百合学运"，再到2008年抗议"陈江会谈"的"野草莓运动"，又到近年来的"反媒体垄断运动""太阳花学运"，台大学生及所属社团均在其中扮演了关键角色，很多参与者由此走上政治道路。

台大学生会虽然是校内正式的学生自治组织，但从"野草莓运动"

以来的会长，很多都热衷参与学运社运。尽管维护公平正义等传统"左派"路线曾占据校内社会运动主流，但随着2014年"太阳花学运"以来岛内政治氛围与民意情绪偏向激进，台大内部的学运社团也出现更多"台独"声音。除学生会等"体制内"社团外，台大还有大量如"浊水溪社"等社团，这些社团理念上更加"激进"，组织上从在校内单打独斗，发展到成立台湾北部区域性学生组织，乃至形成全台性串联。

因此，在目前岛内政治认同混乱，国家认同错位，民进党上台后"独派"势力更加蠢蠢欲动，两岸关系紧张程度不断上升的形势下，校园内部的一些激进社团，不愿放过《中国新歌声》活动在台大举办的机会，上演"反中"抗议闹剧也就不足为奇。

（二）密码二：柯文哲

该事件发生后立即在岛内掀起轩然大波，成为各方博弈焦点。代表台当局的"内政部"发表声明稿称，因音乐节活动影响学生使用田径场，损害校园环境，引发学生抗议，并发生"中华统一促进党"成员持棍攻击台大学生。"内政部长"叶俊荣极为"震怒"，要求相关单位对特定政党团体涉入集会游行加强搜证侦办。"内政部"一纸声明，形同主观认定学生抗议有理，与学生发生冲突的人士是"黑道成员"。而台北市长柯文哲则认为，台北市政府作为协办机关，"没有看到什么疏失"，并称"抵抗力强就不怕外面细菌"。但民进党内多股力量则对柯文哲穷追猛打，指责柯文哲无能才导致台大学生受伤。民进党发发表声明，要求"台北市政府、警方及台大校方引以为戒"。民进党"立委"段宜康指责柯文哲的谈话"让人不寒而栗"，"是在帮中国更顺利进入台湾社会",“这个市长其实就是细菌"。

此次台大运动场闹剧的背后,确实埋藏着"项庄舞剑意在沛公"的政治算计。台北市长柯文哲一直是民进党"既爱又恨"的角色,2014年柯文哲以"政治素人"参选成功,但柯文哲上任后既不愿被民进党收编,又占据关键的台北市长一职,被民进党内很多政客视为眼中钉。而上任后民调直线下滑的柯文哲,在2017年参与上海"双城论坛"以及举办世界大学生运动会后,施政满意度出现止跌回升迹象,2018年连任似乎转趋乐观。

受此影响,在9月召开的民进党第17届二次全代会上,通过了"2018年直辖市及县市长提名特别条例",其中第六条规定:非民进党执政县市长提名如有"特殊选情考量",得经中执会决议后,另订方案执行,该条款也被认为是"柯文哲条款",显示出蔡英文与柯文哲达成某种政治协议。

但民进党内并不买账的声音高涨,会上就有党代表发言反对,称"不要再跟魔鬼交易,不要再被柯文哲绑架勒索",党内"立委"郑宝清等也提案要求民进党自提台北市长候选人。而民进党内以赖清德出任"行政院长"及相应人事调整为契机,在未征得柯文哲同意下,突然以明升暗降方式,换掉柯文哲力保的台北市警察局长邱丰光,敲打提醒柯文哲意味浓厚。而本次台大举办音乐会并发生冲突事件,正给民进党内原本就对柯文哲不满的势力,提供了借题发挥、打压柯文哲的突破口。也难怪有台湾网友吐槽,"这事情的目的就是为了恶心柯文哲"。

（三）密码三："反中"

这场看似由台大学生冲在前面的抗议活动，其背景并不单纯。"时代力量"党团助理陈为廷在活动前就在"脸书"煽动，"上海台办将该活动当作统战工具"，并要求台北市政府作出回答。亲绿学者范世平也发文称，观众一定要带"国旗"进场，"让大陆歌手知道，我们是个主权国家"，活动当天则有"独派"团体前来参与闹场。为何一场娱乐活动，会被激进人士视为"特洛伊木马"而严加防范？国台办发言人在回答台湾记者提问时表示，"把这场活动泛政治化的人，可能是缺乏自信，可能是出于特定的意识形态偏见"。国台办发言人虽含蓄地使用了"可能"二字，但明眼人看得出，该评价一语中的。

我国改革开放以来的成就以及两岸实力差距的拉大，在岛内一些别有用心人士的宣教下，让很多台湾民众产生了"大陆吞并台湾"的危机意识，以及过度敏感的"敌我意识"。而伴随台湾政治转型，李登辉及民进党接续进行的"台独工程"，导致台湾民众本土意识不断增强，国家认同出现偏差，青年一代落入了"台独"分子设置的"本土为名，台独为实"的陷阱，模糊甚至丧失了对国家历史、文化甚至领土、主权的正确认同。

近期台湾"中央选举委员会主委"刘义周在一场研讨会上表示，从1992年到2017年，岛内"台湾人认同"比例从20%成长到60%上下，而认为自己是中国人的比例，则从25%下降到不足5%。因此当这场活动被抹红为"统战阴谋"，被煽动要"展现台湾主权立场"时，青年群体中的"反中"情绪就很容易被政治人物所点燃。台湾媒体人黄智贤忧心忡忡认为，台大校园音乐节闹剧，是"太阳花3.0"，

"独派"想要借此教训整个台湾社会，"台湾只属于台独"。但"台独"幻想的泡沫吹得越大，破灭的日子也会来的越早。

屏东县鹅銮鼻海边景色（摄影者：张喆）

2018

新政治现象

阿里山第一树神（摄影者：张喆）

近年来，台湾社会民意变化加剧，民意如流水，水能载舟亦能覆舟。民进党尚未充分享受执政带来的喜悦，就面临执政困境。在2018台湾地方选举中，更遭遇始料未及的溃败。

一、"九合一"选举大逆转

台湾地区的选举种类繁多，最多时曾达到13种以上。各类选举多且由于任期不一、选举时间不同，常让选民应接不暇，或干脆视而不见、参与度下降，而选务机关也要耗费大量人力物力疲于应付。因此从节约资源提高效率等角度，从2012年开始，其地区领导人选举和"立委"选举"二合一"举行。又从2014年将其县市及以下层级选举合并举行，称为"九合一选举"。

"九合一选举"包括了6名"直辖市"市长、375名直辖市议员，16名县市长、532名县市议员、198名乡镇长、2095名乡镇民代表、7853名村里长、6名"山地原住民"区长、50名"山地原住民"区代表。这也意味着在这次选举中，每位选民要选出大到县市，小到村里的各级"父母官"，以及相应的"议员"。

（一）选举背景

从政治氛围看，对执政党不满情绪快速发酵。台湾社会就像一个"压力锅"，本次选举前，民进党上台执政超过两年，但许多涉及民众利益的重大改革举措搞得民怨四起，选举成为民意发泄的出口。

2016 年民进党推动的休假制度"一例一休"本想兑现承诺讨好劳工，结果却让劳资双方都不满意。2017 年开始的年金改革，引发岛内退休"军公教"群起抗争。而旷日持久关于同性婚姻合法化的争论，也在蔡英文上台后取得实质性进展，台湾成为亚洲地区第一个同性婚姻合法化的地区，但却造成世代冲突与社会撕裂。"转型正义"相关法案则暴露了民进党以执政资源打压竞争对手的"假民主"嘴脸。2017 年通过所谓"促进转型正义条例"并设置"促进转型正义委员会"后，虽然宣称"要还原历史真相并促进社会和解"，实则是对国民党釜底抽薪的政治追杀，不但国民党中央立即陷入"无米下锅"的窘境，更成为民进党的"政治打手"。选前与蔡英文关系密切的"促转会副主委"张天钦在内部会议上称，要操作国民党新北市长参选人侯友宜在郑南榕事件中的角色，并将本单位自比明朝臭名昭著的"东厂"，并说"这个如果没有操作很可惜"。此番言论被自家委员曝光后，引发舆论哗然。

从经济社会基本面看，相对剥夺感加剧。产业结构两极分化，以台积电等为代表的高科技电子产业竞争力强，其他传统产业则受劳动力成本上升、研发投入不足等竞争力下降。制造业工人规模缩减，第三产业吸纳就业人口虽有上升，但薪资水平相对韩国等"四小龙"成员相对较低。

由于产业升级的不均衡，导致社会财富的分配进一步向少数精英阶层汇集，错过了 20 世纪八九十年代台湾"钱淹脚目"的大批年轻人，此时面临相对剥削感加剧的境遇。虽然社会也催生出"小确幸"的生活态度，但如果生活和心理的平衡被打破，仍会泛起反抗的浪潮。

从信息传播方式看，互联网和新媒体改变了政治参与。台湾是"脸书"、line 等新媒体工具使用率最高的地区之一，在 2014 年的"九合一"选举中，柯文哲逆袭成功，很大程度上就要归功于网络时代来临，以及其善用新媒体传播。

四年后的又一次选举，台湾网络及新媒体又有了新的发展，政治人物的粉丝团规模已成为其支持率的重要基础。以互联网为竞选战场，以网民为选民，成为候选人争取支持的重要渠道。有了这些新媒体渠道，即使一个草根庶民，只要你会表达善沟通，你的故事足够煽情催人泪下，就有机会实现过去只有靠长期地方经营加上砸大钱才能收到的效果。

（二）选举过程

"九合一"选举在全台 22 个县市同步展开，其中又以占台人口近七成的"六都"（所谓的六个"直辖市"）选情最为关键且激烈，台北市、新北市、台中市、台南市，以及高雄市都呈现经典战例。

台北市。台北市长选举在无党籍市长柯文哲，国民党与民进党的"老候选人"丁守中与姚文智间展开。柯文哲 2014 年凭借民进党支持、国民党气势低迷、对手连胜文被标签化等诸多因素胜出。上台四年明星效应有所下降，因出席"双城论坛"、发表"两岸一家亲"论述等与民进党尤其是"独派"势力交恶，还被民进党内"新潮流系"视为未来潜在对手，过去所谓的"大绿小绿结盟关系"消失殆尽，如何连任难度不亚于当年初次竞选。

国民党提名的丁守中自称"当选台北市长是终身志业"，曾五度参与党内初选，但1994年对上前市长黄大洲、1998年对马英九、2006年对上郝龙斌、2014对上连胜文都输在了党内初选，2018年的党内初选他击败了钟小平、孙大千、张显耀等对手终于获得国民党提名。丁守中此次的优势在于对手阵营出现内讧，民进党内不但难以形成支持柯文哲的共识，最后还提名本党候选人，同时台湾社会对民进党的不满情绪发酵，为国民党重夺台北市创造了外部条件。

民进党提名的姚文智处境尴尬，虽是"正牌"的党籍候选人，但党内对其既没有"用真心，更没有动真情"，民进党支持者在选举中很多选择投柯文哲或不投票。最终台北市的这场"三国演义"，柯文哲仅以超过丁守中3200余票、得票率领先0.15%的微弱优势赢得连任。柯文哲的得票比4年前少了近27万，但丁守中的选票也比4年前的连胜文少了3万票，姚文智则没能开出民进党的基本盘，仅获得24万票、得票率约11%。这场选举柯文哲虽赢的艰辛，但国民党未能夺回泛蓝大本营台北市，除丁守中个人原因外，也反映出台湾社会，尤其在台北市等都会选区，选民对传统政党认同度下降，蓝绿之外第三势力初步站稳脚跟。

新北市。新北市近400万人口，是全台最大票仓，本次选举上演"警界硬汉"与"电火球"的碰撞。

国民党提名候选人为现任副市长侯友宜，侯长期在警界任职、屡立战功，曾任"内政部警政署署长"、警察大学校长等，后随朱立伦赴新北市并任副市长近8年，服务表现获得新北市民认可，侯友宜从提名后就维持领先态势。

民进党内虽有上次小输朱立伦的游锡堃有意再战，但游与侯在民调看好度上差距较大，蔡英文更属意由苏贞昌披挂上阵。苏是陈水扁时代的"四大天王"之一，在陈水扁入狱、谢长廷等淡出政坛后，苏在党内仍有一席之地。2010年县市选举时弃选新北转战台北，喊出过"不会第三次选新北市长"，本次再战虽有食言之嫌，但党内全力为其解套。陈菊表示，"苏贞昌是有责任感的人，战士没有选择战场的空间"。民进党中央希望凭借贞昌的爆发力，以及在新北的基层经营，帮助民进党和蔡英文守住新北市的基本盘。

从最终结果看，本次选举投票率高于上届，投票人数增加近14.5万人，侯友宜得票率57%，拿下116.5万票，较四年前的朱立伦得票率成长7%、增加25.6万票；苏贞昌以43%得票率落败，得票数为87.4万票，较四年前的游锡堃还少了6万票，得票率缩减6%。侯友宜在中和、永和、新店等传统蓝军票仓，都获得超过上届朱立伦的得票。而在板桥、新庄、土城这三个人口最多的摇摆区，得票也超过苏贞昌。在同为摇摆区且近年外来迁入人口最多的林口、三峡、淡水三区，侯友宜也全数超过苏贞昌。

民进党此次在新北市再遭败绩，首要原因仍是受蔡当局执政不利拖累，逆风迎战。其次从个人看，苏贞昌不仅食言，而且"回锅"，让选民缺乏新鲜感，与侯友宜淡化蓝绿的非典型政治人物相较，其竞争力已难复当年之勇。因此尽管民进党在新北市的市议会及"立委"

席次上，都占据优势，但在市长选举中，仍不敌国民党候选人。

台中市。台中市共29个行政区，人口逾281万人，是全台第二大都市圈。2010年升格为"直辖市"，首任市长为国民党政治明星胡志强，但在2014年选举中，寻求连任的胡志强被民进党提名的林佳龙击败，2016年"大选"蔡英文在台中市以五成五得票率领先，8席"立委"民进党赢得4席，国民党3席，"时代力量"1席，蓝绿席次比由上届的蓝5绿3逆转为蓝3绿5。2018年"九合一"选举，受民进党当局执政绩效不佳，岛内民意厌恶民进党的大氛围不断发酵的影响，国民党提名的卢秀燕猛攻对手空污治理不力，并结合韩国瑜助攻，以20多万票的优势终结林佳龙连任。

台南市。台南市于2010年由台南县和台南市合并升格为"直辖市"，是民进党传统票仓。原台南县从1993年陈唐山当选县长以来，就由民进党执政，原台南市自1997年张灿鍙当选市长起也长期由民进党执政。2014年市长选举，赖清德更拿下73%的历史高票，国民党此前最高纪录是2008年"大选"由马英九拿下46%选票小输民进党。

此次选举民进党提名新潮流系的台南市"立委"黄伟哲，国民党则提名前台湾省议会议长高育仁之子高思博。这场原本悬念不大的选举，在2018年整体上对执政的民进党不利的大氛围下，再加上绿营或非传统政治人物参选，导致民进党候选人腹背受敌，出现台南市选举中少有的惨胜局面。最终黄伟哲仅赢第二高票的高思博5万余票，尤其在旧台南市区仅领先高思博不足4000票。行政区方面，国民党上届在台南市各个区全面落后民进党，本次则在传统军公教集中的新营区、永康区、安平区等 8 个区取得领先。此外，两名无党籍参选人陈永和及林义丰的得票率之和超过 20%，如果这部分选票转向蓝绿任何一方，都将产生决定胜负的关键性效果。

高雄市。高雄市长选举是本次地方选举的指标战役，主角分别是陈其迈与韩国瑜，另有两位无党籍参选者声量较低对选情难造成影响。本次选举的最大特点就是颠覆传统，过去高雄市已经由民进党连续执政超过 20 年，从上到下"绿化"程度不断加深，此次民进党内视高雄市长职位为"肥缺"，认为只要党内出线当选就顺理成章。其内部各派系围绕候选人提名争夺激烈，最终陈其迈出线，但各派系在竞争中矛盾加深，选战开始后内部存在出工不出力，甚至暗中掣肘的现象。

本次选举的大环境也出现很大变化，从 2014 年时的"讨厌国民党"变成了"讨厌民进党"，整个岛内对蔡英文上台后的执政表现怨声载道，高雄市在民进党长期执政下，很多深层次问题开始显露，韩国瑜喊出高雄市"又老又穷"，"民进党又不是高雄人的爸爸，凭什么必须支持民进党"，这些直白语言激起了民众共鸣。在选举策略上，韩国瑜将"空战"与"陆战"相结合的优势发挥到了很高水准。针对自己在高雄市缺乏基层经营又没钱的窘境，韩国瑜从一开始就非常重视利用新媒体打宣传战，放于启用 批熟悉网络生态的年轻人进行网络营销，同时将宣传重点不仅局限在高雄，还每周多次前往台北市接受电视、网络新媒体等采访，制造全台性话题来带动在高雄的人气。

在组织战上，韩国瑜起初单枪匹马，带着几个年轻幕僚在高雄市深入基层接触百姓，韩国瑜自身江湖海派的性格，与台湾南部乡亲的口味其实较为吻合，尤其是民进党在高雄长期执政下，党内反而产生了脱离民众的贵族化气质，再加上后期国民党也发动党内资源，为韩国瑜举办多场造势活动，最终激发出高雄市原来对国民党已失去信心的原蓝营选民，以及那些在民进党执政下生活并不如意的基层民众，将韩国瑜当作改变自身生活境遇的寄托。

最后选举结果，韩国瑜以 15 万票的领先优势，终结了民进党在高雄市的长期执政，再次证明了一条真理，民心是最大的政治，如果一个政党停留在过去的成就上不思进取，内部结成利益集团，就会逐渐失去进取的动力，最终被人民所抛弃。

桃园市。桃园市于 2014 年由桃园县升格为"直辖市"，这里曾是"党外"势力发迹之地，民进党内也有过"桃园帮"。2001 年之后国民党在此执政 13 年，在 2014 年首次"直辖市长"选举中，民进党提名的郑文灿爆冷击败国民党寻求连任的末代县长吴志扬。

吴家在桃园是横跨政商两界的地方望族，从祖父吴鸿麟到父亲吴伯雄，以"一门三县长"传为佳话。郑文灿"草根"当选后，延续其长期以来深耕桃园基层，勤勉务实的作风，通过扎实的市政表现，使其在桃园市蓝绿各界都广受好评。

2018 年选举虽然大环境对民进党不利，但郑文灿凭借其在当地的优秀政绩，从选举开始后就始终保持民调一路领先。国民党则出现内部分裂，候选人陈学圣受到同党籍"立委"杨丽环脱党参选的挑战。陈学圣虽为国民党内早年政治明星，但其在与郑文灿的竞争中仍面临全面落后局面，最终郑文灿大赢陈学圣 15 万票，并首度在全部行政区皆获胜。郑文灿在民进党执政县市全面溃败之下，得票逆势上涨，也进一步提高了党内的地位。

最终，本次选举国民党大赢，县市长由 6 席成长为 15 席，民进党由 13 席跌至 6 席，国民党从民进党手中夺得高雄市、台中市、彰化县等重要县市执政权，无党籍的台北市市长柯文哲以微弱优势获得连任。但国民党能否延续胜选态势，在 2020 重夺政权，成为岛内下一阶段政治争夺的焦点。

二、国际战略环境变化与两岸关系

2018 年是我国改革开放 40 周年，改革开放的成就极大地提升了中国的国际地位，也为实现国家统一提供了根本保证。另一方面，当前世界战略格局正在发生深刻变化，中国所处的国际战略环境机遇与挑战并存，竞争态势复杂，对维护两岸关系、推进统一进程提出了新课题。

（一）中国国际环境面临的挑战与机遇

2018 年以来，中国国际环境面临的形势更加严峻复杂。

一是美国等西方国家不断强调在经济贸易领域对中国进行反制。特朗普 3 月 22 日宣布将依据美国贸易代表办公室 (USTR) "301 调查"采取行动，对中国价值 500 亿—600 亿美元的产品征收新关税。舆论认为，特朗普这样做是要在 11 月中期选举前落实承诺的贸易保护措施，但一项着眼于短期政治利益的政策可能对世界最大的两个经济体造成长期破坏。

二是公开鼓动在政治安全领域遏制中国。美国白宫发布《国家安全战略报告》，将中国视为"战略竞争对手"。国防部《国防战略报告》声称美国安全的首要关切不再是恐怖主义，而是大国间的战略竞争，中俄首当其冲。《核态势评估》也将中俄并列为美国核安全的主要威胁。特朗普在2018年《国情咨文》中首次将中国称为"对手"（rivals）而不是"竞争者"（competitors），表示未来面对这些危险（dangers），美国必须采取措施，而"无与伦比的力量是我们防御的最可靠手段"。

三是逐渐显露出对中国软实力增长的担忧。美国国家民主基金会的一份报告将中国在文化、教育、科技、政治等领域的影响力称为"锐实力"（sharp power），英国《经济学人》杂志将"锐实力"定义为"主要是指独裁或威权政权通过胁迫、操控外国人的态度来增强自己的影响力"。"软实力"的提出者约瑟夫·奈也认为中国利用软实力充当锐实力工具，最佳的防御措施就是进行曝光。所谓"锐实力"的提法，其实就是"中国威胁论"的新版本。

中国国际战略环境面临新的全方位挑战表明，西方世界特别是美国还不能接受一个蓬勃发展、全球影响力不断增大的中国，对中国战略的不信任溢于言表、根深蒂固，试图通过更多样的防范、遏制与对抗手段来求得内心的安全感。但我们在居安思危的同时，也需要把握国际环境的积极变化。

一是新兴经济体的发展势头仍在持续，中国参与全球治理仍有较大发挥空间。从发展中世界来看，中国是新兴经济体增长的"引领者"，印度经济在"金砖国家"群体中继续保持较快增速，俄罗斯、巴西、南非的经济不同程度脱困。以"金砖国家峰会"为代表，新兴经济体国家集体性发展势头仍在继续，发展中国家与发达国家的实力对比日趋均衡，发展中国家对全球治理方式的主张的影响力也越来越大。

二是中国积极参与国际分工、贡献中国智慧、提供全球性公共产品的成果有目共睹，贡献不容抹杀，中国构建人类命运共同体的价值理念将会得到更多认同。当今世界多极化、经济全球化、社会信息化、文化多样化深入发展，新兴经济体和广大发展中国家快速兴起，正在改变国际力量对比和重塑国际关系理论与实践，"西方中心论"已难以为继，国际社会迫切呼唤新的全球治理理念。在新中国成立特别是改革开放以来成就的基础上，以党的十八大为新的历史起点，中国特色社会主义进入了新时代，中国特色社会主义的道路、理论、制度、文化不断发展，拓展了发展中国家走向现代化的途径，为解决人类问题贡献了中国智慧和中国方案。这些智慧和方案，随着中国经济成为拉动世界经济增长的主动力（2018年中国对世界经济增长的贡献率为27.5%，比1978年提高了24.4%），随着"一带一路"建设的推进，随着我们从政治、安全、经济、文化、生态五大方面推动构建人类命运共同体的努力，将会逐渐被世界上越来越多的国家和人民所了解和认同。

三是中国管控政治安全风险的能力不断提升。随着我国综合国力的提升，中国受侵略的危险已成为历史。十一届三中全会以来，我们构建和维护了改革开放所需的和平发展环境。在维护自身安全的同时，中国在行动上积极参与联合国领导下的维和行动，如今成为派遣国际维和部队人数最多的国家。在理念上，中国提出了"共同安全"的理念，强调尊重和保障每一个国家的安全，上海合作组织就是中国新安全观的体现。同时，中国在面对挑战和压力时的应对手段和工具箱也更加丰富，如处理南海、中印边境争端时更加游刃有余。

（二）国际格局变动下的两岸关系面临新考验

我国面临的国际环境风云变幻，挑战增多。解决台湾问题，完成祖国统一，是实现中华民族伟大复兴的应有之意，但台湾问题的产生与国际格局变化，特别是美国因素密切相关。

一是大国关系调整与美国对华施压直接冲击两岸关系。冷战后一度缓和的国际局势出现动荡，近年来大国博弈强度增加，传统安全领域竞争加剧。美俄、俄欧关系紧张，在苏联地区、中东明争暗斗，外交关系不稳，军费开支与武器研发升级，对抗性增强。美国利用台湾问题向中国施压，公开挑起或介入中国周边事态频率上升。

近10年来特别是十八大后的五年里，中国发展出现一个由量的积累到发展阶段提升的重大跨越，相应地，外界看待中国的眼光也出现新的变化。预计在2018年，按照市场汇率计算的中国国内生产总值（GDP）将超过美国的三分之二，而二战后美国只遭遇过被苏联和日本逼近式超越的经历，但这两国对美国的逼近式超越也都止于经济规模略超美国三分之二之时。所谓的"大国赶超陷阱"已近在眼前，中国能否摆脱历史的魔咒，走出不同于苏联和日本的赶超道路呢？

中美竞逐在特朗普上台后面临新的严峻形势，美国利用蔡英文当局打"台湾牌"以遏制中国的图谋与动作力度明显加强，美台政治军事合作更趋紧密。这又促使大陆持续强化维护国家领土主权的能力和意志，解放军突破第一岛链进行绕台飞行巡弋，台海安全态势面临升级压力。未来中美围绕台湾问题的交锋频率有可能会不断上升，台海成为东亚地区乃至全球危机引爆点的风险也同步增长。

二是经济全球化进程面临反复与民粹主义抬头影响两岸关系。近年来，曾一路高歌猛进的经济全球化进程遭遇激烈反弹，以民粹主义为支撑的贸易保护主义抬头。美国退出"跨太平洋伙伴关系协定"（TPP），并对多个盟国挥舞提高关税大棒。英国脱欧进入实质性谈判，欧洲一体化进程遇挫。打破目前国际贸易规则，造成全球化进程反复的最直接推手是美国的特朗普。

目前特朗普已对华挥舞制裁大棒，中美贸易战似乎已经箭在弦上。蔡英文当局虽然死心塌地要追随美国，但特朗普反全球化的大棒并不会绕过台湾地区，如果中美贸易战爆发，台湾地区也很难独善其身。中美贸易战将加速带动台商回流，另有许多台商开始转移生产据点，大陆不再是首选的加工出口基地。在民进党当局推动"新南向政策"助力下，让台湾经济尽量摆脱对大陆的依赖，成绿营人士在经济政策上努力的方向。

民粹主义抬头的表现除经济上呈贸易保护主义外，政治上表现为排外、仇富等反体制思潮兴起。受其影响，台湾社会反体制情绪发酵，社会运动频发，从"太阳花学运"开始，岛内中间选民、青年选民等传统冷感选民开始参与政治，在2018年出现以"韩（韩国瑜）粉"为代表的大众参与政治热潮。虽然"韩粉"以执政者为抗议对象，但其代表台湾社会对现存体制以及对收入差距、阶层差异、世代鸿沟的不满。而这种不满情绪又很容易被在政治光谱上立场激进的政党所带动，导向反对两岸合作，将两岸经济合作描述为独厚特定群体而伤害到台湾一般民众利益，成为两岸关系发展新的不稳定因素。

三是新一轮产业革命下，中国崛起与国际竞争变化重塑两岸关系。以互联网、大数据、人工智能为先导的工业4.0时代快速开启，全球经济面临新的增长点。各国能否抓住本次产业革命机遇，将决定未来在国际竞争中占有什么样的战略地位，因此各国已提前打响人才争夺战、科技竞争战，如何突破技术壁垒、发挥人才优势、保持创新动力，成为各国竞争的新领域。在本轮产业革命中，中国正在加快从要素驱动、投资规模驱动发展为主向以创新驱动发展为主的转变，加快建设创新型国家，同时大力深化供给侧结构性改革，加快建设制造强国。在此基础上，推动形成全面开放新格局，落实构建人类命运共同体目标。

但美国曲解中国意图，从维护美国比较优势出发，担心"中国制造2025"中规划的重点领域形成成熟的技术能力和先进制造能力，将与美国具有比较优势的高技术领域形成直接竞争，威胁美国的领先优势。由发表301调查报告开始，加大对华遏制。与此同时，两岸现代服务业合作、创新合作等新动能也在累积，在台当局缩紧经贸政策的背景下，大陆新经济发展动能持续增强，不仅带动台湾信息电子产业、机械产业的出口，也拉动台商参与新经济发展。在市场规律主导下，创新驱动利益再分配让台湾企业受益，台湾企业作为受益者，也将思考维护两岸关系和平发展大局的现实意义。

三、人物链接：韩国瑜

纵观2018年，台湾最受瞩目，也最值得记录一笔的政治人物，非韩国瑜莫属。在2018年台湾县市长选举中，韩国瑜以15万票优势，击败民进党对手陈其迈，结束民进党在高雄市长达20年执政，成为国民党内"挽狂澜于既倒"的大功臣。那么，原本声名就不算显赫，且已沉寂多时的韩国瑜，是如何在耳顺之年突然变成岛内耀眼的政治明星？有人说"韩国瑜现象"是时势造英雄，也有人认为是英雄造时势，但韩国瑜本身所拥有的独特气质，是其能够在台湾政坛崛起的内因。韩国瑜的性格上，有一股江湖侠义、快意人生的劲头，这股劲头，也铸就了他的人生路。

（一）出身行伍

1957 年 6 月 17 日，韩国瑜生于台北县一个眷村家庭，其父韩济华与母亲莫蕴芳都是河南商丘人，父亲在抗战爆发后投笔从戎，考入机械化学校战车学生队三期，后加入中国远征军赴印度抗击日军。国民党在大陆失败后，韩国瑜父亲也如同几百万国民党军政人员一样，告别家乡来到台湾这个陌生而遥远的地方。韩家的遭遇，与 20 世纪经历国共内战和骨肉分离之痛的千百万中国人有很多共同之处，"大江大海 1949"在韩国瑜心中绝不是文艺气息的怀旧，而是有着深刻的家国情怀。

随着"反攻"大陆无望，韩家和百万大陆老兵一样，都在台湾逐渐扎根繁衍，韩国瑜幼年时光也在眷村中度过。韩国瑜父母都曾在家乡就读师范学校，因此在教育韩国瑜等子女方面非常重视，韩国瑜在初中时学业成绩尚可，但初中后期因陷入男女相思而致成绩一落千丈，从尖子班被分到了"放牛班"，勉强进入一所私立高中就读。1975 年高中毕业前夕，国民党当局鼓励青年从军，韩国瑜认为以自己成绩很难通过大学联考，因此向父母提出去报考军校，并最终被高雄凤山陆军官校录取。

据韩国瑜自述，军校毕业后被任命为少尉排长，后被派往当时的最前线——马祖的莒光岛担任汽车连副连长。从军六年之后，24 岁的韩国瑜以上尉军衔退伍。韩国瑜在军队的表现也可圈可点，他带的兵很多年龄都比他大，尤其在离岛服役时除了自然条件要比台湾本岛艰苦许多外，那里的士兵很多也更加"彪悍"，容易酒后闹事，但这些困难都没有难倒韩国瑜，他带的兵不但没有不服管教，很多老兵还和韩国瑜成了好朋友。服役的最后一年，韩国瑜被调回花莲，这里成为他人生的一个重要转折点。

（二）重入校园

当时韩国瑜所在汽车连隔壁是卫生连，那里有许多从医学院的高才生，这些人扎实的知识功底和聪明的头脑，让韩国瑜自叹弗如，也重新燃起他继续深造的渴望。下定决心后，韩国瑜奋发图强，把高中阶段荒废的课程重新捡起来一遍遍自学，在 1981 年退役 3 个月后走进考场参加大学升学考试，并被东吴大学英文系录取。

进入大学后，韩国瑜没有虚度光阴，但他的大学生活也不是完全泡在象牙塔内读书，而是开始了半工半读的生活。这其中的缘由据韩国瑜讲，退役时他有 10 万元（新台币，下同）积蓄，这在当时也不是笔小数目，但韩国瑜将这笔钱都给了父母，自己则选择打工赚钱。

大学期间韩国瑜做过饭店夜班保安、接线生等工作，到毕业时韩国瑜又对国际关系产生了兴趣，于是选择报考研究生，并被台湾政治大学东亚所和淡江大学国际战略所同时录取。由于政大每月可提供 4 千元奖学金，于是韩国瑜就选择了政大。在政大期间，韩国瑜的实习工作"升级"了，他开始在台北市议员冯定国等人的联合办公室担任议员助理，同时还在《中国时报》社大陆室担任译电员工作，这段经历也为他将来从政奠定了基础。

（三）步入政坛

韩国瑜虽然在求学道路上走了些弯路，但成家立业上直奔主题，毕业就与女友李佳芬结婚，并决定投入台北县议员选举。

1989年，刚从研究所毕业的韩国瑜决心参选台北县议员，但这有悖于国民党内论资排辈的文化，地方党部甚至要对韩国瑜祭出停权一年的党纪处分。韩国瑜并未退缩，相反以一股子拼劲，用四处募集而来区区90万元竞选经费，靠自己的勤奋、热忱与坚持打动去选民，最终当选县议员。随后几年韩国瑜在民意代表这条路上越走越顺，县议员任期届满又去挑战"立委"，1993年顺利当选第2届"立委"，并连任3届直至2001年底，期间还担任过国民党"立法院"党团书记长。

在这九年"立委"生涯中，韩国瑜并不是问政最专业表现最亮眼的，可名气却不低。韩国瑜出身眷村，属国民党退役军人系统黄复兴党部提名的"立委"，因此在捍卫军人军属方面着力很深，也与当时拿"外省人"开刀的民进党产生多次冲突。其中最出名的包括1993年"立法院"审查大陆来台老兵相关预算，当时还是"立委"的陈水扁将大陆老兵不恰当比喻为"当作猪在养"，虽然陈水扁是在质疑给老兵的补助还没有主管机关"退除役官兵辅导委员会"的人头费多，相当于是在给退役老兵们说话，但陈水扁对大陆老兵们轻蔑的比喻激起了韩国瑜心中怒火，向陈水扁抗议未果后，韩国瑜突然出手从后方袭击了正待落座的陈水扁，导致陈水扁被打倒在地还住院三天。韩国瑜也算是就此和陈水扁结下了梁子，陈水扁当年也是民进党内的"明星立委"，大批支持者还赴"立法院"抗议韩国瑜殴打陈水扁。此事最后经由民进党主席施明德调解，以韩国瑜公开道歉才落幕。

（四）中年失业

韩国瑜做了九年"立委"，虽然表面上风风光光，但他却有很多"非典型国民党"的特征，不但面对民进党会脾气火爆、火力全开，对党内有时也会扮演"大炮"角色，可能因此得罪过李登辉等"当权派"。所以在2001年"立委"选举，当韩国瑜决定放弃参选区域"立委"，党中央只是象征性地把他安排为排名第33的不分区"立委"候选人，而这一年国民党只有排名前13的不分区"立委"有机会当选。这意味着韩国瑜在担任1届县议员和3届"立委"后"失业"了，此时韩国瑜45岁。

韩国瑜弃选确实有些突然，据他口述自传中讲，"我当了十年立委，在最后一任每天花天酒地，不再认真问政，也不做选民服务，几乎失去所有动能"。加上陈水扁又当选"总统"。"我曾经跟他发生过冲突，见到他都当选'总统'了，我还有什么搞头？于是之后不到几个月，就决定不选。宁可把我的选票全都转给洪秀柱"。

从韩国瑜的表述能感觉到，陈水扁上台对韩国瑜心理冲击非常大，但韩国瑜如果真的就此一蹶不振也未免过于脆弱。中国人的智慧中，既推崇退一步海阔天空，也讲究蹲下是为了跳得更高。因此对于韩国瑜的选择，妻子李佳芬也尊重他的决定。

（五）失业不失志

韩国瑜卸任"立委"后，首先体会的是从门庭若市到门可罗雀的人情冷暖。这段日子，韩国瑜经常一个人开着车，到住家附近的山里读书，下午再去接孩子放学回家，而李佳芬正担任云林县议员，于是韩家成了"女主外男主内"。

韩国瑜对新办教育怀有很大热情，2004 年在云林成立了维多利亚双语学校，韩国瑜挂名为创办人。2005 年，曾与韩国瑜在台北县议会共事的邱垂益要竞选台北县中和市长，希望韩国瑜能出马帮他助选，韩国瑜爽快答应并帮助他当选。选后邱垂益请韩国瑜担任他的副市长，据邱垂益回忆，韩国瑜是"点子王"，刚上任时中和市负债 13、14 亿，在他与韩国瑜共同努力下渡过了难关。

2006 年陈水扁家族贪腐丑闻爆发后，韩国瑜积极响应，担任了"倒扁"副总指挥。随着 2008 年"立委"选举临近，韩国瑜准备在中和市参选以图东山再起。但那一年台湾开始实行"立委"选制改革，区域"立委"席次从 168 席减少到 73 席，且每个选区从"大选区"变为了只有一席的"小选区"，而韩国瑜想参选的中和选区就出现国民党内"三强相争"局面。同时参选的还有两名现任"立委"国民党元老李焕之子李庆华、地方实力派人士张庆忠，韩国瑜在党内初选中被党部认定为，散发文宣指控对手张庆忠"情色宾馆大亨"涉嫌诽谤及不实宣传，遭剥夺候选人资格。

此番折翼，韩国瑜再次淡出大众视线。但塞翁失马焉知非福，从 2001 年弃选"立委"后长期失意的日子，韩国瑜并没有自暴自弃，而是背佛经、带孩子、大量阅读、爬山自省，在失意中提升自己。韩国瑜急流勇退，也让他避免在陈水扁上台后卷入台湾政坛更多蓝绿恶斗。十多年后再出江湖，无论是自身心态修养，还是气质形象，都摆脱了过去充满争议的火爆政客包袱。这对于韩国瑜将来在民进党盘踞的台湾南部出头，都具有重要的加分效果。

（六）从任职北农到逼上梁山

2007 年参选"立委"失败再次赋闲在家五年后，一份工作突然摆在韩国瑜面前。2012 年底，台北农产运销有限公司（北农）总经理位置出缺，"台湾农会"总干事长张永成向韩国瑜发出邀约，希望他能接下这个职位。

"北农"公司虽然层级不高，但因为是全台湾蔬果批发的龙头企业，加上其最大股东是台湾农会，而台湾农会系统因可影响百万农民的投票意愿，因此农会及"北农"领导人的归属就从一个经济民生议题上升为一个政治问题。从"北农"股权结构看，台湾农会是最大股东，其次为代表官方的"农委会"及台北市政府，所以"北农"董事长一般由台北市政府提名，而负责日常的工作的总经理则由台湾农会提名。

台湾农会总干事长张永成为何会选择韩国瑜？其中一个重要因素是张永成是云林前县长、有"云林王"之称的张荣味的妹婿，张家长期耕耘台湾农渔会系统，多人在上述系统任要职。而韩国瑜妻子李佳芬是云林县前议员李日贵之女，李佳芬及其弟李明哲也都担任过云林县议员，张荣味当选云林县长后，也曾邀请韩国瑜担任副县长但被韩婉拒。因此当"北农"总经理出现空缺时，韩国瑜这位熟悉台北政坛的"云林女婿"，就进入张家考察视野，韩国瑜也非常爽快接下任务。

"北农"总经理是位面向农民的市场经营者，而韩国瑜出身眷村，既没种过田，也没经过商，可以说是个"门外汉"。但正如当年能在24岁退伍后重新考上大学、研究所毕业就敢参选市议员一样，韩国瑜身上有一股善于学习勇于尝试的劲头。来到"北农"后，韩国瑜俯下身子勤学好问，不仅熟悉了业务，还让"北农"在他任内营业额增加近30%，而员工的福利更是大有起色，单是一个中秋节奖金就从过去的1万元新台币增加至5万元。

最值得称道的是，韩国瑜还注重员工的文化建设，他提出如果员工去读大学或去学英文，公司可为其承担一半的学费。如果实在不愿去上学，那员工要能读一本书再写出读书心得就可以领取1千元奖金。

但这种平静的日子并没有延续太久。2014国民党丢掉台北市后，无党籍市长柯文哲也很赏识韩国瑜的能力，但撑到2016年政党轮替后，执政的民进党开始向韩国瑜下手了。民进党上台后，全面动用执政资源打压老对手国民党，而农会系统就是其要夺取的重要目标。

民进党选后成立了"农会与农田水利会小组"，由"立委"陈明文任召集人，想方设法让民进党势力伸入农渔会系统。要控制台湾农会系统，就要削弱张荣味家族对农会的影响力，北农作为台湾农会控制下全台最大批发市场，其总经理韩国瑜就成为民进党欲除之而后快的对象。因此尽管韩国瑜表示自己不会恋栈，但民进党权力傲慢与私心自用下"杀鸡儆猴"的动作接踵而来。

2016年10月，民进党"新潮流系""立委"段宜康在"脸书"上指控韩国瑜是"菜虫"，称北农沦为"少数人操控价格、劫取金钱和政治利益的工具"，要求检察官对北农展开调查。

韩国瑜面对突如其来的压力，选择正面迎战，他召开记者会痛斥段宜康"行为是个小瘪三"，自己愿意随时接受段宜康的挑战。如果检调单位查有不法，就把一盘曲棍球吃下去，但若查不出来，就请段宜康吃一颗曲棍球。

民进党市议员王世坚也想利用议会总质询来打击韩国瑜，孰料被韩国瑜犀利又不失风趣地狠狠回怼。在网络媒体上，韩国瑜大战王世坚的点击量很快破百万，拜网络媒体所赐，韩国瑜以一种意想不到的方式重回公众视野。

虽然"北农"总经理肯定干不下去了，但民进党的围剿反倒激起了韩国瑜的斗志，让他有了开启政治第二春的资本。随后韩国瑜出马竞选国民党主席，并在六位候选人中得票率排名第四，进一步拉抬起了个人的政治声望。但韩国瑜掀起的浪潮才刚刚开始，他在竞选中曾表示，"若是台南、高雄两市，本党没有适当同志参选，本人愿亲自到艰困选区参选"。于是这就有了接下来韩国瑜参选高雄市长的传奇故事。

（七）高雄一战

韩国瑜虽然参选国民党主席失败，但当选的吴敦义向韩国瑜发出邀请，希望他去担任国民党高雄市党部主委。高雄是吴敦义政治生涯中得意与失意的交界点，吴敦义既是高雄市第一届的民选市长，也在1998年被民进党的谢长廷用一卷"绯闻录音带"以4500多票拉下马，从此民进党在高雄市执政长达20年。

2002 年及 2006 年，国民党派出前副市长黄俊英两度挑战民进党的谢长廷及陈菊，分别以 3 万票及 1100 多票的落败。而黄俊英在败给陈菊的那场选战中，民调持续领先陈菊，但投票前夜，陈菊阵营突然召开记者会，公布所谓黄俊英阵营涉嫌贿选的录像带，导致黄俊英在选举中以微弱差距落选。虽然黄俊英向法院提出"当选无效"告诉并一审胜诉，但二审又被判败诉。

2014 年 1 月，黄俊英病逝于高雄荣总医院，享年 73 岁。因此无论对于吴敦义还是国民党，高雄市都具有荣辱兴衰的指标意义。

民进党谢长廷、陈菊等空降高雄，利用蓝绿对立情绪，在选举中突袭抹黑，让国民党屡次憾负，而高雄市也从国民党的南部重镇变成了民进党的大票仓。2010 年陈菊第二度竞选连任时，以 81 万票、52% 得票率胜出，到 2014 年第三度参选时，拿下近 100 万票、得票率大胜对手 38% 以上。此时在国民党内，已鲜有雄心去收复高雄，因此高雄市党部主委也好，还是高雄市长候选人，都成了党内乏人问津的冷门职位。

但从国民党整体布局上，为了南部选票，高雄市长还必须有人去选，于是吴敦义就将此重任委托给了韩国瑜。外界看来，这也是吴敦义死马当活马医的无奈之举。但在韩国瑜通过党内初选取得了国民党高雄市长候选人资格前，还上演了一幕小插曲。

3 月 16 日，韩国瑜突然要领表参加台北市长初选，约 10 分钟后又撤销，震惊岛内政坛。对此韩国瑜开记者会称，"自己来高雄接任党部主委将近 6 个半月，每天跑摊很少吃过一顿饱饭、没穿过一天西装、前 3 个月睡在党部、靠一部老旧车代步，物质标准超低，就是因为高雄党部资源匮乏，他先前已向国民中央党部发出两次求救讯号，但一直没获回音。他来领表是以强烈动作向党中央表示高雄需要资源，高层马上有善意回应，说一定重视高雄地区"。韩国瑜在随后的党内初选中，战胜另一位参选人、国民党不分区"立委"陈宜民后出线。

但韩国瑜也将面临更大的考验，挑战民进党候选人陈其迈。与此同时，国民党的对手民进党却并没有因韩国瑜的出现而紧张，他们甚至还将高雄视为提名即当选的肥缺，党内围绕候选人的争夺可谓惨烈，蔡英文亲信陈其迈、市长陈菊的子弟兵、前副市长刘世芳，谢长廷子弟兵"立委"管碧玲、赵天麟，以及地方实力派"立委"林岱桦纷纷参选。经过激烈搏杀，最终由"立委"陈其迈取得候选人资格。

陈其迈曾在 2005 年谢长廷北上担任"行政院长"后，刚 40 岁就受命任高雄代理市长，并准备随即参选。但天有不测，其父、前"总统府副秘书长"陈哲男因牵涉高雄捷运弊案，陈其迈被迫辞职。但陈其迈并未就此告别政坛，而是去参选并连续担任三届"立委"，不断累积实力。当陈其迈出线后，岛内有媒体形容陈其迈"拔剑四顾心茫然"，没有把国民党对手放在眼里。但孰料大环境今非昔比，高雄已不再是民进党的囊中物。在接下来的市长选举中掀起一股席卷全台的"韩流"，韩国瑜不仅替国民党重新赢回高雄，而且一人救全党，带领国民党实现了"九合一"选举大逆转。

阿里山小火车站（摄影者：张喆）

2019

台湾未来何去何从

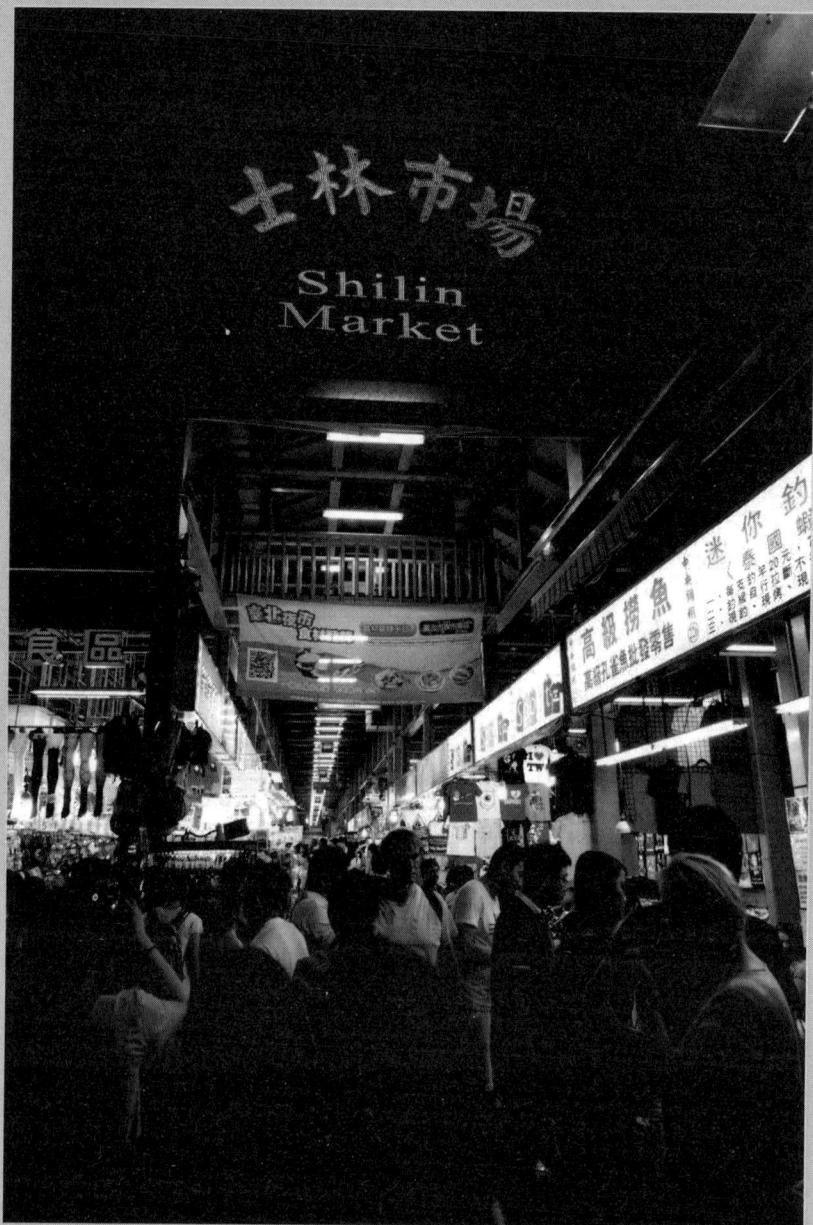

台北士林夜市（摄影者：张喆）

选举是台湾政治生活的重心，2019 年的选举节奏似乎比以往来的更早一些。刚爆冷当选高雄市长的国民党候选人韩国瑜，又在簇拥下决定参与 2020 "大选"。同时，受香港反修例事件影响，民进党加紧炒作危机意识，试图扭转被动局面。新成立的民众党等第三势力，也期望打破传统蓝绿二元格局。2019 年的台湾，又站在了选择的路口。

一、"第三势力"能否成为台湾政治的新希望？

台湾虽然在民进党成立后逐渐形成两大党轮流执政局面，但国、民两党受传统政治的左右分野与台湾特殊的统"独"对立交织影响，不仅无法囊括全部政治版图，更因意识形态差异与选举利益争夺，导致政党对立加剧，影响到政府理性决策与顺利施政。这种缺憾也为两大党之外的第三势力兴起提供了空间，从早期的新党，到后来的亲民党、"台联党"，以及最新崛起的台湾民众党等，台湾第三势力在几番消沉后，2019 年又呈现新一轮发展迹象。

随着 21 世纪第二个十年即将开启，台湾政坛各政党分化组合仍在持续，第三势力能否担负起打破蓝绿与统"独"对立，引领台湾政治走向更加理性，更重视治理议题的重任哪？

综观 2019 年，台湾"第三势力"发展步入新阶段，呈现出不同以往的新特点，但有些老牌第三势力政党也面临发展困境。

（一）柯文哲组党成功，民众党成第三势力领跑者

2019 年柯文哲组建台湾民众党并自任主席，这是继柯当选市长并连任后，其个人政治生涯的又一件大事，也是台湾政党政治发展的重要指标。该党呈现出：

第一，政党理念具吸引力。一是创党的目的是打破蓝绿。台湾社会长期形成的蓝绿二元结构，正出现去意识形态化、中间版图扩大的现象，柯文哲组党及未来目标，就是主要着眼于蓝绿之外的选民。二是淡化意识形态与民粹操作，重视治理议题。柯文哲称，"现今台湾需要的，不是发现问题的人，不是解释问题的人，而是解决问题的人"。三是摒弃统"独"对立，走中间路线。呼吁要跳脱蓝绿意识形态，走中间路线，以台湾利益为优先。四是务实两岸路线。柯文哲称，"我们必须承认，统'独'是一道没有标准答案的必考题，我们所能做的，就是务实面对。"

第二，政党架构初步建立。民众党除主席为柯文哲外，目前不设副主席，党的秘书长由时任台北市政府秘书长张哲扬担任。中央委员5 人，中央评议委员 5 人。党员部分，根据 2019 年 10 月 30 日公布的"台湾民众党党员分析报告"，截至 10 月 24 日，共有 7060 人申请入党，超过 6000 人审核通过。党员组成分析，45 岁以下占 84.89%；大专学位达 59.7%，其次硕士占 21.7%；党员分布除台北市外，已产生

外溢效应，其中台北市及新北市分别为 19.32% 及 19.34%，其次为台中市 11.16%、桃园市 8.99%、高雄市 8.73%、台南市 6.77%。党员中超过九成从未加入入过任何政党。

第三，争取不分区"立委"席次为主要目标。"盟友"郭台铭弃选"总统"后，民众党的目标更聚焦于"立委"选举上。民众党在发力点上有所侧重，主攻不分区"立委"选举。柯文哲幕僚透露，在蓝绿夹杀下，民众党区域"立委"要有所斩获难度不小，因此民众党获得"立委"席次机会最大的部分还集中在不分区。尤其在郭宣布不选后，民调显示仍有三成中间选民，蓝绿都投不下去，民众党将以力争"立法院"三党不过半、发挥关键少数为诉求争取选民认同。据台湾媒体报道，尽管没有"总统"候选人做"母鸡"拉抬本党选情，但相对其他小党政治光谱仍偏蓝、偏绿，最后关头易遭大党弃保，民众党中间路线明确，支持者多厌恶蓝绿，故仍有机会保住选民基础和政治版图。

（二）"时代力量"走出危机，独立性增强

"时代力量"作为台湾第三势力代表性政党，在 2019 年经历了路线大辩论、内部大震荡、人事大调整，整个党从路线、理念上回归了创党时的"宗旨"，更加突出"左翼"属性，人事布局上党内"亲民进党派与独立派之争"转为以黄国昌等"独立派"为核心的结构，整个党的领导体制、政策目标都更加清晰。

第一，进行路线调整。"时代力量"主张推动"台湾国家地位正常化"，同时对岛内社会民生议题也着力较深，努力扮演"为公平正

义发声"的角色。该党初期希望营造"两个本土政党相互竞争",拒绝成为民进党的"橡皮图章"。在此理念下,"时代力量"一方面"捍卫台湾主权"比民进党更激进,另一方面在关怀弱势、反贪揭弊上不遗余力监督执政党,使民进党执政后未能收获来自"时代力量"的温暖,反而在很多问题上面临"自家人"强力制衡。但"时代力量"内部很多人从政得益于民进党支持,因此其内部也存在两条路线之争。随着 2019 年岛内政局博弈复杂化,该党在政治路线上究竟要走寻求以"台独"为基础与民进党合作的路线,还是走不分蓝绿的第三势力新路线,其内部分歧逐渐公开化,并导致多位重要成员退党或离职,林昶佐等亲民进党派与黄国昌等"独立路线派"冲突加剧。8 月 1 日,"时代力量"举行决策会议,决议"不表态支持蔡英文"。当日下午,林昶佐宣布退党,13 日洪慈庸亦宣布退党,并均表态支持蔡英文连任。此事件造成"时代力量"两名亲民进党派"立委"退党,党内"亲绿"势力衰退。

第二,出现人事变动。2019 年 1 月 13 日,该党首度举行党员大会,讨论党章、党组织改造。首任党主席黄国昌宣布卸下职务,邱显智当选新的党主席。但黄下邱上并未弥合党内分歧,林昶佐和洪慈庸先后因路线分歧退党,另一名不分区"立委"高潞·以用因涉嫌违法遭除名。为了对党内纷争负责,担任党主席仅半年的邱显智在 8 月份辞职,根据规则又选举另一不分区"立委"徐永明接任党主席。9 月 11 日,台大经济系教授郑秀玲递补高潞·以用除名后的不分区"立委"席次,时代力量"立委"席次由 5 席减少到 3 席,但仍保住了成立"立法院党团"的 3 席名额。

第三，与民进党关系趋紧。由于黄国昌等对民进党强力监督，许多民进党支持者对其"忘恩负义"的表现相当不满。在"一例一休"议题上，"时代力量"反对民进党，甚至不惜与国民党合作连署。两党之间的关系始终处于纷争不断，随着林昶佐等人退党，党内缺乏亲民进党势力牵制，未来对民进党的牵制力度恐有增无减。在"立委"选举中，上届民进党在台北、新北、台中均礼让"时代力量"候选人，2019 年的"立委"选举提名中双方各自展开布局，形同开战。

（三）亲民党失去"立法院"平台，生存面临考验

亲民党从 2000 年成立后在台湾政坛历经起伏，始终以宋楚瑜为中心，与国民党分分合合、若即若离，扮演了国、民两大党之外第三势力的角色。而今，随着民众党、"时代力量"等新政党崛起，以及蔡英文操弄的"反中拒统"情绪升温，亲民党政治版图面临被蚕食风险。随着 2020"大选"临近，亲民党如何自保，防止泡沫化，是其 2019 年的重要任务。

第一，关注两岸关系，对香港问题谨慎表态。亲民党及宋楚瑜是两岸关系发展的参与者和开创者之一。2019 年 4 月，宋楚瑜率团访问粤港澳地区，关注"粤港澳大湾区"规划。宋楚瑜表示，亲民党的基本立场是希望以沟通来化解彼此之间的误解；用诚意推动两岸和平发展。亲民党一向主张"两岸一中"，反对"台独"、炎黄子孙不忘本，两岸兄弟一家亲。

对于香港修例风波，亲民党采取了客观理性态度，没有发表不利于香港稳定和伤害两岸同胞民族感情的语言。亲民党发表声明称，"香

港政府已宣布停止修订《逃犯条例》之立法工作，显示出民意之不可抗拒，同时也充分展现尊重民意的重要性"。

第二，与民进党矛盾增加。2016年蔡英文上台后，延揽宋楚瑜担任"总统府资政"并委任其出席2016及2017年APEC会议，亲民党也被质疑为"橘子变绿"。但2019年以来，双方关系出现转折。

一是宋楚瑜退回民进党当局"资政"头衔。宋楚瑜率亲民党代表团访问大陆后，蔡英文不满宋楚瑜对"一国两制"问题的回应，要求宋楚瑜"自己出来对社会说清楚"，"如果对一国两制抱持肯定态度，会请他离任总统府资政"。宋楚瑜立即回复，"很愿意正式把总统送给我的聘书送回去"。亲民党随即发表声明称，"宋楚瑜与亲民党在两岸关系上的立场一贯且坚定，自始便不曾改变"。"宋主席去参加APEC的立场是'两岸一中，两岸一家亲，反对台独'，现在还是如此，从未改变。宋主席尊重蔡英文的权力，也请她不必操心费神！即日起退回'资政'聘书。"

二是批评民进党执政不力。对于民进党当局拟修订"两岸人民关系条例"，增订"惩治中共代理人条款"，宋楚瑜也亲自发表讲话，指责民进党当局是在搞威权复辟。

三是关注民生议题争取选民。在9月召开的"立法院"第八会期上，亲民党党团除审查政府总预算案外，将"农业保险法""劳资争议处理法""就业保险法法""电子身分证法"等民生经济法案作为该党团优先议题。对于岛内蔬果价格暴涨暴跌，亲民党发表声明批评民进党，要求健全农业产销制度。

第三，投入2020年选举。亲民党曾期待与柯文哲等整合，由柯文哲代表亲民党参选冲高政党票。但未能如愿，柯文哲、郭台铭或组党、或退选，导致宋楚瑜在最后关头亲自上阵。2019 年 11 月，宋楚瑜宣布与无党籍余湘搭档参加 2020 年"大选"。但亲民党参与"总统"选举的根本目的，仍然是冲高不分区"立委"政党票，为政党生存争取资源。

（四）统派政党迎难而上压力增大，"独派"政党气焰嚣张空间有限

第一，统派政党艰难求生。一是新党。该党继续坚持一个中国原则，反对"台独"，主张两岸统一。2020 "大选"提名杨世光和陈丽玲搭档角逐，后因联署人数未达门槛未能参选。"立委"选举，新党将被国民党调整出不分区名单的邱毅列入不分区第一名，再提名 10 名不分区"立委"候选人。二是中华统一促进党。该党就民进党欲强势通过"反渗透法"，赴"立法院"外抗议。针对 2020 年选举，该党提名 7 名不分区"立委"候选人，以及 10 位区域"立委"候选人。但在目前岛内政治生态下，该党候选人当选困难较大。此外如劳动党等统派政党，也面临发展困境。

第二，"急独"势力谋求扩张但支持有限。一是"台湾基进党"。该党一方面对香港修例风波指手画脚，另一方面在高雄市启动罢免韩国瑜联署，同时重点针对 2020 "大选"与民进党密切合作，共推其成员陈柏惟在台中市第二选区参选，此外还提名 6 人为不分区"立委"候选人。二是"一边一国行动党"。该党前身为支持陈水扁的深绿政治团体"一边一国连线"，2019 年 8 月正式组党。以陈水扁为精神领袖，召集人杨其文，成立后主要针对 2020 "大选"展开布局，在区域及不分区"立委"均有提名，尤其将仍在服刑期间的陈水扁列为不分区"立委"候选人。后台"中选会"以陈水扁违反"公职人员选举罢免法"，"曾犯贪污罪经判刑确定，不得登记为候选人"为由，将陈水扁剔除出名单。该党提出的十大政见与九大福利政策，以及提名的区域"立委"候选人，均有针对民进党及蔡英文发难意味，也暴露出大小绿之间的矛盾。三是"台联党"。该党 2019 年将争取政党票作为主攻方向，希望在不分区席次有所斩获，共提名 7 名不分区"立委"候选人。

（五）第三势力前景可期

虽然外界对第三势力前景看法不一，但随着台湾社会"重治理"、淡化意识形态的民意生长，以及当今国际环境与两岸氛围不断调整，民众对制度与体制的优劣标准也进行着新的思考。第三势力即使作为台湾政坛的一只"鲶鱼"，也会搅动并刺激主流政党不断调整，因此对台湾第三势力的影响力不能忽视。

一是改变政治氛围。2018 年以来台湾社会"庶民政治"兴起，劳工等中下阶层民众的政治参与意愿高涨，"拼经济"与"发大财"成为韩国瑜等候选人"九合一"选举获胜的要因。虽然 2019 年后期随着环境变化，蔡英文的"抗中保台"意识形态操作奏效，但台湾社会"重治理"、淡化蓝绿意识形态已成为政治氛围。这种政治氛围的改变，与第三势力兴起密不可分。

从 2014 年柯文哲担任台北市长以来，其宣扬"病人不分蓝绿"

的专业医师精神，集中精力于市政建设，淡化传统意识形态分野，重视政策的实际效果，做法得到很多市民，尤其是年轻及中间选民的认可。其摒弃统"独"对立，走中间路线的理念，也在台湾社会取得广泛认可。即使在2019年底台湾社会陷入蔡英文"亡国感"操作最强烈的时刻，从《远见》民调所得到的数据仍显示，希望"维持现状"的民众仍占据绝对多数。

"时代力量"从成立以来始终与民进党矛盾重重，其原因也在于双方虽然在"台独"理念上并无明显差异，但"时代力量"对于中下阶层与社会议题的关心，很多都戳中执政的民进党痛处。正如其新任副秘书长简嘉佑所言，我们"希望劳工可以更准时下班、年轻人能用合理价钱买房子、有更多时间陪孩子，人民有更好的空气"。

二是影响候选人提名及选情态势。首先，国、民两党候选人出线态势受到第三势力效应影响。国民党方面，党内原被看好的朱立伦，以及凭借党主席资源争取出线的吴敦义，在2019年党内候选人竞逐中均遭到严重边缘化。国民党内候选人之争出乎意料地，在高雄市长韩国瑜与鸿海集团董事长郭台铭之间展开。导致该局面的直接动因是"韩国瑜现象"与"庶民政治浪潮"形成的民意驱使，但这种民意氛围的背后，可追溯至2014年柯文哲当选台北市后所形成的第三势力效应，及其打破蓝绿、注重治理能力对选民的影响。

民进党方面，党内也罕见出现挑战现任领导人的内讧，赖清德突袭蔡英文，蔡英文以各种手段最终力压赖清德出线，也造成深绿支持者不满。赖清德之所以敢于挑战蔡英文，其重要因素是赖对当时局势的判断，认为蔡英文民调低迷，在治理议题上无法和国民党候选人抗衡，而转换选战主轴的能力蔡英文又有先天缺陷，因此赖清德的"台独金孙"身份有"正当性"去挑战蔡，并认为在保政权的大前提下，也会得到党内和绿营基本盘支持。但后续蔡英文"捡到枪"的运气与打压赖清德的"霸气"都使赖逐渐失去机会，最终选择臣服合作。

但从民进党"蔡赖之争"看，也反映出蔡英文从2012年"大选"失败后，仍延续并强化"非典型民进党人"特征，选择较为理性务实路线，弱化国民党两岸政策上的优势。蔡英文的这种风格，与台湾第三势力效应的影响也密切相关。此外，蔡英文上台后，对深绿势力保持若即若离，深绿阵营对蔡不满持续发酵，并在选前成立"喜乐岛联盟"与"一边一国行动党"公开挑战蔡英文，这批右翼激进第三势力选择"反蔡挺赖"，也对民进党内政治生态产生重要影响。

其次，2019年选情态势也受到第三势力影响。在"总统"选举中，柯文哲是否参选成国、民两党关注的重要变量，后期在郭台铭党内争取提名失败后，郭柯王三方整合又再次引发高度关注。在"立委"选举中，第三势力则充分发挥了关键少数的作用。在不分区"立委"部分，第三势力政党普遍提名名单亮眼，社会观感佳，打破了国、民两党政治分赃、老人政治的顽疾。

三是对岛内政局走向产生重要影响。首先是推动岛内政党版图的结构性调整。2008年"立委"选制改革后，原有的第三势力政党如亲民党、"台联党"、新党等均陷入发展困境，政党实力持续萎缩。但新兴第三势力如"时代力量"及民众党等，契合不断扩大的中间选民群体诉求，开始扮演新的第三势力主力角色。岛内政党版图由蓝绿二分，向蓝（国民党）+绿（民进党）+白（民众党）+新绿（"时代力量"）

转化，但目前政党实力呈现绿＞蓝＞白＞新绿，其中"白＋新绿"在选民基础上有重合。

其次是影响政党实力对比。2014年柯文哲击败连胜文，国民党丢掉台北市后，政党实力一路下滑。2019年，国民党借助"九合一"选举胜选气势及韩国瑜气势，谋求在2020年"大选"中击败民进党。但从实际情况看，国民党内在候选人提名上争夺不断，党内难以形成合力，与此同时柯文哲向国民党内寻求提名失败的郭台铭、王金平伸出橄榄枝，进一步影响了国民党的内部整合。最终导致郭台铭退党出走，安排子弟兵进入民众党，对国民党实力造成冲击。与此同时，原来是国民党重要选民基础的中间选民、经济选民，在2019年民众党、"时代力量"崛起并提出重视治理议题的诉求后，也从支持国民党转向支持第三势力，导致蓝绿政党实力对比向有利于民进党方向发展。

未来，台湾社会氛围仍有利于第三势力发展。2018年台湾"九合一"选举中以韩国瑜为代表的"非传统型政治人物"崛起，与2014年出现的"柯文哲现象"现象相互呼应，显示出岛内社会反体制、反传统政治的民意氛围持续发酵。虽然受香港"修例风波"与蔡英文操作"抗中保台"影响，岛内社会氛围出现重回统"独"对立风险，柯文哲等第三势力发展空间受冲击，但选民分裂投票倾向突出，即使在"大选"中支持民进党，但"立委"及县市层面继续支持第三势力的情况已成为常态。

此外，中间选民群体的扩大为第三势力发展提供了动力。从民众党成立后发展势头强劲、"时代力量"内"亲民进党派"出走后该党并未走向衰落来看，不断扩大的中间选民群体已成第三势力发展根基。

台湾《远见》杂志连续跟踪12年的"台湾民心动向大调查"显示，2019年国民党的认同度为18%，民进党33.8%，双方认同度之和勉强过半。这意味着不信任传统政党，讨厌蓝绿恶斗的中间选民群体数目庞大。很多长期不投票、不愿意表态的选民政治参与热情被激发，岛内从2018年以来政治参与率飙升，尤其是过去被视为冷感人群的青年选民、中低收入庶民群体，其政治参与意愿大幅增长，中间选民未来已成为台湾政治重要参与者。

当然，第三势力自身也会不断成长。从民众党及柯文哲看，柯文哲虽"素人从政"，但经过两届台北市长历练，实力不断增强，已成为具有全台影响力的政治人物。从"时代力量"看，该党除以政党理念、明星人物吸引青年选民外，还注重加强自身世代更新与年轻化建设，让青年人看到"时代力量"对青年群体的重视，激发青年支持。在"时代力量"新选举产生的党中央领导层中，其新任秘书长及三位副秘书长平均年龄不到32岁。

二、对"一国两制台湾方案"难点的思考

2019年新年伊始，大陆举行《告台湾同胞书》发表40周年纪念大会，习近平总书记发表《为实现民族伟大复兴 推进祖国和平统一而共同奋斗》的讲话，提出新时代推动两岸关系和平发展、推进祖国和平统一进程重大政策主张。其要点包括携手推动民族复兴，实现和平统一目标；探索"两制"台湾方案，丰富和平统一实践；坚持一个中国原则，维护和平统一前景；深化两岸融合发展，夯实和平统一基础；

实现同胞心灵契合，增进和平统一认同。这五项主张实事求是、与时俱进，具有很强针对性包容性。

主张提出后，执政的民进党蔡英文当局第一时间发表反对"一国两制"的声明，接着于 3 月召开"国家安全会议"，抛出所谓"反制一国两制台湾方案"的"指导纲领"。民进党当局为什么如此紧张，不愿意两岸有对话空间，出现这种僵局的难点又在哪里？

"和平统一、一国两制"体现了海纳百川、有容乃大的中华智慧，"两岸长期存在的政治分歧问题是影响两岸关系行稳致远的总根子"。通过"和平统一、一国两制"解决台湾问题，双方难题在于如何确立两岸政治定位，而"台独"主张是其中最主要的干扰因素。近 30 年来，随着台湾政治转型与"台独"势力不断制造分裂，台湾民众的国家认同出现了结构性变化，尤其是青年一代模糊甚至丧失了对国家历史、文化、领土、主权的正确认同。那么，该如何看待台湾目前的"国家认同"，为什么"国家认同"问题会出现偏差哪？这里需要从国家及国家认同的起源谈起。

（一）台湾的"国家认同"变迁

国家认同应该是一个多重建构的复合型概念，狭义上指主权、领土意义上的认同，广义上应包含主权、领土、文化、民族、政权等领域的认同。例如在一国内部，因阶级差异、政治理想不同，也有反对派甚至武装起义的革命派，对当时执政的政权并不认同，但在外敌入侵国难当头之时，又能"兄弟阋于墙外御其侮"，其动力也源于国家认同相似，即对立政治势力之间在国家主权和领土上认同并无二致。

一般而言，如果一国内部的民众，能够在主权、领土、文化、民族及政权等诸多领域都有强烈的认同感，那么这个国家的统一程度与政权的稳定性，就较仅存在对主权、领土认同，而对文化、民族、政权存在认同分歧的国家更高，又较连主权及领土认同也存在分歧的地区再高。

　　虽然国家认同是一个整体性概念，但国家认同既有个体差异性，也有地区差异性，而且具有阶段性与可塑性特征。对于台湾的"国家认同"，更因其地理位置、历史境遇，也具有既同于整个中国，又不同于大陆的独特性。

　　"中国"作为一个概念提出，其内涵是不断演变的，古人在大约3000多年前的周代就有对"中国"一词的使用，当时的含义仅指很小的聚居地。但随着生产力进步华夏文明的发展，中国的范围逐渐扩大和变化，而且"中国"总是与当时黄河流域的先进文明联系在一起，让"中国"不仅是一个地理概念，而且具有文化上的属性。

　　我们所讲地理上的中国，不能等同于历史上的商、周以来直到元、明历朝历代，因为这些朝代并不能涵盖目前中国的地理范围。我们所讲历史上的中国，从地理上应该以最后的封建帝国——清朝所达到的稳定的最大疆域为范围。在这个时期，台湾也由地方割据政权，正式纳入清朝版图。即使从现代意义上的国家治理角度，台湾在1683年也正式纳入中央政府管辖范围，哪怕1895年被日本殖民占领50年，台湾仍属于中国的领土范围。台湾的国家认同自然属于对中国的国家认同。

　　至于现代意义上的国家认同在当时地理的中国这片土地是否出

现，我们也不能否认当时还处于家国不分的封建帝王之治下，所谓国家认同更多是对清朝子民的身份认同。但这种对中央政权的认同，与未来对中国的国家认同是一脉相承的。因此在清朝甲午战争失败被迫割台之后，台湾民众才会有"四百万人同一哭，去年今日割台湾"的亡国感。也才会有1945年台湾光复后，"旗风满城飞，鼓声响山村，我祖国军来，你来何迟迟"的感慨。尽管台湾光复后发生了"二二八事件"，在本省人与外省人之间留下了历史伤痕，但这并不能阻止中国认同的复苏，在中华文化复兴运动的推动下，台湾的国家认同得到了显著加强。

但从李登辉执政后，台湾的国家认同出现分歧，民进党陈水扁上台后，更向"去中国化"方向大幅迈进。时至今日，台湾的国家认同中"去中国化"因素大幅升高，"台独"份子鼓吹的所谓"新国家认同"甚嚣尘上。

（二）错误认同混淆视听

目前台湾以民进党为代表的要求建立的"新国家认同"包括哪些要素？民进党"新潮流系"的"理论家"林浊水认为，"台湾历史上就是无主之地，二战后主权未定，未来要寻求独立"。台湾"中研院"研究员萧新煌认为，"一百年来，台湾的社会政治史，是一部从移民、殖民、地方这三种独特的社会本质转型为正常国家社会本质的住民奋斗史。大陆的压力，助长了台湾人的共同意识，凝聚了台湾的国家认同，不但有意要与大陆相区割，更孕育出台湾人与中国人的差异"。

综合岛内所谓新"国家认同"论述，可总结出：一是"主权"上，宣称台湾是一个"主权独立的国家"。二是"领土"上,以台澎金马为其基本的"领土"范围。三是"政权"上,以当前2300万台湾人民选的"政府"为最高行政当局。

但对于民族上和文化上,这两项构成国家认同的重要因素,却没有详细表述,或者说刻意回避这两项在国家认同中的重要性。而台湾的民族认同、文化认同,其与中国文化、中华民族的连接是很难用政治操作手段切断的。

(三)如何看待当前台湾的"国家认同"错乱

那么,"台独"论述及其代表的"国家认同"在岛内占据一定理念和思想市场,我们该如何看待呢?

首先要把握,台湾的"国家认同"具有阶段性特征,且目前仍处于变动中。国家的形成有其历史性与阶段性特征。国家构建很难一蹴而就,包括现代意义上的民族国家,其形成也需要领土、政权、民族认同与文化认同等条件逐渐具备。就领土主权而言,很多国家今天的领土与建国初期有很大不同,如美国从早期的十三块殖民地发展到今天五十个州,就经历了领土扩张与人口的迁移。

对于像中国这样一个中华文化绵延五千年而始终没有中断的国家,其疆域范围更出现多轮变迁,并交织着民族的大融合、人口的大迁徙,在清康熙年间逐渐形成一个完整的领土疆域结构。对台湾而言,其早期先民,除了岛上的土著外,多数是从大陆闽越地区渡海迁徙,具有朴素的故土情怀,也将中华文化带到了台湾。历史上来自大陆的政权或政治势力曾三次收复台湾,即明末清初郑成功收复台湾、康熙统一台湾和1945年国民党政权光复台湾。郑成功收复台湾时，现代民族国家概念尚未确立，因此其建立的是对其政权的认同。到康熙统一台湾，其在台湾构建的不仅是对中央政权的认同，又逐步向涵盖国家主权认同的方向发展。如清朝统治者也在台湾进行对郑成功的颂扬，弘扬其爱国情怀和民族气节，以促进民间国族认同的建构。

1895年日本占领台湾后，台湾人民不愿做亡国奴而奋起抵抗，为彻底消除台湾人民的抵抗意识，日本在台湾推行"皇民化"运动，就是要消灭台湾人的国家认同。但直到二战结束日本战败投降，日本人希望消灭台湾人中国认同的企图也没有得逞。在战争中招募的台籍士兵，日本对其也难以充分信任。

战后台湾光复，台湾人民充满回归祖国的欢欣。但1947年"二二八事件"的爆发，加剧了台湾社会中的省籍矛盾，使台湾社会埋下了社会分化的新种子。李登辉、陈水扁执政后，台湾社会统"独"矛盾进一步升级，"台湾主体意识"高涨，国家认同出现"去中国化"因素增长的局面。这种阶段性特征直到今天仍在延续，但中国认同的削弱是很多复杂因素介入其中的结果，目前仍处于拉锯博弈阶段，台湾的"国家认同"社会分化仍处于变动与重组之中。

在处理国家认同和民主化互动方面，国民党由于背负沉重的历史包袱，在维护国家认同方面显得十分被动。2008年国民党重新执政后，强调"一中各表"，2012年国共高层会谈时，双方达成"两岸都坚持一个中国，在此基础上求同存异，同的是'两岸同属一中'，对于异的部分搁置争议"，吴伯雄并向胡锦涛转达了国民党及马英九对两岸"一国两区"定位的继承与认同。

但是，在执政的国民党小心翼翼维护"中华民国"和"一个中国"制度基础的背后，台湾民众对领土、主权、政权、文化、族群，乃至民族领域的认同，都呈现了不同程度的模糊化和复杂化，国家认同领域出现较为明显的分化现象。2016年民进党上台后，拒不承认"九二共识"，破坏两岸和平发展的政治基础，推进"去中国化"。在2020年"大选"竞选过程中，蔡英文当局借香港局势煽动"反中"情绪，炒作所谓"亡国感"，导致台湾民众对大陆的对立情绪升高，以"一个中国"为核心的国家认同在台湾社会严重滑坡。

此外，"国家认同"可塑性强，在主权、领土、民族、文化等核心要素根基并未被动摇情况下，目前台湾的"国家认同"虽出现破坏性改变，但依然可修复。国家认同既受历史地理等客观因素影响，也是主观因素建构的产物，尤其执政者的作为对塑造国家认同具有较强影响力。台湾特殊的地理环境延迟了它纳入中央政权管辖的时间，但即使从1683年康熙统一台湾算起，台湾纳入中国版图的时间也超过300年。

从人口构成来看，台湾除土著外的闽南人、客家人、外省人三大主要族群，都来自大陆，到台湾后也始终属于中华文化圈。郑成功驱逐荷兰殖民者得到台湾人民的支持，反映出台湾人民有驱逐外来侵略者的抗争心理，其立足后在岛内建立起认可度较高的地方政权，但始终以"反清复明"为号召，在台湾仿效明制设立政治标识。

康熙在统一台湾的过程中，也曾多次与郑氏政权谈判，但双方体现的也是一国之内不同政权系统的关系，统一后即将台湾纳入国家的行政体制，设立府县直至建省。文化上清代开始在台湾开科取士，推行科举制度210年，在领土、政权和民族、文化领域都建立起比较统一的国家认同。

台湾光复后，国民党当局非常重视国家认同的恢复，在政治上维护"中华民国的法统"，在宣传上营造"逐鹿中原反共救国"的氛围，在文化上推动"中华文化复兴运动"，在国际上坚持"汉贼不两立"，以中国"合法性"代表自居，使台湾民众快速恢复起一个中国为核心的"国家认同"。

近年来台湾国家认同出现"去中国化"现象，"台独"势力主张的"两国论"在岛内大行其道，导致这种局面的原因也主要是"台独"势力刻意建构的结果，从"台独"史观的宣扬，到教科书修正，从"废省"到冻结"国统会与国统纲领"，从逐步消除"一个中国"意涵的机构，再到利用民主选举煽动统"独"对立，进而制造"反中厌中"情绪，以系统化组织化方式不断侵蚀台湾固有的国家认同，重新建构"台湾是一个主权国家"的新认同体系。目前台湾青年一代中存在的所谓"天然独"特质，就是这种认同建构的产物。

但从台湾光复后的认同恢复，以及"台独"势力主导下的新认同建构，都反映出国家认同的可塑性。目前尽管大陆和台湾尚未统一，但不是中国领土和主权的分裂，而是20世纪40年代中后期中国内战遗留并延续的政治对立，这没有改变大陆和台湾同属一个中国的事实。

在国际法、政治现实和两岸关系的制度层面，大陆与台湾在主权、领土层面并未分裂。虽然上述客观存在不一定能从国家认同等主观认同准确反映出来，但台湾领土及主权归属的客观基础没有发生改变，这就为从主权及领土角度恢复塑造台湾国家认同提供了依据。在文化、民族领域，两岸同文同种的客观事实更无法改变，目前因政治认同差异导致的两岸疏离感并不能改变双方这种天然联系。中国人认祖归宗的天然情怀，在台湾社会保留的也非常完整，中华文化的精髓更是台湾软实力的基石。在实现中华民族伟大复兴的过程中，随着两岸彼此的发展与进步，最终修复台湾国家认同中出现的偏差，是具有天然基础和有利条件的。

上述讨论，反映出国家认同在台湾被"政治化""工具化"，在实现国家统一的过程中，台湾的国家认同成为制约妥善处理政治定位的一环。未来推进统一过程中，如何修复台湾民众的国家认同，也是绕不过去的坎。

台中纵贯公路入口（摄影者：张喆）

2020

大变局

日月潭远眺（摄影者：张喆）

"乙亥大疫，庚子渐平，神州大地，万众一心"。但全球仍面临百年来最严重的传染病大流行。在抗击新冠疫情过程中，中国人民发扬人溺己溺精神，承担国际义务，为抗击疫情作出贡献。对台湾同胞，祖国大陆始终秉持"两岸一家亲"理念，希望为台湾人民防疫提供有效帮助。但台当局应对疫情中，将意识形态和政治考虑至于人民健康之上，罔顾科学将疫病称为"武汉肺炎"。这些政治把戏，最终会在时间和事实面前暴露出短视与可笑。而民进党有此底气，与其在2020年选举中再次获胜密切相关。

一、扑朔迷离的选举

　　2020年1月11日，整个台湾几乎都在屏息凝气等待。当晚，台湾地区领导人第15次选举，以及第10次"立委"选举的结果就将揭晓。虽然从1996年开启地区领导人直选以来，台湾民众参与热情高涨，几乎每场"大选"都搏杀激烈，甚至出现过三党不过半、"两颗子弹"等或险或奇画面。但2020年这场选举在开票前仍然让各界难判定究竟花落谁家，尤其是现任的蔡英文在专业机构民调中始终保持领先，挑战者韩国瑜却在网络声量与街头民调中一马当先，呈现出台湾选举史上少有的民意分裂景象。

（一）谜底揭晓

最终，民进党寻求连任的候选人蔡英文，以 817 万票、57.1% 的得票率，大胜国民党候选人韩国瑜的 552 万票、38.6% 的得票率。

选举基本情况

人口数	选举人数	候选组数	当选组数	总票数	有效票数	无效票数	投票率	上次选举投票率
23598776	19311105	3	1	14464571	14300940	163631	74.90%	66.27%

2020 候选人得票情况

姓名	性别	出生年次	推荐政党	得票数	得票率
蔡英文	女	1956	民主进步党	8170231	57.13%
韩国瑜	男	1957	中国国民党	5522119	38.61%
宋楚瑜	男	1942	亲民党	608590	4.26%

2016 候选人得票情况

姓名	性别	出生年次	推荐政党	得票数	得票率
蔡英文	女	1956	民主进步党	6894744	56.1%
朱立伦	男	1957	中国国民党	3813365	31%
宋楚瑜	男	1942	亲民党	1576861	12.8%

（二）魔鬼在细节

本次选举与四年前一样，依旧是三组人马厮杀，其中蔡英文和宋楚瑜还是上次参选的老面孔，国民党换成了刚就任高雄市长的韩国瑜带职参选。从结果看，民进党的蔡英文得票率较上届微升 1 个百分点，但得票数较上次增加近了 128 万票，这主要归功于本次选举投票率较四年前提高了近 9 个百分点，增加约 202 万张选票。国民党的韩国瑜较上次的朱立伦得票大增 170 万票以上，但老将宋楚瑜较上次流失选票超过 96 万张以上。国民党与民进党的得票率差距，从上次的 25%，缩小至本次的不到 20%。但这一差距依然可以用惨败形容。

2016 年"大选"国民党落败与 2014 年"九合一"选举国民党全面溃败直接相关，这也符合台湾选举中，地方选举影响"大选"的惯例。但 2020 却出现了打破以往惯例的新现象。国民党原本在 2018 年"九合一"选举中，借助"韩国瑜现象"一举扭转颓势，成为大赢家，期待延续辉煌在 2020 年重夺政权。但最终铩羽而归，其背后有些细节值得观察。

投票率前五名县市

地区	选举人数	投票数	有效票数	无效票数	投票率
高雄市	2299558	1780832	1763826	17006	77.44%
新竹市	345345	264525	261102	3423	76.60%
台中市	2251064	1719020	1698470	20550	76.36%
台北市	2167264	1653834	1632453	21381	76.31%
嘉义市	215055	163402	161738	1664	75.98%

蔡英文得票率前五名的县市

地区	姓名	得票数	得票率
台南市	蔡英文	786471	67.38%
嘉义县	蔡英文	197342	64.22%
宜兰县	蔡英文	173657	63.28%

地区	姓名	得票数	得票率
高雄市	蔡英文	1097621	62.23%
屏东县	蔡英文	317676	62.16%

自家门前跌倒。本次选举投票率较上届高出约9个百分点，其中投票率最高的是韩国瑜任市长的高雄市，达77.44%，但这些选票却并非要支持自己的市长"更上一层楼"。在蔡英文得票率前五位的县市中，高雄排第四，也是"六都"中仅次于台南市的"直辖市"，其得票率高达62.23%，得票数接近110万，韩国瑜在此得票率34.63%，得票61万，大输蔡英文近28个百分点、约50万票。

而在两年前，韩国瑜在高雄市长选举中，获得53.86%的选票，拿下89万票，比民进党提名的陈其迈的44.79%、74万票，得票率和得票数分别领先9%和15万票，当时的投票率比本次低不到4个百分点。国民党候选人从2018年11月28日高票当选高雄市长，到2020年1月11日在自己执政的城市被对手大幅反超，选民还是一年多前的那批选民，但选民投票意愿出现了明显的位移。

这反映出高雄市选民的一次报复性反弹，约20%的选民从支持国民党的韩国瑜，又转向支持民进党的蔡英文，又有约4%的选民从不投票转为出门投票，且这部分选民也大多数成为民进党的支持者。

类似的情况在另一个2018年出现蓝绿翻转的"大都会"台中市也出现了。当时国民党提名的卢秀燕以将近83万票、得票率56.57%的战绩，击败了寻求连任的民进党籍市长林佳龙（林得票为近62万票，得票率42.35%），国民党在此地赢民进党21万票，得票率领先约

14%，当时投票率为 67.46%。时隔不到两年，2020 年台中市投票率升至 76.36%，提升近 9 个百分点，但输赢易位。民进党的蔡英文在台中市拿下近 97 万票，得票率 56.95%，国民党的韩国瑜在此得到 65 万票、得票率 38.06%，被民进党得票数和得票率分别反超 34 万、近 19 个百分点。

出现"钟摆效应"。民进党候选人蔡英文除了在连江、金门、花莲、台东、苗栗及新竹县 6 个离岛及东部县得票率低于国民党的韩国瑜外，在其余 16 个县市均超过国民党候选人，这与 2018 年国民党在 22 个县市首长选举中拿下 15 席，民进党仅得到 6 席形成鲜明对比，台湾选民投票行为在 2 年内发生了明显的"钟摆效应"。

地区	姓名	得票数	得票率
连江县	蔡英文	1226	19.81%
	韩国瑜	4776	77.16%
	宋楚瑜	188	3.04%
金门县	蔡英文	10456	21.77%
	韩国瑜	35948	74.83%
	宋楚瑜	1636	3.41%
花莲县	蔡英文	66509	35.91%
	韩国瑜	111834	60.38%
	宋楚瑜	6869	3.71%
台东县	蔡英文	44092	38.12%
	韩国瑜	67413	58.28%
	宋楚瑜	4163	3.60%
苗栗县	蔡英文	147034	45.02%
	韩国瑜	164345	50.32%
	宋楚瑜	15222	4.66%

地区	姓名	得票数	得票率
新竹县	蔡英文	152380	46.88%
	韩国瑜	154224	47.45%
	宋楚瑜	18435	5.67%
基隆市	蔡英文	114966	50.82%
	韩国瑜	99360	43.92%
	宋楚瑜	11878	5.25%
南投县	蔡英文	152046	50.83%
	韩国瑜	133791	44.72%
	宋楚瑜	13315	4.45%
台北市	蔡英文	875854	53.65%
	韩国瑜	685830	42.01%
	宋楚瑜	70769	4.34%
澎湖县	蔡英文	27410	53.85%
	韩国瑜	20911	41.08%
	宋楚瑜	2583	5.07%
桃园市	蔡英文	718260	54.78%
	韩国瑜	529749	40.40%
	宋楚瑜	63132	4.82%
新竹市	蔡英文	144274	55.26%
	韩国瑜	102725	39.34%
	宋楚瑜	14103	5.40%
新北市	蔡英文	1393936	56.52%
	韩国瑜	959631	38.91%
	宋楚瑜	112620	4.57%
台中市	蔡英文	967304	56.95%
	韩国瑜	646366	38.06%
	宋楚瑜	84800	4.99%

地区	姓名	得票数	得票率
彰化县	蔡英文	436336	57.17%
	韩国瑜	291835	38.24%
	宋楚瑜	35060	4.59%
嘉义市	蔡英文	99265	61.37%
	韩国瑜	56269	34.79%
	宋楚瑜	6204	3.84%
云林县	蔡英文	246116	61.56%
	韩国瑜	138341	34.60%
	宋楚瑜	15331	3.83%
屏东县	蔡英文	317676	62.16%
	韩国瑜	179353	35.10%
	宋楚瑜	14021	2.74%
高雄市	蔡英文	1097621	62.23%
	韩国瑜	610896	34.63%
	宋楚瑜	55309	3.14%
宜兰县	蔡英文	173657	63.28%
	韩国瑜	90010	32.80%
	宋楚瑜	10739	3.91%
嘉义县	蔡英文	197342	64.22%
	韩国瑜	98810	32.16%
	宋楚瑜	11138	3.62%
台南市	蔡英文	786471	67.38%
	韩国瑜	339702	29.10%
	宋楚瑜	41075	3.52%

（三）结果解读

"大选"结果出炉后，岛内各方对结果进行了解读，总结起来主要集中于大环境对民进党有利，对手国民党忙于内斗难以凝聚人心，候选人韩国瑜刚当选市长就去选"总统"难以服众等。但外界解读的所谓"一国两制台湾方案"与香港"修例风波"为民进党提供了"子弹"，则是一种并不全面的认知。

虽然上述两个因素确实在本次选举中被民进党所利用，进而煽动起岛内民众的危机意识催出选票。但明确两岸关系政治定位，提出解决台湾问题的方案，都是实现国家统一无法回避的任务。香港"修例风波"，也是中央在对香港行使管制权中遇到的新问题，只是被民进党借机炒作加以利用。

树欲静而风不止，大陆对台对港澳的政策基调长期保持稳定，对台对港澳民众更期望能够增强情感连接。但在中国综合国力提升，中美实力对比、战略态势、战略基础都出现新的变化情况下，美国对中国加强防范，近年来利用台湾问题和香港问题遏制中国的动作明显增加。与此同时，台湾内部环境与民意氛围也出现了一些新变化，民进党利用民众多层焦虑情绪攫取选举利益。

一层焦虑是对两岸关系发展与大陆崛起的担忧。这种焦虑感成为助推民进党2016年重新执政的重要推力。但民进党上台后，在经济民生上难以满足民众诉求时，民众对钱袋子缩水的焦虑感上扬，又导致2018年韩国瑜的"发大财"诉求能带动国民党在地方选举中实现大逆转。但当这两层焦虑在2020"大选"对撞时，受时空环境制约，民众焦虑的天平又倒向了支持民进党宣扬的"抗中保台"一边。但这种焦虑感是特点历史环境下的阶段现象，这种矛盾与焦虑会在中国的发展中得到解决。

（四）"立委"选举

本次"立委"选举在保持总体结构不变下，也出现了一些新变化。首先，民进党席次仍然过半，继续主控"立法院"。113 席"立委"中，民进党从上届的 68 席，下调至本届的 61 席。但苏震清、林昶佐、赵正宇，以及"台湾基进党"的陈柏惟均与民进党关系紧密，其实际掌握的席次超过 65 席。国民党则从上届 35 席，升高至 38 席，若加上亲国民党的高金素梅和傅崐萁，其"立法院"席次为 40 席。其余 8 席分别为民众党 5 席，"时代力量"党 3 席。

其次，台湾政党版图出现"蓝绿二分"向"三足鼎立"转变趋势。台湾"立委"选制中设有由不分区"立委"代表的政党票，选民按照政党认同选择所支持政党进行投票。从上次选举看，民进党政党票得票率为 44.06%，国民党为 26.91%，呈现绿高蓝低的政党认同结构。但本次选举双方认同度差距大幅缩小，均为 33% 上下，这意味着台湾民众对国、民两党认同度普遍偏低，台湾"第三势力"与传统蓝绿政党在认同度上呈现"三分天下"局面。当然，由于所谓的"第三势力"缺乏整合，票源重合，导致多数政党无法突破得票率 5% 的政党票门槛设计，最终只有民众党与"时代力量党"获得 8 个席次。

2020"立委"选举结果

政党	政党票得票数	政党得票率（%）	不分区"立委"席次数	区域"立委"席次（含6席山地平地"原住民"席次）	总席次
民进党	4811241	33.9774	13	48	61
国民党	4723504	33.3578	13	25	38
台湾民众党	1588806	11.2203	5		5
"时代力量"	1098100	7.7549	3		3
亲民党	518921	3.6647			0
"台湾基进"	447286	3.1588		1	1
"绿党"	341465	2.4115			0
新党	147373	1.0408			0
"一边一国行动党"	143617	1.0142			0
安定力量	94563	0.6678			0
"台联党"	50435	0.3562			0
"国会政党联盟"	40331	0.2848			0
中华统一促进党	32966	0.2328			0
"宗教联盟"	31117	0.2198			0
"喜乐岛联盟"	29324	0.2071			0
劳动党	19941	0.1408			0
合一行动联盟	17515	0.1237			0
"台湾维新"	11952	0.0844			0

政党	政党票得票数	政党得票率（%）	不分区"立委"席次数	区域"立委"席次（含6席山地平地"原住民"席次）	总席次
"台澎党"	11681	0.0825			0
无党籍"立委"5人	苏震清（退党参选，但归入民进党）林昶佐（亲民进党）赵正宇（亲民进党）			高金素梅（亲国民党，"原住民"席次）傅崐萁（亲国民党）	

二、民进党"政治防疫"伤害两岸

2020年新冠疫情突然爆发肆虐全球，台湾也面临不断升高的防疫压力。但自诩为新冠疫情防控"优等生"的台湾民进党当局，其很多做法又重蹈了2003年"非典"疫情防控"政治防疫"的覆辙，不但伤害两岸人民感情，更致岛内人民安危于不顾。

（一）"非典"的教训

2003年"非典"期间，台湾从3月出现首例感染者开始，到4月21日台北市和平医院爆发集体感染事件前，疫情相对稳定，一度保持了"零死亡、零输出、零社区感染"的亮眼纪录。但从台北市和平医院暴发疫情后，形势急转直下，从南到北多家医院出现集体感染，社区感染更使得人心惶惶。同年5月21日，世界卫生组织将台湾列入感染区，直到7月5日才最后一个从感染区除名，最终造成674名感染，84 人死亡。事后分析，台湾疫情防控破功的原因，与当时执政的民进党当局"借疫情搞政治"脱不开干系。

一是借机抹黑大陆。当年台湾从首例到第 5 例"非典"病例皆为境外输入型，故民进党当局认为只要做好境外输入的管控，危机就能迎刃而解。于是防疫工作变成了关闭岛内对外连接，主要针对当时疫情最为严重的大陆和香港采取防控，但却忽视了本地感染个案的防治。于是台卫生主管部门居然制作了这样一个公众广告，说在台湾岛内"匪谍"比"非典"病患还要多，民众要多注意的是"匪谍"，而不是"非典"，企图借防疫煽动岛内民众对抗大陆的情绪。

二是硬闯世界卫生组织 (WHO)。就在台北和平医院爆出集体感染的前一天，陈水扁对来台的美国议员提到台湾防疫表现卓越，却被排除在 WHO 外，这对台湾非常不公平。结果其成绩单翌日便被戳穿，民进党当局马上转过话锋说，台湾疫情如此严重，只有加入 WHO 才能更快地争取到援助。2003 年 5 月出现第三波疫情高峰后，民进党当局依然醉心于 5 月 19 日在日内瓦召开的世界卫生组织大会 (WHA)，要求以观察员身份加入这一国际组织大会。而对大陆一再表示愿意给予的支持，民进党当局的回应却是，"大陆帮不了什么忙，要想真帮忙，就不要阻挠台湾加入 WHO"。

（二）故伎重演

时过境迁，当 17 年后人类再度面临新型冠状病毒的考验时，在台湾二度执政的民进党当局仍然没有很好地吸取上次的教训，"政治防疫"故伎重演。

一是违反国际惯例，坚持使用"武汉肺炎"名称。WHO 呼吁不要再把目前的疫情和地名做关联，但民进党当局始终并几乎是世界上唯一坚持以官方名义使用"武汉肺炎"的地区，进而导致岛内社会铺天盖地使用"武汉肺炎"一词。民进党当局完全是为了一己政治私利，甘愿让台湾百姓违反国际惯例被贻笑大方，也让中华民族守望相助、人溺己溺的人文情怀，在这些民进党政客的私心自用下被破坏污染，也向社会大众做了最坏的榜样。

二是"亲美反中"。在防疫物资上，民进党当局第一时间宣布口罩要管制，禁止出口大陆。而 3 月 18 日台湾地区与美国却发表了"防疫合作联合声明"，声称将在快筛试剂的研发等六个项目进行合作，美国将保留 30 万件防护衣原料给台湾，台湾将在口罩产量稳定后每周向美国提供 10 万个口罩。

在人员管控上，2 月 5 日民进党当局就将大陆列为二级以上流行地区，大陆人士暂时禁止入台，11 日又宣布香港、澳门地区学生也暂缓赴台。相较于对大陆管控的雷厉风行，面对欧美日时，民进党当局的动作却迟缓起来，直到境外输入病例不断增加，才于 3 月 19 日对98 个国家和地区发出三级警告。

台湾防疫学会荣誉理事长王仁贤表示，"当下半场换场与欧美日对垒时，台湾就完全矮了一截，拖泥带水地搞到其他国家都锁国了，台湾才提升旅游警讯"，"被'反中'情绪操弄后，延迟管理欧美日，是造成现在大量病例反输入台湾的元凶"。

年初台湾海军组成"敦睦舰队"赴其所谓"邦交国"帕劳访问，4 月份回台后，舰上多名官兵出现感染，造成岛内社会恐慌。对此台当局防务部门负责人严德发表示，该舰队出海期间还承担了监控大陆航母"辽宁号"的任务，试图转移社会各界对民进党当局疫情期间不当决策的压力。

目前，大陆疫情得到有效控制，疫情防控阻击战取得重大战略成果。台湾确诊人数也维持在 429 例连续多日。中华民族是一个多灾多难的民族，也孕育出多难兴邦的坚忍毅力，在面对磨难时具有坚强隐忍的品格。这些孕育在中国人内心深处的文化传统，潜移默化中对大陆和台湾在抗击新冠疫情中都发挥了至关重要的作用。

当今世界正经历百年未有之大变局，西方文明与中华文化、西方模式与中国道路的竞争初步显现。以美国为首的西方国家，利用中国发展面临的阶段性困难与突发事件，加大遏制，利用台湾问题频频施压，岛内"台独"势力借机煽动"反中抗中"情绪，推进"渐进式台独"。在内外因素叠加下，未来推进祖国和平统一进程中，还将面临新的考验和挑战。

日月潭"朝雾码头"（摄影者：张喆）

参考文献

《台湾 2008》，周志怀主编，九州出版社，2009 年版。

《中华民国年鉴 2008》，"行政院新闻局"出版。

《大棋局：黄嘉树自选集》，中国评论学术出版社有限公司，2013 年版。

《马英九人生长跑》，羊晓东，时报文化出版企业股份有限公司，1998 年版。

《中华民国史稿》，张玉法，台湾联经出版事业公司出版，1998 年版。

《台湾 2010》，九州出版社，2011 年版。

《台湾经济发展通论》，李非，九州出版社，2004 年版。

《最新基本小六法》，施茂林，大伟法律丛书系列，世一文化事业股份有限公司，2009 年版。

《双英解密——不为人知的蔡英文与马英九》，周玉蔻，印刻文学生活杂志出版有限公司，2011 年版。

《2012 年总统与立法委员选举：变迁与延续》，陈陆辉主编，五南图书出版公司，2013 年版。

《民进党转型之痛》，郭正亮，天下远见出版有限公司，1998 年版。

《国民党兴衰史》，蒋永敬，台湾商务印书馆发行，2003 年版。

《台湾地区政治体制分析》，王英津，九州出版社，2010 年版。

《太阳花盛开后回看躁动年代：青年社运行动者社群网络的生成与实践》，魏扬，台湾清华大学社会学研究所硕士论文，指导教授陈瑞桦，2016 年 9 月。

《分离与统——变动中的两岸关系》，王英津，九州出版社，2017 年版。

《南海之争的多元视角》，孙国祥，香港城市大学出版社。

《白色的力量》，柯文哲，三采文化，2014 年版。

《白色的力量 2：改变成真》，柯文哲，三采文化，2014 年版。

《照破：太阳花运动的振幅、纵深与视域》，林秀幸、吴睿人主编，左岸文化，2016 年版。

《八年执政回忆录》，马英九口述，萧旭岑著，远见天下文化出版股份有限公司，2018 年版。

《跟着月亮走：韩国瑜的夜袭精神与奋进人生》，韩国瑜口述，黄光芹采访撰写，时报文化出版公司，2019 年版。

《党的十九大报告辅导读本》，人民出版社，2017 年版。

《总体国家安全观干部读本》，人民出版社，2016 年版。

《统一与分裂：中国历史的启示》，葛剑雄，商务印书馆，2013
年版。

《国家的构图》，林浊水论文集，台湾前卫出版社。

《新台湾人的心》，萧新煌论文集，台湾月旦出版社，1999 年版。